트루먼, 진실한 대통령 진정한 리더십

트루먼, 진실한 대통령 진정한 리더십

정숭호 지음

Harry S. Truman 미국 33대 대통령

인간사랑

이 책은 방일영문화재단의 지원을 받아 저술, 출판되었습니다.

和仁智,

외롭고 쓸쓸하게 돌아가신 아버님과
외롭고 쓸쓸하게 계시는 어머님께 바칩니다.

이 책을 쓴 이유

지금 이 땅에 살고 있는 많은 사람들에게는 해리 트루먼이 생소한 이름일 것이다. 한국전쟁을 직간접으로 겪은 60대 이상을 제외하고는. 그러나 그들 대부분도 트루먼을 '인천상륙작전의 영웅' 더글러스 맥아더(Douglas MacArthur) 원수를 경질하고 북진 통일을 미루게 한 장본인 정도로 생각하고 있지 않을까? 다른 것들과 마찬가지로 일반인들의 역사 인식 역시 어릴 때 듣고 보고 배운 것들로부터 형성되기 쉽다. 필자를 포함해 60~70년대에 청소년기를 보냈던 사람들은 맥아더는 영웅이며, 트루먼은 맥아더의 북진을 반대한 편협한 인물이라는 말을 듣고 자랐다.

최근에 일부 언론과 논객들의 주장[1]을 통해 미국의 한국전 참전을 결정한 트루먼이야말로 진정 남한의 공산화를 막아준 인물이며 대한민국의 은인이라는 인식이 생겨나고는 있지만, 어느 쪽이든 우리

나라 사람들의 트루먼에 대한 평가 혹은 인식은 한국전쟁과 관련된 범주를 크게 벗어나지 못하고 있다는 것이 내 생각이다.

그러나 트루먼은 6.25와 관련지어서만 평해서는 안 되는 인물이다. 트루먼은 뛰어난 리더십을 보여준 훌륭한 정치인이었으며 그 바탕은 따뜻한 인간애였다. 이 책은 이런 생각을 뒷받침하기 위해 트루먼의 삶을 내 나름 여러 각도에서 살펴 본 결과물이다. 역대 미국 대통령 평가조사에서 트루먼은 여러 차례 10위 안에 들어갔던 뛰어난 지도자였다. 새천년을 맞이한 2000년, 《월 스트리트 저널》에서 미국의 저명한 학자 132명에게 의뢰한 역대 미국 대통령 평가조사에서도 트루먼은 8위를 차지했다. 다른 조사에서도 6위로 선정됐으며, 우리나라 미국사학회도 2011년 창립 20주년 기념사업으로 출간한 (위대한) 『미국대통령 시리즈』 10권[2] 가운데 제8권을 트루먼에게 할애했다.

미국에서 트루먼에 대한 평가가 처음부터 이처럼 높지는 않았다. 1953년 퇴임하기 전 지지율은 한때 23%였다. 워터게이트 사건으로 탄핵을 받아 1974년 37대 대통령 자리에서 쫓겨난 리처드 닉슨(Richard Nixon)의 최저 지지율도 이보다 1% 높았다. 퇴임 후에도 트루먼은 많은 미국인들로부터 외면당했다. 얼마나 인기가 없었는지 다음 일화를 보면 알 수 있다.

트루먼은 퇴임 후 부인 베스(Elizabeth Wallace)를 태우고 낡은 자동차를 직접 운전해 미국 이곳저곳을 여행 다녔다. 당시는 트루먼이 국민들로부터 별 인기가 없었으며, 퇴임 대통령에게 운전기사는 물론 경호원도 배당되지 않던 때였다. 한 번은 샌프란시스코에 사는 지인 집을 찾아 가다 방향을 잃자 트루먼은 차를 세우고 가까운 집 초인종을 눌러 길을 물었다. 집 주인 역시 길을 몰랐다. "도와주지 못해 미안하우. 근데 당신, 그 늙다리 SOB 트루먼을 좀 닮았구려. 언짢게는 생각마쇼…." 트루먼이 집주인을 쳐다본 후 씩 웃으며 답했다. "언짢게는 생각 않지만, 내가 그 늙다리 SOB, 해리 트루먼이 맞소."³ ⁴

트루먼이 매우 소탈한 인간적인 풍모를 지닌 사람이었음을 증명하는 데 자주 인용되는 이 일화는 당대에 그의 인기가 바닥이었음도 같이 보여준다. 그러나 트루먼은 퇴임 후 약 한 세대가 채 지나기도 전인 1970년대 후반부터 그동안의 저평가에서 벗어나 뛰어난 덕성을 지닌 지도자로 재평가되기 시작했고, 그 흐름은 현재까지 이어지고 있다.⁵

트루먼이 재평가를 받은 이유는 물론 그의 장점들이 뒤늦게 인정받았기 때문이다. 하버드대학 석좌교수인 조지프 나이(Joseph Nye)는 정치인으로서 트루먼 리더십이 평가절하 되었던 것은 사람들이 "그가 지명한 인상적인 팀의 존경을 선택하고 지휘하는 능력을 무시했으며, 그의 직무 학습과 상황지성을 개발하는 능력을 낮춰본 데다, 맥아더 해임, 한국전쟁이 교착상태에 빠졌을 때 핵무기 사용 거부와 같은 힘든 결정 등에서 그의 자발적인 의지를 놓쳤기 때문"이라고 분석했다.⁶ 바로 트루먼은 훌륭한 팀 — 내각 혹은 참모진 — 을 조직하고 관리하는 능력이 뛰어난 지도자였으며, 학습으로 부족한 경험을 대신하는 데 성공했던 노력가이고, 무엇보다 결단을 내릴 때는 남에게 미루지 않았던 정치가였다는 찬사이다.

그러나 트루먼은 정치가이기 전에 인간으로서 지극히 성실, 정직했고 대통령이 되기 전이나 후에도 가난했지만 청렴한 사람이었다. 도전을 받았을 때는 투지와 끈기로 극복했으며, 설득이 필요할 때는 단호한 논리와 다른 이들을 웃게 만드는 유머를 구사했다. 그는 아랫사람을 섬기고 사랑했으며 자기 과시를 몰랐던 위인이었다. 틈이 나면 역사책을 읽으며 과거에서 새로운 것을 찾는 노력을 게을리 하지 않았고 모차르트, 쇼팽의 발라드와 녹턴은 물론 재즈곡까지 피아노 연주를 즐겼던 예술적 감성도 뛰어난 사람이었다. 그러면서도 부인을 비롯한 가족에게는 지극한 사랑을 바쳤으며, 국가와 국민에게도 그런 사랑을 쏟아 부었다. 한마디로 인간적인 매력이 철철 넘치는 정치가가 트루먼이었다. 5피트 10인치(176㎝)의 키로 미국 사람으로는 작은 편인 트루먼이 '작은 거인 Little Big Man'이라고 불린다는 사실이 이해되지 않는가?[7]

물론 그를 비난하는 목소리가 완전히 사라지진 않았다. 무엇보다 핵폭탄을 인류에게 사용하기로 결정한 유일무이한 사람이었다는 비난은 영원히 역사에 남을 것이다. 필자는 일본이 히로시마와 나가사키에 핵폭탄을 맞지 않고 항복했더라면 좋았을 거라는 생각을 하지만 '과연 일본이 그럴 수 있었을까'라는 의심도 갖고 있다.

필자는 우리가 트루먼에게서 배워야 한다고 믿는다. 그렇게 매려

이 많은 사람에게서 배우지 않는다면 누구에게서 배운단 말인가? 『강대국의 흥망(Rise and Fall of Great Power)』이라는 책으로 세계적인 명성을 얻었던 폴 케네디(Paul Kennedy, 예일대 역사학 교수)는 2007년 우리나라를 방문했을 때 한국의 차기 대통령은 자신감을 불어넣고 확신을 줄 수 있는 사람이어야 한다고 말했다. "희망과 자신감 그리고 비전을 제시해 주는 인물, 국민이 어떤 불만을 갖고 있는지 들어주는 인물, 즉 제2차 세계대전 직후 해리 트루먼 전 미국 대통령 같은 대통령이 필요하다."고 말했다.[8]

케네디 교수의 말에 고개를 끄덕인 사람들이 많았음에도 불구하고 2007년 대선에서 승리한 이명박 대통령은 전혀 그런 면모를 보여주지 못했고, 2012년 선출된 현 대통령 역시 전임자와 이전 대통령들보다 더하면 더했지 결코 덜하지는 않은 모질고 험한 비판을 받고 있다. 우리에게는 희망과 자신감, 비전을 보여주면서 국민이 어떤 불만을 갖고 있는지 귀 기울여 들어줄 대통령감이 아예 없는 것일까? 아니면 그런 사람이 있어도 우리가 미워해 찾아보지 못하는 것일까? 70년 전, 남의 나라 대통령이지만 그가 보여준 리더십의 이모저모를 살펴보며 우리에게 아직까지 없었던 대통령에 대한 아쉬움을 달래보고자 이 글을 쓴다. (트루먼처럼 훗날에 재평가를 받게 될 대통령이 있어서 지금 쓰고 있는 이 글이 엉터리라는 비판을 받는 일이 있었으면 좋겠다!!)

재주 없고 아는 것이 많지 않은 탓에 독자들을 충분히 만족시키지는 못할 것이 분명하다. 특히 국제정치나 외교는 아는 것이 더 없어서 제2차 세계대전 이후의 세계질서 개편과 트루먼의 관계, 또 한국전쟁에서의 트루먼의 역할에 대해서는 매우 부족하게 서술했음을 깊이 인식하고 있다. 나름대로 최선을 다했지만 이밖에도 부족한 부분이 많을 것이다. 이는 오직 글쓴이의 모자람 때문이다.

아내 장래수와 이지, 이나, 종하, 형준, 유정과 무호, 삼재, 철호, 달호 등 형님들, 숙용, 필년, 철범 등 친구들에게 감사를 드린다. 특히 무호 형님의 깊은 배려는 갚을 길이 없을 것 같다. 초고를 읽어보는 수고를 아끼지 않은 조카 박장호도 고마운 사람이다. 그러나 도서출판 인간사랑의 여국동 사장님과 권재우 편집장님이 아니었다면 이 책이 나올 수 없었을 것이다. 더 고마운 분들이다.

2015년 9월 정승호

차례

1 / 트루먼의 생애

트루먼은 1884년 미국 중부 미주리 주의 시골마을 라마에서 태어났다. 농사로 그럭저럭 먹고 살 수는 있는 집안의 2남 1녀 중 장남이었다. 시력이 나빠 6살 때부터 안경을 꼈다. 비싼 안경이 깨지지 않도록 조심하라는 안과의사의 주의 때문에 거친 놀이는 하지 못했다. 대신 독서에 몰두, 역사서적을 많이 읽었으며 피아노와도 가까이 지내 쇼팽의 발라드와 왈츠를 연주할 수 있었다.

고등학교 졸업 후 웨스트포인트 육군사관학교나 아나폴리스 해군사관학교 진학을 희망했지만 시력 때문에 포기해야 했다. 트루먼이 군인이 되고자 했던 건 어릴 때 읽은 역사책에서 감명 받은 위인들을 본받고자 했던 이유 외에 집안 사정이 갑자기 나빠져 내학에 신학할

15

형편이 못 되었기 때문이다. 이후 트루먼은 철도회사 말단직원을 거쳐 여러 곳의 지역 은행에서 일하다 아버지 농장에 일손이 모자라 안정된 은행원 생활을 그만두고 11년 동안 전업 농부 생활을 했다. 농부 생활을 하면서도 군인에 대한 열망을 달래려고 지역 방위군에 입대, 틈틈이 군사 훈련을 받았으며 1917년 미국이 제1차 세계대전에 참전하자 프랑스에 파견돼 대위로 포병중대를 지휘하면서 전투에 참여했다.

1919년 제1차 세계대전 종전과 함께 곧바로 제대한 트루먼은 귀국해 "여섯 살 때 교회 주일학교에서 처음 본 순간 반했던" 엘리자베스 월러스(베스)와 결혼, 외동딸 마가렛(Margaret Truman)을 얻었다. 결혼 직후 군대 시절 부하와 함께 고향 부근이자 미주리 주의 대도시인 캔자스시티에 셔츠 모자 넥타이 장갑 커프스버튼 등을 판매하는 남성용품점을 차렸지만 불경기로 3년 만에 큰 빚만 지고 가게 문을 닫았다.

트루먼은 1922년 캔자스시티가 포함된 미주리 주 잭슨 카운티의 동부지역 판사 선거에 민주당 후보로 출마, 당선되면서 정치에 입문했다. 수석판사, 동부지역 판사, 서부지역 판사 등 3명으로 구성된 잭슨 카운티의 판사직은 재판보다는 행정이 주된 업무였는데 트루먼은 동부지역 판사직을 성공적으로 수행했음에도 재선에는 실패했다. 1926년 수석판사로 당선됐으며 1930년에는 재선에도 성공, 4년간 잭슨 카운티 행정을 총괄했다. 이어 1934년에 미주리 주 연방 상원의원에 당

트루먼 공식 초상화

선돼 워싱턴 정가에 진출한 트루먼은 상원의원 재선에도 성공하면서 전국적인 지명도를 얻는다.

1944년 프랭클린 루즈벨트(Franklin D. Roosevelt) 대통령의 러닝메이트로 선출돼 부통령에 당선된 트루먼은 취임 82일 만에 루즈벨트가 갑자기 별세하자 대통령직을 승계, 제2차 세계대전을 마무리하고 새로운 세계평화체제 구축이라는 과제와 함께 전시체제의 미국을 평시체제로 전환해야 하는 중책을 맡게 된다. 이 과정에서 "절대로 미국의 대통령이 되어서는 안 될 사람"이라는 비난과 야유를 들을 정도로 심각한 정치적 위기를 겪었던 트루먼은 1948년 대선에 출마, 당당히 승리함으로 미국과 세계를 이끌 지도자감이라는 인정을 받을 기회를 얻었다. 그러나 1950년 발발한 한국전쟁으로 인해 다시 위기에 몰린 끝에 1953년 1월 공화당 후보로 대통령에 당선된 드와이트 아이젠하워(Dwight Eisenhower)에게 대통령직을 물려주고 퇴임했다. 퇴임 후엔 미주리 주로 내려가 부인 베스와 검소하고 소박한 삶을 살면서 필요할 땐 미국 정치의 원로로서의 역할을 하다가 1972년 12월 88세로 별세했다.

트루먼의 긴 생애는 시련과 좌절, 도전과 극복으로 요약된다. 평생 치른 7번의 선거에서 6번을 이겼지만 두 번째 수석판사 선거와 루즈벨트의 러닝메이트로 나섰을 때 외엔 전부 힘든 선거였으며, 특히 1930년 연방 상원의원 연임 선거와 1948년 대통령 재임 선거는 모두가 필패라고 단정했던 불리한 여건에서 치른 것이었음에도 불굴의 투지와 열정으로 승리를 쟁취했다. 오늘날까지도 이 두 선거는 미국 선거 사상 가장 위대한 역전승으로 꼽히고 있다.

트루먼은 또 자신의 삶에서 기회가 왔을 때 그 기회를 자신의 것으로 만들기 위해 최선을 다했던 사람이었다. 정치 입문의 계기였던 1922년 잭슨 카운티 동부지역 판사 선거부터 첫 번째 연방 상원의원 출마와 부통령 출마, 대통령직 승계는 모두 당시 미주리 주 정치 판도와 미국 정치 지형에 따라 본인의 의사와는 무관하게 '우연히' 이뤄졌지만 트루먼은 한 번도 여건이 불리하다고 해서 미리 포기하거나 두려워하지 않았다. 오히려 남들보다 더 노력하고 준비해 임무를 성공적으로 완수했다.

그럼에도 불구하고 트루먼의 정치 역정이 어려웠던 것은 미국 정치의 변방인 미주리 주 출신이라는 점과, 고등학교 밖에 나오지 못한 학력 및 망해버린 남성용품점 경영이라는 초라한 경력과 함께 정치 입문 당시 미주리 주 정치를 좌지우지했던 톰 팬더개스트(Tom Pendergast)라는 정상배의 후원을 받았다는 점이 가장 큰 원인으로 꼽힌다. 트루먼 스스로도 이런 것들로 인한 열등감을 종종 드러낼 때가 있었다. 그러나 앞서 말한 장점 ─ 섬김, 배려, 인간애, 성실, 헌신, 의리, 청렴, 정직, 용감함, 결단력, 유머 같은 ─ 들로 열등감을 극복하고 마침내 미국의 제10대 대통령 반열에 오르게 된다.

2 / 배려와 섬김, 인간애

아래 사람들을 배려하고 주변 사람들을 섬기는 인간애가 없었더라면 트루먼은 그저 그런 농부나 사업가로 평생을 마쳤을 것이다. 인간애로 인해 트루먼 주변에 사람들이 모였고, 인간애가 트루먼에 대한 사람들의 존경과 신뢰의 바탕이었다. 트루먼은 그 인간애로 정치를 시작할 수 있었으며 끝내는 미국의 대통령이 될 수 있었다.

트루먼의 따뜻한 마음씨, 동양적으로는 '애민정신愛民精神', 맹자의 가르침으로는 '측은지심惻隱之心', 즉 인간애를 보여주는 일화는 많다.

예를 들어 그가 대통령이 된 이후, 루즈벨트의 갑작스런 서거로 대통령직을 승계한 트루먼은 백악관 하급 직원들을 배려하고 섬겼다. 백악관 하급 직원은 모두 32명이었다. 트루먼은 금세 이들 모두와 친하게 지냈다. 백악관에 입주한 지 얼마 되지 않아 이들 이름을 모두 외운 것은 물론이고 가족사항도 파악해 기억하고 있었다. 방문객이 오면 옆에서 시중들던 직원들을 일일이 소개했는데 이 역시 전에는 없었던 일이다. 백악관 속기사의 아이가 언제 감기에 걸렸으며, 다른 직원의 친척이 언제 세상을 떠났는지도 기억하고 위로했다.

백악관에서 첫 생일을 맞은 날 트루먼은 파티를 마치고 주방으로 내려와 주방장에게 맛있는 멋진 생일케이크를 만들어줘 감사하다고 말했는데 대통령이 주방에 내려온 것은 1929년 백악관을 떠난 쿨리지 대통령 이후 처음이었다. 하지만 너무 자주 내려와 직원들을 귀찮게만 했던 쿨리지와는 달리 트루먼은 자신을 위해 수고한 주방식구들에게 진정한 감사를 표했다.[9]

전임자였던 루즈벨트도 따뜻하고 친절했지만 교육을 잘 받은 귀족이 아래 사람들에게 베푸는 친절이었지, 트루먼처럼 깊은 인간애에서 비롯된 서민성이 돋보이는 친절은 아니었다. 트루먼은 직원 호출용 버저를 아예 설치하지 않고 문까지 걸어가서 사람들을 직접 불렀으며 루즈벨트 시절 방문객과의 대화를 녹음하기 위해 안 보이는 곳에 숨겨둔 녹음장치도 치워버렸다. 트루먼이 상원의원과 대통령으로 있으면서 당시로는 과감할 정도로 용감하게 흑인 인권 보장을 위한 입법을 촉구하게 된 것도 이런 인간애가 기본 바탕이었다. 그가 히틀러의 홀로코스트에 희생된 유대인들에게 깊은 연민을 보인 것도 마찬가지다. 제2차 세계대전이 끝나자 국무부와 국방부는 중동의 석유를 장악하기 위해서는 시온주의자 — 팔레스타인을 분리해 유대인 국가를 건국해야 한다고 주장한 유대인들 — 편을 들어서는 안 된다는 의견이었지만, 트루먼은 이를 물리치고 이스라엘이 건국 선언을 하자 곧바로 승인했다.

트루먼은 겸손하고 소탈한 성격과 행동으로도 사람들을 놀라게 할 때가 많았다. 겸손과 소탈함은 인간애의 기본이기도 하다. 부통령 후보가 되어 유세 여행을 다닐 땐 기차 침대칸에서 양말과 속옷을 직접 빨아 널었으며, 대통령이 된 후에는 피아노 연주회에 참석했다가 악보를 넘겨줄 사람이 없어 연주자가 망연자실해 하자 객석에서 무대로 올라가 연주자 옆에서 손수 악보를 넘겨주었다. 창문을 열고 잠이 들었던 어느 날 밤에는 몰아치는 폭우 소리에 잠에서 깨어나 침실에 들이친 빗물을 30분 동안이나 직접 수건으로 짜서 걷어내다가 뒤늦게 알고 온 백악관 집사에게 수건을 넘겨주었다. 트루먼은 "가방을 들려거나 문을 열려하면 다른 사람들이 그럴 틈을 주지 않았다."고 술회했다.[10] 퇴임 후에는 베스를 옆에 태우고 직접 차를 운전해 미주리에서 워싱턴까지 장거리 왕복여행에 나섰다가 교통법규 위반으로 경찰에게 걸린 적도 있었다.

트루먼의 인간애는 이보다 훨씬 일찍, 제1차 세계대전 당시 프랑스에서 보냈던 군인 시절에서도 확인된다. 이때 트루먼이 보여줬던 인간애는 트루먼 정치의 가장 소중한 자산이 된다. 1905년 트루먼이 살고 있던 미주리 주 잭슨 카운티 일대의 '애국자'들이 오랫동안 이름뿐이었던 잭슨 카운티 포병대를 제대로 만들어보자고 나섰다. 잭슨 카운티 포병대는 미주리 주 방위군 산하 부대로 편제에는 포함되어 있었으나 병력이 모자라 오랫동안 군 당국으로부터 부대 대접을 받지 못하고 있었다. 반면 미주리 주 안에서 잭슨 카운티와 경쟁 관계였던 세인트루이스 포병대는 병력과 장비를 규정대로 편성, 독립기념일 같은 국가행사에서 '위용'을 뽐내고 있었다. 세인트루이스 포병대의 활동을 질투하고 시기했던 잭슨 카운티의 원로들은 이름뿐인 잭슨 카운티 포병대를 세인트루이스 포병대 못지않은 부대로 재건하기 위해 적극적으로 사병 모집에 나섰다.[11]

잭슨 카운티 포병대 재건은 군대에 대한 트루먼의 오랜 열망을 충족시킬 수 있는 기회가 되었다. 트루먼은 시력 때문에 웨스트포인트 육사와 아나폴리스 해사 진학을 포기해야 했지만 군인이 되고자 했던 마음까지 포기한 건 아니었다. 어릴 때부터 즐겨 읽어온 역사책 속의 위대한 인물들 대부분이 장군이었거나 군함의 함장들이었기 때문이었다. (어쩌면 트루먼은 로마의 카이사르나 미국 남북전쟁 당시 남군의 탁월한 지휘관이었던 로버트 리 장군 등의 일대기를 읽으면서 군사적 리더십이 정치적 리더십을 키우는데 필수적이라는 사실을 자신도 모르게 깨우쳤을지도 모른다.) 당시 스물한 살로 말단 은행원이었던 트루먼은 비교적 많은 급여 덕에 농장의 가족들과 떨어져 잭슨 카운티의 중심 도시인 캔자스시티에서 혼자 살면서 나름 여유로운 생활을 즐기다가 잭슨 카운티 포병대에 입대원서를 냈다. 걱정했던 시력검사는 어려움 없이 통과했다. 한 명이라도 병력이 더 필요했던 간부들이 웬만하면 지원자들을 합격시켰고 트루먼도 꼭 합격해야겠다는 생각으로 시력검사표를 통째로 외워 신체검사장에 들어서는 용의주도함을 보였기 때문이다. (가족들은 트루먼이 군인이 되는 걸 바라지 않았다. 남북전쟁 때 트루먼의 조부모가 운영하던 농장에 군인들이 들이닥쳐 수 백 마리의 돼지와 닭을 마구잡이로 도살하는 등 군인 — 주로 북군 — 들로부터 약탈당했던 경험이 있었기 때문이다. 특히 트루먼의 할머니는 며칠 동안 쉴 틈도 없이 수백 벌의 군복을 세탁하고 끼니를 해대야 했던 경험 때문에 군인이라면 치를 떨었다.)

입대에 성공한 트루먼은 1910년까지 해마다 여름이면 포병대 캠프에 입영, 2주 동안 제식훈련 등 기초훈련은 물론 포병 훈련을 받다가 아버지의 부름으로 은행을 그만두고 캔자스시티 외곽에 있던 가족 농장으로 내려갔다. 농장에서 전업농부의 삶을 살던 트루먼은 유럽에서 제1차 세계대전이 발발하자 1917년 다시 입대했다. 33세로 입영 연령을 초과한데다 의학적으로는 왼쪽 눈이 실명 상태여서 입대하지 않아도 되는 상황이었다. 또 "농부들은 참전보다는 더 많은 식량을 생산하는 것이 더 애국적"이라는 것이 당시 사회분위기였지만 트루먼은 "민주주의를 위해 세계는 안전해야 하며, 정의는 평화보다 중요하다."는 대통령 우드로 윌슨(Woodrow Wilson)의 참전연설을 듣고 입대를 결정했다. 당시 입대했던 미국 젊은이 대부분처럼 "누군가는 해야 할 일"이라고 생각한 것이다. 트루먼은 거기에 자신만의 이유도 덧붙였다. "해리 트루먼에게 날아올 독일제 총알은 없을 것이며, 미국이 참전하면 전쟁이 금방 끝날 것이기 때문"이었다.[12] 재입대에 나이나 시력은 큰 문제가 되지 않았다. 이번 시력검사에서는 "안경을 끼면 전투를 수행할 수 있다."는 판정을 받았다. (미국 대통령 가운데 트루먼처럼 '억지로' 입대한 사람이 또 있다. 트루먼 다음다음 대통령이었던 존 F. 케네디가 그 주인공이다. 케네디는 대학생 때 축구를 하다 크게 다친 허리 때문에 군 병원 신체검사를 통과하지 못했으나 집안 주치의에게서 받은 신체검사표를 제출해 해군 장교로 입대할 수 있었다. 이 과정에서 당시 미국 최고 부자의 한 명으로 아들을 대통령으로 만들려는 욕망을 가졌던 아버지 조지프 케네디가 정관계와 군 당국에 각종 로비를 펼쳤던 것도 물론이다. 있는 병을 없다고 속여 군에 입대한 두 사람과 없는 병을 있다고 속여 입대를 면제받은 우리나라 지도자들이 너무 선명하게 다르다.)

당시 미주리 주 방위군은 독립전쟁 때 민병대의 전통을 따라 모든 병사가 참여하는 연대 단위의 선거에서 장교를 선출했다. 하사관으로 뽑혀 분대 규모라도 지휘하기를 기대했던 트루먼은 예상을 뛰어넘어 중위로 뽑혔다. 무슨 일을 맡겨도 성실하게 끝을 내고, 특히 신규 포병대원 모병에 적극적이었던 트루먼의 모습을 눈여겨 본 지휘관들의 추천이 큰 역할을 했다. 장교가 된 트루먼은 그에 걸맞은 능력을 갖추기 위해 많은 노력을 쏟았다. 농장에서의 경험으로 말을 잘 다뤘던 트루먼은 부대원들에게 기마 훈련도 시켰으며, PX 담당 장교를 맡아 부대원들의 복지도 크게 향상시켰다.[13] 포병부대의 기본인 포술훈련은 물론이었다. 열심히 한 덕분에 근무보고서를 써내면 상급자가

해리 트루먼 대위. 1918년 7월 프랑스

"더할 나위 없이 훌륭했음"이라고 써서 돌려보냈다.

곧 트루먼은 미 육군 35사단 산하의 129야전포병연대에 배속돼 1918년 3월말 프랑스로 파견됐다. 그 사이 대위로 승진했으며, 4월 중순 프랑스에 도착한 직후엔 연대 대표 장교로 뽑혀 파리 인근의 프랑스군 훈련장에서 프랑스제 75㎜ 야포부대 운영을 배웠다.[14] 트루먼은 이곳에서 관측법, 삼각함수, 로그함수, 천문학, 화학, 기계학 등을 "늦은 나이에 머리가 터지도록 배운 후" 자대에 돌아와 교관으로 다른 장교들을 가르쳤다. 트루먼은 "미주리 촌놈으로 고등학교 밖에 나오지 않은 내가 하버드와 예일을 나온 저 똑똑한 친구들을 가르치다니 웃기지 않소?"라고 약혼녀 베스에게 보낸 편지에 적었다.

교관 임무를 마친 후 연대 행정관으로 근무하던 트루먼은 7월 10일 129야전포병연대의 6개 포병대 중 하나인 D포병중대 중대장에 임명돼 생애 처음으로 사람들을 지휘하는 직책을 맡았다. D포병중대는 모두 잭슨 카운티 일대 출신인 장교, 하사관, 장병 등 총 194명으로 구성된 부대였다. 같은 지역 출신 장병들로만 부대를 편성한 것 역시 당시의 미군 관습이었다. 장교를 제외한 180명 남짓한 D포병중대 사병들은 거의가 성정이 유달리 거칠다는 아일랜드계 및 독일계 이민자 가정 출신으로 '지휘는 받아도 통제는 받지 않는다.'는 나름대로의 모토를 과시하고 있었다. 또 대부분이 권투, 레슬링, 야구, 풋볼 종목 선수로 사단의 연대 대항 체육대회에 출전을 도맡으면서 거친 성격을 증명해왔다. D포병중대 사병들은 이미 4명의 중대장이 지휘를 포기하고 다른 부대로 전출을 자원토록 한 전력도 있었다. 이들보다 좀 더 오래 견뎠던 중대장이 있긴 했지만 '사병들에게 오와 열 맞추기를 강요하지 않았기 때문'에, 즉 사병들을 통제하지 않았기 때문에 그럴 수 있었다는 뒷말이 있었다. 한마디로 D포병중대는 '개판 일분 전'인 부대였다. 트루먼 부임 당일에도 하사관과 병사 6명이 영창에 들어가 있었던 상황이었다.

이처럼 말썽이 그치지 않았던 D포병중대는 트루먼 대위의 지휘 아래 얼마 지나지 않아 연대 내 최고의 모범 부대로 변모하게 된다. 결과부터 말하자면 D포병중대는 1918년 8월 30일 야간에 첫 전투를 치른 후 이듬해 4월 종전 때까지 치열했던 전선에 여러 차례 투입됐지만 부상자만 3명 있었을 뿐 전사자는 한 명도 없었다. 트루먼의 지휘력이 그만큼 뛰어난데다 부하들도 그를 믿고 잘 따랐던 덕이다.

트루먼도 처음엔 사병들과 기 싸움을 벌여야 했다. 부임 첫날 드루먼은 부대를 집합시켜놓고는 "오늘부터 내가 이 부대를 맡게 됐으니 여러분은 앞으로 내 명령을 따라주기를 바란다."는 짧은 훈시를 마치고 사무실로 돌아섰다.[15] 집합 대형 속에서 차렷 자세를 취한 채 '이번에는 어떤 인물이 나타나 무슨 소리를 지껄이나 한 번 보자.'는 생각이었던 사병들은 체구가 비교적 작은데다 포병장교로는 드물게 안경까지 끼고 나타난 새 중대장이 훈시조차 변변치 않게 끝내고 등을 보이며 돌아서자 뒤에서 휘파람을 불며 야유를 보냈다. 사병들은 바로 그날 밤에 부대 밖 술집에서 술에 취해 집단 난투극을 벌인 끝에 4명이 크게 다쳐 치료를 받는 등 자기들의 방식으로 트루먼을 한 번 더 환영해주었다.

그러나 다음날 아침 사병들은 트루먼이 만만치 않은 사람임을 알게 된다. 전날 밤 집단 난투극에 대한 보고를 받은 트루먼은 곧바로 난투극에 책임이 있는 하사관들을 일등병으로 강등시키고 명단을 부대 게시판에 게시한 후 나머지 하사관들을 집합시켰다. 이 자리에서 트루먼은 하사관들에게 "나는 귀관들의 비위를 맞출 생각이 없다. 귀관들이 내 비위를 맞추기를 바란다. 그렇게 못할 사람들은 지금 손들어라. 바로 강등시켜주겠다."며 군기를 잡았다. 강등은 불명예일 뿐 아니라 봉급까지 깎이는 것이어서 이래저래 손해였다. D포병중대 사병들은 트루먼을 다시 보기 시작했다. 만만한 사람이 아님을 안 것이다.

하지만 트루먼은 엄격하지만은 않았다. 결코 그런 성격이 되지 못했다. 훈련은 엄중했지만 공평하게 실시해 사병 누구도 불만을 갖지

28

않았으며, 급식 수준을 향상시키고 사병 개개인의 사정에 관심을 보이는 등 이전 지휘관들과는 매우 다르게 부대를 운영했다. 훈련이나 전투가 없는 날 밤에는 참호나 야전 천막 안의 희미한 불빛 아래서 자신에게 아들을 맡긴 고향의 부모들에게 걱정 말라는 편지를 써 보냈다. 당시 함께 근무했던 장교들에게서는 찾아보기 어렵던 배려이자, 인정 많고 사람들 사이의 관계가 끈

무엇을 기록하고 있는 트루먼 대위
1918년

끈하다는 미주리에서도 쉽게 잊을 수 없는 보살핌이었다. 아주 버릇 나쁜 사병들이 그 후에도 간혹 트루먼을 시험하려 들었지만 트루먼은 잘 하는 자에게는 점점 더 큰 보상을, 못 하는 자에게는 점점 더 큰 처벌을 내리는 '신상필벌信賞必罰'로 부대를 다스렸다.

그 결과 D포병중대의 포술 실력은 "500m 밖 전선 위의 참새도 맞출 정도"라는 약간 과장된 평이 나돌았다. 실제로 129포병연대 간부들은 다른 포병중대 지휘관들을 불러 트루먼 포병중대의 사격 훈련을 지켜보도록 한 후 "왜 귀관들은 D중대처럼 하지 못하는가?"라고 질책하기도 했다.[16] 트루먼은 상급자들이 칭찬을 할 때마다 "내가 운이 좋아서 그런 거지."라고 겸손해 했지만 베스에게 보낸 편지에서

는 "사병들이 나에게 잘 보이려고 애쓰더니 훈련 성과도 크게 좋아졌다."며 기뻐했다.

8월 중순 전선으로 투입되던 바로 그날 트루먼 포병중대는 최악의 포병대에서 최고의 포병대로 변신했음을 또 다시 증명했다. 모든 병력과 대포 및 마필과 포탄마차, 병사들의 식량과 마필이 먹을 건초더미는 기차에 실려 전선으로 이동했는데 워낙 많은 물량이어서 포병중대별, 부대별로 시간을 지키는 것이 가장 큰 과제였고, 1분이라도 단축할수록 우수한 부대, 우수한 지휘관이라는 평가를 들었다. 1개 포병대를 옮기는 데는 17대의 무개화차와 30대의 일반화차, 1대의 객차가 배정됐으며 1시간 안에 모든 병력과 화기, 물자가 기차에 실려야 했다. 트루먼 포병대는 48분 만에 이 모든 일을 마쳤다. 그때까지 어느 부대도 세우지 못한 기록이었다.

트루먼 포병중대는 1918년 8월 30일 오후 8시 정각 장맛비가 쏟아지는 칠흑 같은 어둠 속에서 첫 전투를 치렀다. 프랑스 남동부, 독일과 스위스에 인접한 해발 1,100m의 헤렌베르크 산 중턱 고지에 진지를 차린 트루먼 포병중대는 작전계획에 따라 계곡 건너편 독일군 포병대 진지로 30분 간 무려 490차례 75㎜포 포격을 퍼부었다. 모두 가스탄이었다. 트루먼 포병중대가 사격하는 동안 독일군의 대응사격은 없었다. 하지만 트루먼은 곧 혼쭐이 나갈 정도의 위기를 맞게 된다. 선제 포격을 끝낸 트루먼 포병대는 독일군의 대응 포격에 대비, 즉시 다른 곳으로 이동해 진지를 구축해야 했다. 그러나 75㎜포를 말에 매달아 이동시켜야 할 담당 하사관이 나타나지 않았다. 그가 나타난 것은 작전 계획보다 무려 30분이나 늦은, 트루먼과 사병들의 공포가 최고조에 이르렀을 때였다. 그는 늦게 나타났을 뿐 아니라 폭우가 계속되는 캄캄한 어둠 속에서 부대를 찾는다고 손전등을 켜고 진지 부근을 돌아다니고 있었다. 위치가 노출된 트루먼 포병대 머리 위로 가스탄을 비롯해 독일군의 각종 포탄이 쏟아졌다. 무시무시한 사격이었다.

트루먼 대위는 상황 파악을 위해 말에 올랐으나 10m도 채 안 되는 곳에 독일군 포탄이 떨어지면서 놀란 말이 날뛰다 포탄 구덩이 속으로 미끄러졌다. 말에 깔려 꼼짝할 없었던 트루먼은 한참 후 한 하사관에 의해 구덩이 밖으로 나올 수 있었다. 간신히 구출된 트루먼이 숨을 몰아쉬고 있을 때 문제의 마필 담당하사관이 이번에는 겁에 질린 목소리로 전부 도망치라고 소리치며 달아나기 시작했다. 사병들은 포탄의 섬광 사이사이로 얼핏얼핏 보이는 그 하사관을 따라 어둠 속으로 줄줄이 달아났다. 그 와중에서 달아나지 않고 제자리를 지킨 사람은 트루먼과 서너 명의 사병뿐이었다. 이윽고 정신을 차린 트루먼은 사태 수습에 나섰다. 말 두 마리가 포탄에 맞아 죽었으며 두 마리는 크게 다쳐 사살됐다. 대포는 진흙더미에 깊이 빠져 인력으로는 도저히 빼낼 수 없는 상황이었다. 트루먼은 대포는 나중에 철수시키기로 하고 본대기 있는 산 아래로 병력을 이끌었다. 여전히 칠흑처럼 이

두웠으며 독일군의 집중포화도 계속되고 있었다. 겨우겨우 본대로 철수한 트루먼은 창피해 하면서 상당한 질책을 받을 거라고 생각했으나 직속상관은 새내기 부대가 그런 일을 겪는 건 자주 있는 일이니 잊어버리라고만 말하고 더 이상 문제 삼지 않았다. 다음날 트루먼이 산 위에 두고 온 대포를 끌고 내려올 병사를 모집하자 전 포병대원이 이 위험한 임무에 자원했다. 트루먼은 이 중 몇 명을 골라 다시 고지로 올라가 대포를 끌고 내려왔다.

무지막지했던 독일군의 포격에서 전사자가 한 명도 생기지 않았다는 사실을 알게 된 사병들은 트루먼 대위가 용감할 뿐 아니라 무지하게 운도 좋은 지휘관이라고 여겼다. 하지만 트루먼은 약혼녀 베스에게 보낸 편지에서 "사람들은 내가 포탄을 두려워하지 않는다고 말하지만 웃기는 소리지. 무서워서 도망가지도 못했는데 그걸 모르고 내가 용감하다고만 말하는군. 머리와 몸은 빨리 도망가자고 했는데 발이 말을 안 들었을 뿐이지."라고 썼다. 사실 그날 밤, 독일군의 포탄이 비 오듯 쏟아지자 트루먼도 얼굴이 사색이 다 됐으며 공포에 질려 있었다. 입으로는 누구에겐지 모르게 끝없이 욕설을 퍼붓고 있었다. 과묵하고 점잖기만 했던 트루먼 대위가 심한 욕을 하는 모습은 그날 전투 장면과 함께 사병들의 기억에 오래오래 남아있었다. (트루먼은 19세 때 집에서 멀리 떨어진 철도공사장에서 일한 적 있었는데 이때 철도노동자들과 어울리면서 노동자들의 험한 욕설들을 배웠다. 대통령이 된 후에도 가끔씩 이때 익힌 욕을 입에 올렸던 듯 나중에 대통령 선거에 출마한 공화당의 닉슨은 트루먼이 자신을 거짓말쟁이라고 비난하자 "내가 대통령이 되면 어린이들에게는 절대 트루먼이 쓰는 말들을 쓰지 못하도록 하겠다."는 연설을 하기도 했다.)

문제의 마필 담당하사관은 곧바로 일등병으로 강등됐다. 얼마 뒤 상부에서 그를 군법회의에 넘기라는 지시가 내려오자 트루먼은 "그가 지금은 일등병으로 어디서든 누구보다 용감히 싸우고 있으니 군법회의에 회부하는 것은 지나치다."는 의견을 내고 그를 보호해주었다.

트루먼의 인간애는 129포병연대 연대장이었던 클렘(Klem) 대령의 가혹한 지휘와 비교했을 때 더욱 돋보인다. 역시 미주리 주 잭슨 카운티 출신이었던 클렘은 웨스트포인트를 졸업하고 육군에서 복무하다 부잣집 딸을 만나 결혼하면서 중위로 전역했다. 전쟁이 터지자 미주리 주 야전포병대 창설에 참여, 129포병연대 연대장을 맡았다. 웨스트포인트 출신이라는 자부심과 부잣집 사위라는 배경 탓인지 아래 사람들을 언제나 멸시했으며, 훈련은 지나칠 정도로 혹독해 사병들은 물론 장교들도 고개를 저을 정도였다.

9월 중순, 승기를 굳힌 연합군은 전쟁을 끝내기 위해 전선 전체에 걸쳐 대대적 공세로 들어갔다. 미군 역시 6만 명의 병력과 수많은 대포 및 탱크, 트럭, 그리고 9만여 마리의 말을 자신들이 맡은 24마일 길이의 전선으로 집결시켜야 했다. 한꺼번에 많은 병력과 물자와 말들이 몰리면서 전선으로 가는 도로가 마비됐다. 트럭이 동원됐지만 대포를 끌고 가는 말이 너무 느려 도로가 막히는 바람에 속도를 낼 수 없었다. 전선 쪽에서는 미군과 임무를 교대할 프랑스군이 철수 중이어서 도로는 한쪽 밖에 쓸 수 없었고, 그나마 독일군의 기습을 우려해 밤중에만 이동해야 했다. 장마가 끝나지 않아 어디나 진흙탕이었다. 하루에 여러 마리의 말이 지쳐 죽어나갔다. 죽은 말에 실렸던 장비는 사병들이 어깨에 메고 날라야 했다. 극심한 혼란이 길 위에서 펼쳐졌다.

행군 15일째 되던 날 밤이었다. 이날도 말을 탄 채 도로 아래 위를 휘젓고 다니며 병력과 야포의 이동을 재촉하던 클렘은 긴 오르막에서 행군이 지체되고 낙오자로 대오가 흐트러지자 화를 내면서 꼭대기까지 구보를 명령했다. 누가 봐도 정상적인 명령이 아니었다. 사병들 사이에서는 "연대장이 미친 거 아냐? 누가 한 방 갈겨버리면 좋겠구먼!!"이라는 소리가 들렸다. 트루먼은 클렘의 구보 명령에도 불구하고 너무 지치고 힘들어하는 사병들을 길가로 열외시켜 휴식을 취하도록 했다. 클렘이 다가와 도대체 무슨 짓이냐고 소리를 질렀지만 트루먼은 "명령을 수행하고 있습니다."라고만 대답했다. 트루먼이 무슨 배짱으로 미친 대령에게 그런 대답을 했는지는 모르지만 병사들은 이 일로 인해 트루먼을 더 존경하게 됐다.

행군 중 한 사병이 발목을 삐어 걸을 수 없게 되자 트루먼은 이 사병을 자기 말에 태웠다. 사병이 장교의 말에 타는 건 규정 위반이었다. 클렘이 멀리서 번개처럼 다가와 사병에게 내리라고 명령했지만 트루먼은 "이 포병대 지휘관은 납니다. 지휘관으로서 나는 이 사병을 말에 태우도록 지휘했습니다."고 대들었다. 클렘은 온갖 욕을 퍼부으면서 불같이 화를 냈지만 트루먼을 이기지 못했다. 그러나 트루먼은 "내 생전에 그런 모욕은 처음이었다. 신사라면 입에 담을 수 없는 욕설을 퍼붓고 클렘이 사라졌다."고 그날 일기에 적었다. 또 한 번은 클렘이 숙영지를 지나쳐 너무 앞서 나갔다는 이유로 사병 몇 명을 군법회의에 넘기려 하자 말로 꾸짖으면 될 일에 군법회의는 너무 한 것 아니냐며 그들을 보호했다.

3주 동안의 행군 끝에 미군은 전투지역에 도착했다. 트루먼 대위는 장교와 하사관, 사병 등 각 1명을 데리고 관측소를 설치하러 앞으로 나갔다. 땅거미가 질 무렵 트루먼은 서쪽 하늘에서 미군 비행기가 조명탄을 터트리는 걸 보고 무심결에 망원경을 그리로 돌렸다. 숨어 있던 독일군 포대가 보였다. 독일군은 강 건너 미 28사단을 향해 포를 정렬하고 있었다. 그대로 두면 28사단 병력이 큰 손실을 입을 상황이었다. 트루먼은 자신이 속한 35사단 앞의 적들을 향해 포격을 하도록 명령받은 상태였지만 무시하고 좌표를 다시 설정한 후 숨어있는 독일 포병대에 기습 포격을 실시했다. "마음껏, 포탄은 있는 대로, 최대한 빨리 쏴라!"가 트루먼 대위의 유일한 명령이었다. 독일군 3개 포병대 중 하나는 괴멸됐으며 나머지는 전투능력을 상실했다. 트루먼이 명령을 어긴 걸 안 클렘은 또 격분했다. 그는 트루먼을 군법회의에 회부하겠다고 으르렁거렸으나 트루먼에게는 아무 일이 일어나지 않았다. 트루먼의 선제포격으로 28사단이 피해를 모면한 것이 밝혀졌기

D포병대 모임. 1920년. 왼쪽 첫째 테이블 가운데가 트루먼

때문이다.

연합군의 대공세로 잠시 물러났던 독일군이 대대적 반격에 나섰다. 최전방의 보병들이 패주했으며 미군 패전병도 물결처럼 밀려나기 시작했다. 트루먼 포병대도 꼬박 6일간 밤낮 없이 독일군과 포격전을 벌였다. 잠은커녕 식사와 휴식도 제대로 할 수 없었던 치열한 전투였다. 이 와중에 트루먼 포병대는 독일군에 포위될 위기를 맞기도 했다. 마침내 승기를 잡은 미군이 독일군 진지를 접수하러 진군하면서 트루먼은 사방에 산더미처럼 쌓여있던 양쪽 병사들의 시체더미를 보면서 전쟁의 참혹함을 새삼 느꼈다. 팔 다리가 없거나 머리가 달아난 시체,

옆구리가 터져 흘러나온 내장을 움켜쥐고 숨진 시체가 눈 가는 데마다 쌓여 있었다. (레마르크의 『서부전선 이상 없다』에서 생생하게 묘사되었듯이 제1차 세계대전은 독가스까지 사용한 참혹하기 그지없는 전쟁이었다. 트루먼이 일본에 원자탄 투하를 결정할 때 '미군 피해를 줄이기 위한 최선의 방법'이라고 주장한 것은 이때의 경험 때문이라는 분석도 있다.)

이처럼 양측은 서로 밀고 밀리다가 1918년 11월 휴전에 합의했다. 휴전 때까지 트루먼 포병대에는 3명의 부상자가 발생했을 뿐 전사자는 한 명도 없었다. 대단한 지휘력이었다. 한 사병은 "패튼이 대단하다고 하지만 트루먼도 그에 못지않았어요. 패튼처럼 자기 자랑하는 쇼맨십이 없을 뿐이지."라고 말할 정도였다.[17] 전쟁이 끝나고 트루먼은 자신이 지휘했던 포병중대 사병들과 함께 고향으로 돌아왔다. 그들은 한 무리의 큰 패거리가 되어 그를 큰형처럼 존경하고 따랐다. 미 육군 대위 트루먼은 고향 미주리의 아들들을 안전하고 건강하게 고향으로 데리고 돌아온 것이다. 트루먼은 방위군 활동을 계속하다 대령까지 진급했다.

3 / 유권자와 납세자가 먼저다

1. 탁상행정을 무시한 공직자 - 동부지역 판사 시절

트루먼은 38살 때인 1922년 선거에서 미주리 주 잭슨 카운티 동부지역 판사로 뽑혔다. 당시 미주리 주 시스템에서 사실상 행정직이었던 잭슨 카운티 판사들 — 수석판사, 동부지역 판사, 서부지역 판사 — 은 캔자스시티를 포함한 7개 기초 자치단체로 구성된 카운티 예산을 통제했다. 수백 명이나 되는 카운티 직원 고용 및 감독과 각종 공사 시공자 결정이 판사들의 업무였다. 세금징수와 교육비 등의 지출을 결의하는 것도 주요 업무였다. 마음만 먹으면 판사들은 큰돈을 만질 수 있었으며, 그런 이유로 당시 미주리 주 정치판을 장악했던 민주, 공화 양당 정치 보스(말이 좋아 정치 보스이지 사실은 정상배)들의 마음에 들지 못한 사람들은 당선권에 들 수 없었다.

정치 보스들은 돈으로 주변의 가난한 사람들을 지원, 인심을 얻은 후 선거에서 자신이 지원하는 후보를 찍도록 해 당선시킨 다음 건설공사 등 각종 이권을 따내는 것은 물론 각급 공공기관에 자기 사람을 취업시켜 조직을 유지, 발전시켰다. 정당 간판을 달고는 있었지만 경쟁 조직을 와해시키기 위해서는 대규모 물리적 충돌도 불사했으며, 조직을 관리하기 위한 협박 회유, 폭력도 빈번했다. 선거 때에는 유령 유권자를 동원하고, 한 사람이 하루에 4-5차례 옷만 바꿔 입고는 같은 투표소에서 투표를 하게 했다. 평소 경찰관 등 사법기관원들은 뇌물로, 부정투표에 동원된 사람들에게는 현금은 물론 식량과 연료, 일자리 등 소위 '사적 복지체계'로 관리해온 덕에 이런 부정선거가 가능할 수 있었다.[18] 그 결과 막대한 예산이 보스들의 주머니로 들어갔고, 정작 필요한 곳에는 사용되지 않아 납세자들이 소중한 세금이 낭비되고 있었다.

전기 작가들에 따르면 트루먼의 정치 입문은 고향 친구로 프랑스에서 함께 독일군에 맞서 싸웠던 짐 팬더개스트(Jim Pendergast)의 권유에서 비롯됐다.[19] 짐은 미주리 주 민주당 보스 가운데 한 명으로 잭슨 카운티에 기반을 둔 톰 팬더개스트(Tom Pendergast)의 조카였다. 톰은 도박과 술집으로 큰돈을 벌어 조직을 '창설'하고 가문을 일으킨 형의 뒤를 이어 조직을 관리하고 있었다. 짐이 트루먼을 찾아온 시기는

트루먼(오른쪽)과 짐 팬더개스트(왼쪽), 1946년 백악관

트루먼이 종전 후 고향에 돌아와 곧바로 첫사랑 베스와 결혼하고 가
계를 책임지기 위해 군대 동료와 야심차게 캔자스시티 중심가에 남성
용품상점을 차렸다가 불경기로 인해 3년 만에 다 털어먹고 문을 닫으
려던 때였다. 팬더개스트 조직은 트루먼이 프랑스 전선에서 고향의 젊
은이들로 구성된 부대를 지휘하면서 높은 신망을 얻은 점과 본가와

처가 양쪽으로 친척이 많다는 점을 높이 샀다. 특히 처가 쪽은 잭슨 카운티의 명문가였으며 신문사를 운영하는 친척도 있었다.

트루먼의 딸인 마가렛 트루먼(Magaret Truman)은 "아버지의 정계 진출은 아버지 자신의 뜻에 따른 것"이라고 주장했다. "원래 정치에 관심이 있었던 아버지는 1921년 양품점을 접을 무렵, '정치에서 인생의 새로운 기회를 찾고자 한다.'는 뜻을 어머니에게 밝히고 '지역구 다지기'에 나섰다. 팬더개스트의 추천으로 정치에 나섰다면 캔자스시티 민주당 당사에서 출마 선언을 했어야 하는데, 아버지는 그렇게 하지 않고 잭슨 카운티의 조그마한 농촌마을인 리스서밋 향군회관에서 D포병중대 전우 및 예비역 300여 명을 모아놓고 출마선언을 했다. 이것만 봐도 정치 입문은 아버지가 스스로 결정한 것 아니냐?"고 말했다. 또 "아버지는 당선되기 위해서는 누구의 도움도 받겠지만 그 대가로 보상을 바라는 사람의 도움은 받지 않겠다고 말했으며 팬더개스트도 아무 조건 없이 아버지를 지원하겠다고 나왔다. 그러나 그때는 팬더개스트가 라이벌 조직에게 동부지역 판사 자리를 주는 대신 자기네는 서부지역 판사를 갖기로 야합한 뒤였다."고 말했다.[20] 트루먼이 낙선될 것이 뻔한 상황에서 당선 이후를 생각해 트루먼에게 무슨 보상을 조건으로 내걸 이유가 없었다는 말이다.

선거에는 트루먼 말고도 4명이 출마했다. 은행가, 건설업자, 전직 공무원, 사업가들이었다. 이중 은행가 출신이 가장 유력한 후보였다. 트루먼은 잭슨 카운티의 7개 지역을 샅샅이 훑고 다녔지만 정치언설

잭슨 카운티 동부지역판사 선거 출마 당시 트루먼의 선거포스터. 1924년

이 서툴고, 그럴 듯한 경력도 없어 처음엔 고전을 면치 못했다. 그렇지만 승자는 트루먼이었다. 수년 후 다가올 대공황의 전조였는지 잭슨 카운티의 농부들과 소상공인들은 농산물 가격 급락과 그 여파로 이미 파산했거나 파산 위기에 처해 있었다. 이들은 돈 많은 은행가보다는 트루먼이 자신들과 더 비슷한 처지라고 생각하고 표를 던졌다. 자신들처럼 농사를 지었으며 사업을 하다 실패한 농부의 아들 트루먼에게 동류의식을 느낀 것이다.

유권자들에게 그런 의식을 확실하게 심어준 것은 트루먼의 군 동료들이었다. 그들은 언제 어디 어떤 모임에나 나타나 유권자들에게 트루먼을 선전하고 홍보전단을 뿌렸다. 트루먼 포병대에 속했던 병사들과 그 가족이 트루먼 지지대열에 앞장선 덕에 트루먼은 초반의 열세를 뒤집고 선거에서 승리할 수 있었다. 팬더개스트 조직도 움직였다. 선거 당일 아침부터 플래카드로 뒤덮인 자동차들이 거리를 분주히 쏘다니면서 유권자들을 투표소로 실어 날랐다. 한 지역 신문은 많은 유권자들의 입에서 하루 종일 술 냄새가 사라지지 않았다고 썼다.

팬더개스트 조직이 술
과 돈을 뿌린 것이다.
다른 후보자들도 자신
들이 속한 조직으로부
터 비슷한 도움을 받
았다. 한 경쟁 조직은
총기로 무장한 채 팬
더개스트 조직의 강세

잭슨 카운티 동부지역 판사로 취임한 트루먼이 카운티가
발행한 수표에 서명을 하고 있다.

지역 투표소 한 곳을 급습, 팬더개스트 사람들이 투표를 못하도록 투
표함을 탈취하려다 보안관 — 역시 트루먼의 전우인 — 에 의해 진압
됐다. 그래도 사람들은 "트루먼이었기에 당선된 것"이라고 말했다. 팬
더개스트의 도움이 없었어도 트루먼이 당선됐을 것이라는 뜻이었다.
트루먼도 나중에는 "조직이 나서지 않았더라면 더 좋았을 것"이라고
아쉬워했다.[21]

트루먼의 선거공약은 엉망진창인 카운티 내 도로의 확장 및 정비
와 카운티의 적자재정 해소였다. 트루먼은 당선 후 공약대로 도로 정
비에 많은 시간과 정력을 투자했다. 그는 도로가 잘 정비되어야 지역
이 발전한다고 믿었다. 자동차 보급으로 교통량은 급격히 늘어나는
데 도로는 마차가 다니던 길 그대로여서 교통사고가 급증한 것도 도
로 투자가 시급하다는 증거였다. 업무가 많아진 도로 감독관들의 사

망 사고도 늘어났는데 농사일을 하면서 잠깐 도로 감독관으로 일했던 트루먼의 아버지도 움푹 팬 도로에서 혼자 힘으로 큰 표석을 옮기다 무리하는 바람에 병을 얻어 숨졌다. 도로가 이처럼 엉망이 된 것은 부실 운영과 사기 계약 ─ 팬더개스트 조직과 같은 정상배들에 의한 ─ 이 오랫동안 계속된 결과였다. 거의 모든 도로가 부실 시공으로 한심한 지경이었으며 교량은 제 모습이 아니었다. 손을 본 곳도 불과 얼마 지나지 않아 다시 너덜너덜해지기 일쑤였다.

트루먼 판사의 행정은 현장주의였다. 카운티 내 모든 도로와 교량 점검에 들어간 트루먼 판사는 공사가 시급한 곳과 그렇지 않은 곳을 골라냈으며 개선 및 신설이 필요하다면 어느 정도의 규모로 언제 시행해야 하는지를 결정했다. 공사에 예산을 투입하려면 3명의 판사 중 2명이 찬성해야 하는데 도로에 대해서는 트루먼의 의견이 100% 반영됐다. 탁상행정이 아니라 미리 현장에 가보고, 현지 상황을 숙지한 사람만이 할 수 있는 행정이었다. 트루먼 판사의 이런 노력으로 잭슨 카운티의 도로망은 크게 개선됐으며 신설도로도 늘어났다. 훗날 연방 상원의원이 된 트루먼은 도로, 철도 및 항공 정책을 다루는 '주간통상위원회(Interstate Commerce Committee)'에 배치된 걸 매우 만족해 했다. "역사적으로 보았을 때 한 나라의 발전과 침체는 도로와 수송 수단에 좌우되는 때가 많았다. 알렉산더 대왕의 제국이 금방 멸망한 것은 흩어져 있는 제국의 영토를 잇는 도로가 없었기 때문이며 로마 제국은 아직도 사용되는 곳이 남아있을 정도로 훌륭한 도로를 건설,

제국 곳곳을 연결한 결과 더 오래 영광을 누릴 수 있었다."고 말하면서 도로 건설과 관리의 중요성을 강조했다.)

트루먼은 제대로 돌아가지 않는 카운티 내 모든 기관과 사무소도 방문해 개선을 위해 애썼다. 이런 노력의 결과, 100만 달러가 넘었던 잭슨 카운티의 부채는 절반으로 줄었고 카운티의 신용도 개선됐다. '정상배' 팬더개스트와의 관계 때문에 트루먼에 그리 호의적이지 않던 지역 언론들이 잭슨 카운티의 집행부 — 트루먼을 포함한 3인의 판사 진용 — 의 새로운 행정을 높이 평가하고 지지하는 기사를 내보냈다. 이들이 함께 점심을 먹으러 나타나면 식당에 있던 주민 — 유권자와 납세자 — 들이 박수를 치면서 환영하는 모습도 보였다.[22]

2. 모든 예산은 투명하게 - 수석판사 시절

트루먼은 2년의 동부지역 판사 임기가 끝나자 동부지역 판사 선거에 한 번 더 나섰으나 실패했다. 두드러진 업적으로 인해 주민들로부터도 존경과 사랑을 받았으며, 지역 언론도 '최고의 공복'이라며 지지했지만 선거에 승리하지는 못했다. 낙선 이유가 잭슨 카운티 민주당 내에서 팬더개스트 조직과 라이벌 관계였던 조직이 팬더개스트 세력을 약화시키기 위해 공화당과 결탁, 공화당 후보를 밀었기 때문이라고 보는 분석도 있다.[23] 이 선거를 앞두고 트루먼은 KKK(Ku Klux

Klan, 백인우월주의단체)에 입회비 10달러를 보냈다. KKK의 방해를 받지 않으려면 그러는 게 좋겠다는 말을 듣고 나서였다. 그러나 KKK 간부들이 "흑인과 유대인, 가톨릭 신자에게 일자리를 주지 않겠다고 약속하면 표를 몰아주겠다."고 제안하자 곧장 혼자서 KKK 집회장소로 차를 몰고 달려가 "이 비겁한 자들아! 가톨릭 신자들과 유대인들이 미군에 입대, 유럽에서 용감히 싸울 때 편안히 집에 있으면서 미국 시민들을 공격하고 모욕했던 이 비겁자들아! 나는 유대인이든 가톨릭이든, 민주당원으로서 일이 필요한 사람이면 누구에게나 일을 줄 것이다."고 외친 후 되돌아 나왔다. 트루먼이 혼자 KKK단 집회에 항의 차 갔다는 소식을 뒤늦게 들은 D포병중대원 몇 명이 트루먼을 구하려 총으로 무장하고 황급히 집회장소로 출발했으나 중간에 트루먼을 만나는 바람에 양측의 무력충돌은 일어나지 않았다. 흑인들은 물론 흑인을 옹호하는 백인들에게도 린치를 가하고 집을 불태우며 심지어는 총으로 쏘고 나무에 매달아 죽이기도 할 정도의 가혹한 폭력적 행태로 지역사회에 악명이 높았던 KKK단의 집회에 트루먼이 혼자서 뛰어 들어가 흑인과 유대인 옹호 발언을 한 것은 매우 무모했지만 그만큼 용감한 것이었다.[24] 이 사건이 있은 지 얼마 지나지 않아 초등학교에 입학한 마가렛이 학교에서 유괴될 뻔한 적이 있었다. 범인이 달아나 미궁에 빠진 이 사건에 KKK가 개입했을 것이라는 소문이 돈 건 당연했다.

낙선 후 안정된 수입이 끊긴 트루먼은 '캔자스시티 오토모빌 클럽'이라는 단체에서 커미션 베이스로 회원권을 팔아 생계를 유지했다. 오토모빌 클럽은 자동차 소유자와 운전자들이 회원으로 가입하면 관광 여행 보험 차량수리 등 각종 서비스를 제공하는 단체로 회원 한 명을 유치하면 5달러를 커미션으로 받았다. 본격적인 자동차 대중화 시대가 시작되고 있어서 도로전문가인 트루먼에게는 어려운 일이 아니었다. 첫 해에 트루먼은 천 명을 유치해 5천 달러의 수입을 올렸다.

생계를 위한 사업을 영위하는 틈틈이 트루먼은 팬더개스트를 찾아가 지역정치 이야기를 나누는 등 관계를 유지하다 1926년 수석판사 선거에 나섰다. 이번 선거는 쉬웠다. 지난번 동부지역 판사 선거에서 트루먼을 물 먹였던 팬더개스트의 경쟁조직이 이번에는 팬더개스트와 손을 잡은 덕이었다. 모든 계층이 트루먼을 밀었다. 동부지역 판사일 때 보여준 능력이 지지 기반이었다. 기업가, 농부, 교사, 공무원, 학생 등 모든 계층에서 골고루 표가 나왔다. (트루먼은 이 무렵 팬더개스트를 '보스'라고 불렀는데, 이런 점 등으로 미루어 마가렛의 주장처럼 트루먼이 독자적으로 정치에 뛰어든 것은 사실일지 모르나 이후에는 팬더개스트의 도움을 받았다고 봐야 할 것이다.)

당시 잭슨 카운티는 인구 50만 명, 연간 예산 700만 달러, 공무원 700명으로 일부 작은 주보다 살림살이가 큰, 결코 만만치 않은 행정단위였다. 카운티의 수석판사가 된 트루먼은 유권자와 납세자의 편의을 위한 카운티 행정을 강조했다. 그러기 위해서는 당파도 무시하

트루먼이 1931년 잭슨 카운티 수석판사 취임 선서를 하고 있다.

겠다고 선언했다. 조직의 힘에 기대 낙하산으로 공직이나 기타 일자리를 얻은 자가 일하지 않고 빈둥거리지 못하게 하겠다고 밝혔다. 트루먼 취임 당시 잭슨 카운티에는 무려 천 명 이상이 일하지 않아도 급여를 주는 '신의 직장'에 취업하고 있었다. 취임 연설에서 트루먼은 "나는 납세자를 위해 카운티를 운영하려 합니다. 나는 민주당원으로 당선됐지만 모든 시민을 위한 공복으로 일하겠습니다. 카운티에서 일하는 자는 급여를 받는 만큼 하루 종일 일하게 될 것입니다. 바꿔 말하면, 나는 카운티의 문제를 효율적이자 경제적으로 풀어나갈 것입니다."고 말했다.

납세자 부담 경감을 위해 트루먼이 가장 먼저 한 일은 카운티의 금융비용을 경감하는 일이었다. 당시 잭슨 카운티는 카운티 내 대도시인 캔자스시티의 은행들에서 연리 6%로 돈을 빌려 쓰고 있었다. 트루먼은 취임 직후 곧장 시카고와 세인트루이스로 달려가 그 지역 은행들과 담판을 벌여 처음엔 연리 4%로, 나중에는 2.5%로 자금을 융통해왔다. 캔자스시티 은행가들이 지역 주민인 은행 주주들을 물 먹였다며 일제히 비난하고 나섰지만 납세자들의 권리가 더 중요하다는 트루먼의 반박에 입을 다물 수밖에 없었다.

트루먼은 여전히 최우선 사업이었던 도로공사를 추진하면서도 투명성과 경제성에 역점을 뒀다. 도로는 동부지역 판사일 때 공을 많이 들였지만 여전히 손볼 곳과 신설해야 곳이 많았다. 트루먼이 후임자들도 100만 달러를 도로사업에 투자했지만 엉터리 계약으로 부실 시공된 구간이 많았기 때문이었다. 트루먼 자신도 직접 차를 몰고 참여한 카운티 내 도로망 평가조사 결과 '관내 천여 마일(1마일은 1.6㎞)의 도로 중 350마일에 달하는 도로는 최근의 교통 수요를 도저히 감당할 수 없는 누더기이며 이를 보수, 유지하려면 세수를 훨씬 초과하는 비용이 소요되는 것으로 나타났다.'고 보고했다. 또 '관내 어떤 농가도 도로와 2마일 떨어지지 않게 한다는 목표 아래 총 224마일에 달하는 새로운 콘크리트 도로가 필요하다고' 조사되었다.

누구나 예상했던 조사 결과였지만 문제는 당시 카운티 연간 예산 규모와 맞먹는 공사 비용 650만 달러를 조달하는 것과 '트루먼은 믿을 수 있지만 팬더개스트는 믿을 수 없다.'는 민심이었다. 팬더개스트 조직이 지금까지 해온 것처럼 건설업자 선정에 참여하고 이 업체를 통해 공사비를 착복하고 횡령할 경우 모든 도로가 여전히 부실 시공될 것이라는 우려였다.

트루먼은 건설비용 650만 달러를 공채 발행으로 조달하기로 하고 주민투표에 붙였다. 하지만 반대가 심각했다. 트루먼에 호의적이었던 지역 언론들도 말이 안 되는 계획이라며 반대 여론 조성에 앞장섰다. 톰 팬더개스트조차 트루먼에게 "자네, 그거 잘 안 될 걸세. 내가 공사를 통째로 먹을 거라는 소문을 어떻게 이기려나?"라고 말리고 나설 정도였다. 트루먼은 제대로 계획을 세워서 공사를 하겠다고 약속하면 주민들도 찬성할 것이라고 반박했다. 또 그렇게 하는 것이 정치를 제대로 오래 하는 방법이라고 맞섰다.

트루먼은 투표를 앞두고 투명한 계약으로 미국 전체는 아닐지라도 미주리 최고의 도로를 정직하게 건설하겠다는 맹서로 주민 설득에 나섰다. 트루먼은 납세자연맹 대표들과 관내 도로를 다시 한 번 세밀하게 점검하는 모습을 보이면서 주민들에게 세금을 절대로 헛되이 쓰지 않겠다는 의지를 재차 확인시켰다. 또 최저 입찰자에게 공사를 맡기되 당파를 불문하고 가장 유능한 감리업체에 감리를 맡기겠다며 경제성과 투명성을 동시에 강조했다. 겨울의 얼음이 녹아내리기 시작하는 이른 봄, 곳곳이 진창이어어서 트루먼의 호소와 설득은 무리 없이 주민들에게 먹혀들었다. 도로사정이 어떻다고 떠들 필요가 없었다. 트루먼은 그냥 유권자들에게 카운티 내 어떤 도로가 개선되고 어디에 새 길이 나는지 표시된 지도를 나눠줬다. 그걸로 끝이었다. 공채 발행 계획은 주민 75%의 지지를 받아 확정됐다. (트루먼 공채와는 별도로 캔자스시티에서도 2천8백만 달러 규모의 공채 발행을 추진하고 있었다. 톰 팬더개스트가 밀어붙인 이 공채 발행 계획은 주민들의 거센 반대에 부딪혀 거의 다 삭감되고 겨우 70만 달러 규모로 통과됐다. 유권자들은 트루먼은 믿었지만 팬더개스트는 믿지 않았던 것이다.)

첫 번째 공사는 트루먼의 약속대로 미주리와는 한참 떨어진 사우스다코타 주의 건설업자가 수주했다. 후속공사 역시 여태 잭슨 카운티의 공공공사를 도맡아 해온 회사가 아닌 다른 회사로 넘어갔다. 모든 공사가 예정일에 완공됐으며, 비용은 당초 예산보다 훨씬 덜 들었다. 시공 결과는 아주 탁월했다. 특히 자동차 시대의 도래에 대비, 도로 주변에 공원과 레크리에이션 센터 부지를 미리 조성해둔 것은 미국에서는 처음으로, 누구도 상상하지 못한 미래를 내다본 행정이라는 찬사를 받았다. 임기 중반에 한 지역신문은 "권력의 중심부인 카운티 집행부에 대한 비난이나 집행부를 둘러싼 추문은 거의 사라졌다. 수리사건이나 부정부패를 둘러싼 정치적 공세도 찾아 볼 수 없다."며 "이런 일은 전례 없던 일"이라고 썼다. (이 과정에서 트루먼이 막대한 이권을 놓치게 된 톰 팬더개스트에 어떻게 맞서고, 설득했는지를 궁금해 하실 분이 많을 것이다. 이에 대해서는 곧 자세히 설명하겠다.) 트루먼이 카운티 수석판사직을 뛰어난 지도력으로 수행하자 주민들은 다음 선거에서도 트루먼을 뽑았다. 1926년 선거에서 1만6천 표 차이로 이겼던 트루먼은 1930년 재선에서는 무려 5만8천 표 차이로 압도적 승리를 거뒀다.

4 / 청렴과 정직

1. 가장 가난한 상원의원

트루먼이 상원의원일 때는 상원의원 98명 중 가장 가난한 상원의원이었다. 미주리 주에 가족을 두고 혼자 워싱턴에 올라와서는 싼 집을 찾아 기거했으며, 연봉 1만 달러 내에서 수입과 지출을 맞추기 위해 안간힘을 썼다. 버스를 타고 다녔고, 부인에게 적어보낸 지출 내역에는 신문 구독료와 식품비 내역이 적혀 있었다. 독립기념일 연휴 때는 "내가 호사를 좀 할까 하오. 수영복이나 하나 장만해서 워싱턴 부근 해변에서 수영이나 하면서 시간을 좀 보낼 생각이오."라고 썼지만 막상 그날은 보건소를 찾아 치아 치료를 했다.

루즈벨트가 갑자기 사망하는 바람에 대통령직을 승계한 트루먼 가족이 백악관으로 들어갈 때는 군용트럭 세 대만 필요했다. 그 며칠 전 루즈벨트 가족이 짐을 빼면서 열세 대의 트럭을 동원했던 것과 비교하면 너무나 단출한 살림살이였다. 값나가는 물건은 어릴 때부터 취미이자 특기였던 피아노가 고작이었다. 피아노는 성악을 시작한 딸 마가렛을 위해서도 필요했다. 루즈벨트 가문이 대대로 미국 동부의 명문이며 트루먼은 미주리 주의 평범한 농부의 아들이라는 점을 감안해도 너무나 대조적이었다.

백악관을 나온 후 고향으로 돌아왔을 때도 트루먼은 집이 없어 처가 — 장모의 집 — 에서 기거해야 했다. 그나마 덜 쪼들리게 된 것은 후임자 아이젠하워가 연금법안에 서명한 후 전직 대통령으로는 처음으로 매년 2만5천 달러를 받게 되면서부터였다. 뒤이어 존슨 대통령 때 노인의료지원제도가 시행됐을 때도 첫 번째 수혜자가 됐다.《월스트리트저널》에 따르면 2010년 달러 가치로 환산한 결과 트루먼은 조지 워싱턴부터 버락 오바마 대통령까지 역대 미국 대통령 중 가장 가난한 대통령이었으며 대공황이 시작된 1929년 이후 취임한 대통령 가운데 취임 후에도 재산이 늘어나지 않은 유일한 대통령이었다.[25] 전임자들과 영국의 전 수상 처칠이 회고록으로 퇴임 후 수입을 올린 경우를 따라 회고록을 집필해보았지만 큰 도움이 되지는 않았다.

트루먼의 궁핍은 가세가 기울어지면서 갑자기 별세한 아버지의 빚까지 물려받은 데다 손댔던 사업들이 모두 실패, 큰 빚을 지게 된 것이 가장 큰 이유였다. 특히 제대하고 귀국해 결혼한 후 곧바로 문을 연 남성용품점 실패로 인한 타격이 가장 컸다. 트루먼은 주방위군으로 훈련 받을 때 동료인 에디 제이콥슨(Eddie Jacobson)과 함께 부대 피엑스(PX) 운영을 맡아 큰 이익을 남겨 부대원 복지에 상당한 도움을 준 적이 있다. 종전 후 제이콥슨을 다시 만난 트루먼은 둘이 동업하면 돈을 만질 수 있을 것이라고 생각하고 고급 남성용품점을 냈다. 남성용품점은 의류사업을 했던 제이콥슨의 아이디어였다. 트루먼이 예금과 집에 있던 농기구와 가축을 팔아 1만5천 달러를 만들었다. 그러나 이걸로는 부족해 빚까지 내야 했다. 이처럼 거액이 — 트루먼의 형편에서는 — 투자된 이 가게는 넥타이, 모자, 셔츠 등 고급상품 3만5천 달러어치의 재고로 영업을 시작했다. 트루먼의 인맥과 제이콥슨의 야무진 경영으로 처음엔 곧잘 장사가 됐다. 첫해 매출이 7만 달러로 이익이 상당했다. 이듬해도 괜찮았다. 그러나 1921년 우드로 윌슨 대통령의 민주당 정부가 물러나고 공화당의 워렌 하딩(Warren Harding)이 대통령이 되면서 사정이 달라졌다. 하딩 정부의 긴축정책으로 농산물 가격이 떨어지자 농업이 주력 산업이었던 잭슨 카운티 주민들의 구매력도 현저히 떨어졌다. 장사가 될 리 없었다. 3만5천 달러를 유지했던 재고품의 가치가 겨우 1만 달러밖에 되지 않았다. 빚 갚을 형편이 못 되자 은행과 채권자들의 압력이 거세졌고 결국 두 사람은 가게를 접었다. 또한 당시 트루먼은 우후죽순처럼 생겨있던 석유 시추 업

체에도 약간 투자를 했는데 제1차 세계대전이 일어나면서 작업 인력
들이 모두 입대하는 바람에 사업이 중단됐다. 이 업체는 트루먼이 손
을 뗀 한참 후에 시추를 재개, 미주리 주의 바로 이웃인 캔자스 주에
서 가장 큰 유전을 찾아냈다. 트루먼은 "전쟁이 일어나지 않았더라면
내 인생이 어떻게 변했을까 자주 생각하곤 했다."고 말했다.[26] 인생의
황금기를 빚 갚는 일로 소모해야 했던 자신의 삶이 너무나도 신산(辛
酸)했기에 해본 생각이었다.

2. 썩지 않는 사과

트루먼의 궁핍한 모습을 전해주는 일화 못지않게 그가 어떨 때는
필요 이상으로, 아니 극단적으로 깨끗한 공직자였음을 보여주는 일화
도 많다. 다른 정치인들이 '관례' 혹은 '전통'이라는 이름으로 당연한
듯 누린 사소한 편의나 특혜, 지름길을 단호히 거절한 몇 가지 일화도
전해진다. 그 가운데 두 가지를 소개한다.

수석판사로 총액 650만 달러에 달하는 도로공사를 발주한 며칠
후 잭슨 카운티 법원은 트루먼에게 양품점 부채 8천9백 달러를 갚으
라고 명령했다. 트루먼은 어머니의 농장을 담보로 추가 융자를 받아
갚았다. 사실 융자를 받지 않아도 이 돈을 갚을 길이 있었다. 어머니
농장 중 11에이커(약 1만3,500평)가 이때 발주한 도로부지에 편입돼 1에

이커 당 천 달러, 총 만천 달러를 보상받을 수 있었기 때문이다. 트루먼은 수석판사라는 지위를 이용해 보상을 받았다는 말이 나올까봐 보상 대상에서 어머니의 농장은 제외시켰다. 트루먼의 어머니는 나중에 "어릴 때부터 정직하게 살도록 가르쳤지만 이렇게까지 하는 건 정직이 아니라 '초정직(Super Honesty)!'"이라며 섭섭해 했다.

또 하나는 트루먼이 어느 날 자동차 좌석 커버를 갈려고 찾았던 캔자스시티의 한 가게 사장의 동생이 남긴 이야기다. "작업비 32달러를 받으려다 들은 말이 있어서 트루먼 판사에게 '판사님, 안 주서도 됩니다. 대신 우리 형님이 카운티 차량에 좌석 커버를 납품하도록 해주시면 안 되겠습니까?'라고 물었더니 판사님은 '이 친구야, 나는 그런 사람이 아니네.'라고 점잖게 말씀하시고 계산을 다 하셨지요. 얼마 후 톰 팬더개스트씨의 자동차 좌석 커버를 갈아드리게 됐습니다. 작업을 끝내고 65달러가 적힌 계산서를 들고 팬더개스트씨 사무실을 찾아가 트루먼 판사에게 했던 것과 똑같은 제안을 했더니 '그 정도아 안 되겠나.'라고 말씀하셨습니다. 그 뒤, 꼭 두 시간 만에 경찰서에서 연락이 왔습니다. 경찰차 100대의 좌석 커버와 고무 발판을 바꿔달라는 주문이었지요."

해리 트루먼의 양심과 정직, 청렴함은 '보스' 톰 팬더개스트조차도 오염시킬 수 없었다. 톰은 해리가 자기 자신이나 조직의 이익은 안중에도 없고 오직 주민과 유권자들만을 우선으로 일한다는 걸 알고부터는 부정한 일을 시키지도 애써 알리지도 않았다. 둘 사이에 다음

톰 팬더개스트와 조카 짐 팬더개스트. 1939년

과 같은 일이 벌어진 후부터였다.

도로공사 공채 발행 계획이 통과된 직후, 해리가 유권자들에게 약속한 대로 특정업체에게 공사를 주지 않으려 한다는 걸 알게 된 톰은 해리를 불러 불같이 화를 냈다. 그래도 해리가 고집을 꺾지 않자 톰은 "자네에게는 명예가 중요한 모양이지만 현실에서 명예는 아무것도 아닌 거야! 당장 입찰 조건을 조금만 변경해 '제대로 일할 업체'에게 발주하게!"라고 말했다. 톰이 이렇게 열불을 내면서 호통을 쳐도 해리는 단호했다. 자신이 생각한 대로 공사를 진행하는 것이 시민들은 물론이고 민주당에게도 좋다고 맞선 것이다.

해리가 한 치도 물러서지 않자 톰은 회의를 소집해 의견을 모으기로 했다. 회의 참석자는 톰과 해리, 건설업자 3명이었는데, 모두 팬더개스트 조직과 직간접으로 연계되어 있던 건설업자들은 해리가 자신들이 아닌 다른 업체에 일을 주기로 했다는 사실에 크게 당황해 했다. 또 그 중 한 명은 톰의 일급 참모로, 평소 카운티 건설공사를 하면서 하도 빼먹은 탓에 해리로부터 "타고난 도둑놈, 피는 물론 뼛속까지 도둑놈"이라고 불렸던 자였다.

"자네가 이 친구들과는 계약하지 않겠다고 했다며?" 한참 만에 톰이 입을 뗐다. "입찰가가 낮았더라면 계약을 땄겠지요. 그래도 설계대로 공사를 안 하면 대금은 못 받겠지만."이라고 트루먼은 맞받았다. "이봐, 내가 저 친구, 미주리 최고의 고집불통이라고 말했지?" 3명의 건설업자를 돌아보며 이렇게 말한 톰은 그들을 방에서 내보낸 후 해리에게 계획대로 공사를 하라고 말했다. 그러면서 톰은 해리에게 "언제든 자네를 수석판사 자리에서 내보낼 수 있다는 건 명심하게."라고 말했다. 하지만 이때부터 톰은 해리의 의사를 존중하면서 부도덕한 일을 요구하지 않게 됐다. 해리의 순수성도 자신의 자산이 될 수 있다고 보았기 때문이다. 자신의 조직이 100% 썩지는 않았음을 과시하는데 해리의 청렴결백이 좋은 간판이 된다고 생각한 것이다. 영어에 "A rotten apple spoils the barrel."이라는 속담이 있다. "사과 하나가

썩으면 상자 속 다른 사과도 전부 썩는다."는 말이다. 그러나 톰은 트루먼을 주변이 다 썩었어도 절대로 썩지 않을 사과라고 보았다.

3. 트루먼의 노블리스 오블리제

팬더개스트 조직이 미주리 주, 특히 잭슨 카운티의 실질적 권력으로 자리 잡은 것은 트루먼이 수석판사로 당선된 1926년 선거를 싹쓸이하면서부터였다. 팬더개스트 조직은 이 선거에서 승리하자 잭슨 카

톰 팬더개스트가 경영했던 잭슨 카운티 몬로호텔. 톰은 호텔 옆 노랑 벽돌 건물 2층에서 업무를 봤다.

운티의 관공서와 공공기관 등의 임명직 6천 개를 모두 자기 사람들로 채웠다. 이중 천 개는 말 그대로 하는 일 없이 급여만 받는 자리였다. 톰은 매일 아침 9시부터 낮 12시까지는 자신의 사무실에서 찾아온 지역 주민들을 만났다. 모두 일자리를 찾거나 금전적 지원을 요청하는 사람들이었다. 톰은 이들에게 절대 안 된다는 말을 하지 않았다. 당장 들어주지 못하는 민원은 다음번에는 꼭 해결해주었다.

톰의 조직은 잭슨 카운티 경찰도 장악했다. 당시 잭슨 카운티의 경찰서장은 미주리 주 주지사가 임명했지만 급여는 잭슨 카운티에서 지급하고 있었다. 톰은 경찰관 급여를 4주일간 지급 중단시키는 전략으로 주지사가 임명한 경찰서장을 물러나게 하고 자기 말을 듣는 사람을 그 자리에 앉혔다. 톰 팬더개스트 조직의 술집과 매춘업소와 도박장이 공권력의 감시에서 완전히 벗어나 전보다 더욱 번창하게 된 것은 물론이다. 경찰 차량 좌석 커버 교환 따위는 아무런 이권도 아니었다. 톰은 또 당시 막 개발된 레미콘의 미래를 내다보고 레미콘 생산업체도 설립했다. 이 업체는 잭슨 카운티의 공공 건설공사에 레미콘을 거의 독점적으로 공급해 톰의 조직을 더욱 살찌웠다.

톰만 배를 불린 게 아니다. 나중에 FBI가 톰에 대해 탈세 혐의를 잡고 대대적인 수사를 벌인 결과 톰의 수하 인물 중 한 명이 캔자스시티의 시감독관을 지내는 사이 무려 2천만 달러가 예산에서 사라진 것으로 나타났다. 이는 캔자스시티 연간 예산의 세 배에 가까운 액수였다. FBI는 수사를 종결하고도 팬더개스트 조직이 얼마나 많은 돈을 빼돌렸는지는 알아내지 못했다. 이 수사에서 캔자스시티 경찰서장과 미주리 주 보험감독관도 횡령 및 배임혐의로 기소됐다. 관련자 중에는 자살한 사람도 있었다.

수석판사 트루먼과 함께 판사로 근무했던 동부 및 서부지역 판사들도 부패한 인물이었다. 그들은 애인들을 카운티 급여대장에 전화교환원이라고 올려놓고는 급여를 빼돌려 애인들과 즐기는 데 탕진했다. 이들은 또 카운티의 모든 거래에서 리베이트를 받아내려다 트루먼에게 걸리기도 했다. 수석판사가 카운티 업무에 몰두해 있는 사무실에서 동부지역 판사와 서부지역 판사는 주사위 도박을 하고 있을 때도 있었다. 해리는 그들을 경멸하고 혐오했다. 자신보다 훨씬 좋은 집안에서 태어나 훨씬 좋은 교육을 받은 그들 — 한 명은 트루먼이 젊을 때 그렇게 선망했던 웨스트포인트 육군사관학교 출신 — 의 부도덕하고 부패한 모습에 분노했다. (프랑스에서 이미 웨스트포인트 출신 연대장 클렘의 비인간적 횡포와 무능을 경험했던 트루먼은 이때부터 웨스트포인트 출신을 은근히 비하하기 시작했다. 웨스트포인트 출신을 미워했다기보다는 실력 없는 특권층, 부도덕한 기득권층을 비하한 것이라고 해야 옳을지도 모르겠다. 나중에 대통령이 된 후 맥아더를 유엔군 사령관직에서 해임할 때나 자신을 속이고 공화당 후보로 대통령 선거에 나서 당선된 아이젠하워를 미워했던 이유에는 이런 배경도 있었으리라 생각된다.)

트루먼의 수석판사 시절은 대공황과 겹쳤다. 수많은 사람이 큰 고통을 겪어야 했다. 은행이 문을 닫고 일자리가 사라졌다. 소득이 사

62

라지고 물가가 급등했다. 집을 빼앗겨 길거리에 나앉는 사람이 하루가 다르게 늘어났으며, 식품배급소 앞의 줄도 길어지고 있었다. 트루먼도 딸의 용돈을 주 50센트에서 25센트로 줄였다. 그러나 트루먼은 큰 어려움을 겪는 사람들이 더 많다는 걸 알고 있었다. 용돈은 줄었지만 마가렛이 끼니를 굶은 적은 없었다. 그러나 딸의 친구들은 수시로 배를 굶었고, 일자리를 찾아 나선 아버지를 따라 하룻밤 새 다른 곳으로 이사를 가기도 했다.

어쩌면 트루먼은 자신을 '특권층'으로 생각했을지도 모르겠다. 굶는 사람이 부지기수인데 꼬박꼬박 정부로부터 급여를 받으며, 돈을 모으지는 못했지만 밥걱정은 하지 않아도 되는 자신을 '기득권층'으로 생각했을지 모르겠다. 트루먼은 자신처럼 '특권층', '기득권층'으로서 이미 혜택을 누리고 있는 사람들이 더 많은 돈을 가지려고 애쓰는 걸 보고 혐오감을 감추지 못했다. 해리는 모든 사람이 자기처럼 명예를 소중히 여기지는 않고 있음을 알게 됐다. 해리가 실망하고 분노하는 모습을 본 톰 팬더개스트는 "도둑질한 물건을 들고 달아날 수 있는 찬스에서 정직한 자는 없는 법"이라고 다시 한 번 회유했지만 트루먼은 넘어가지 않았다. 트루먼의 한 측근은 "해리가 돈 먹을 기회는 넘치고 넘쳤다. 도로공사 한 건만으로 100만 달러는 챙길 수 있을 때였다. 어려울 것도 없었다. 그저 업자들을 불러 10%만 먹자고 했다면 순식간에 그 돈이 들어왔을 것이다. 그렇지만 해리는 아무것도 없이 빈손으로 나왔다."고 말했다. 트루먼 자신도 "마음만 먹었다면 150만 달러쯤은 아무것도 아니었다. 그러나 나는 지금 150달러도 없다."는 기록을 남기기도 했으며 부인에게 보낸 편지에서는 "잭슨 카운티에서 일한 사람 중 나 빼고 모두 부자가 된 것 같소."라고 쓰기도 했다.

트루먼이 청렴했다는 건 트루먼과 가까운 사람들만 주장한 것이 아니었다. 팬더개스트에 대한 FBI 조사에서 해리 트루먼은 아무런 혐의를 받지 않았다. FBI와 함께 이 수사에 참여했던 지방검사는 정파적 이유로 트루먼에게 한 번도 존경심을 표시한 적이 없던 사람인데, 수사가 끝나자 "우리는 한 번도 칼날을 트루먼에게 맞춘 적이 없다."고 말했다. 언론도 트루먼을 '검증'했지만 여전히 나오는 건 없었다. 털어도 먼지가 안 나는 사람이 실제로 있었던 것이다.

트루먼은 위선자들보다는 차라리 표리가 일치했던 팬더개스트가 더 낫다고 보았다. "하나님 앞에서 톰 팬더개스트와 엉터리 신자 ─ 일요일엔 교회에서 회개하고, 월요일엔 창녀와 뒹굴며, 화요일엔 술 마시고, 수요일엔 또 회개하는 ─ 가운데 누가 더 가치 있는 존재인가?"라는 기록도 남겼다. 톰은 유능하며, 비록 그의 규범이 다른 사람들의 규범과 차이가 없진 않지만 존경할 만한 것이기도 하다는 기록을 남기기도 했다. 앞으로는 선한 척하면서 뒤로는 악덕을 저지르는 정치인들보다는 대놓고 비리를 저지면서도 가난하고 소외된 사람들을 도운 팬더개스트가 차라리 더 의롭다고 본 것이다.

5 / 정치판의 갑을관계

1. 도전으로 극복한 좌절과 시련

두 번째 수석판사 임기 만료가 다가온 1933년, 트루먼은 깊은 고민에 빠지게 된다. 가장으로서의 책임을 다 할 수 있는 새로운 직업을 찾아야 했기 때문이다. 규정상 세 번 연임은 불가능했다. 다른 정치인들처럼 법률가도 아니어서 새 직업을 갖기도 쉽지 않았다. 나이도 막 쉰이 되려던 참이었다. 트루먼은 자신이 제대로 된 삶을 살아왔는지, 직업은 제대로 선택했는지에 대해서도 깊이 고뇌했다. 이 무렵 조카가 미래에 대한 조언을 부탁하자 "정치판은 정권이 바뀌면 패자로 나와야 하며 배울 것도 없는 곳이다. 그러니 은행에서 일하거나 강사를 하

면서 실제로 도움이 되는 무얼 배우는 게 나을 것"이라고 충고하기도 했다.[27]

트루먼은 새로운 공직을 맡기를 바랐다. 왜 정치를 하느냐는 질문에 "나도 다른 사람들을 위해 무언가 할 수 있어서"라고 답한 적이 많았지만 꼭 그것만이 이유는 아니었다. 공직을 맡으면 그래도 수 년간은 경제적 안정이 보장되었기 때문이다. 부인 베스와 딸 마가렛을 위해서도 그랬다.

그러나 적어도 잭슨 카운티에서는 어떤 공직이라도 팬더개스트의 점지가 없으면 안 되는 일이었다. 톰은 술집과 매춘, 도박은 물론 레미콘 업체에서 번 돈으로 식량과 땔감, 의복을 무상으로 공급해 준 자신의 '사적 복지체계'로 흑백을 불문하고 가난한 사람들의 환심을 샀으며, 여유와 교양이 있는 화이트칼라 계층에게는 독서, 음악 감상, 댄스, 수영, 야구 등 각종 사교클럽과 스포츠클럽 활동을 제공해 자기편으로 만들었다. 기업인들에게는 세무서에 압력을 가해 세금을 깎도록 하거나 압류를 풀도록 해주는 등의 선심으로 "톰 팬더개스트는 사업가들의 어려움을 이해하는 사람"이라는 평가가 나돌도록 했다. 이 모든 것들은 선거에서 표로 나타났으며, 결국 팬더개스트가 '축복'하면 말뚝을 박아놓아도 당선되는 판이 됐다.

트루먼은 수석판사로서 놀라운 업적을 남긴 덕에 주민들의 지지도 높은 편이어서 어느 자리라도 출마만 하면 해볼 만하다는 자신은 있었지만 일단 경기장에 들어가는 것이 먼저였다. 톰이 '노'라고 하

면 아무리 능력이 있고 청렴
하고 정직해도 민주당 간판
으로는 선거판에 나설 수 없
었다. 미주리 주는 전통적으
로 민주당이 초강세를 보인
지역이었으며, 톰 팬더개스
트는 트루먼과 함께 참가했
던 1932년 민주당 대통령 후
보 지명 전당대회에서 처음
으로 대통령 선거에 나선 루
즈벨트를 적극적으로 지지한

톰 팬더개스트

보상으로 이미 중앙 정치무대에서도 상당한 발언권을 갖게 되었던 참
이었다. 트루먼이건 누구건 톰 팬더개스트에 잘 보이지 않고는 적어도
잭슨 카운티에서는, 나아가 미주리 주에서는 정치인으로 한 걸음도
나아갈 수 없다는 것이 점점 더 분명해지던 때였다.

　별 수 없었다. 아무리 청렴하고 소신이 있어도 팬더개스트의 동
향에 귀를 세우지 않을 수 없었다. 1931년에는 지역 언론들이 자신을
훌륭한 주지사감이라고 한 논평에 힘입어 톰이 혹시 주지사로 밀어주
지 않을까 기대했던 트루먼은 다른 이가 주지사로 낙점되자 크게 낙
심한다.

　그래도 톰은 트루먼을 만나면 트루먼을 크게 인정한다는 인상을

주었다. 권력과 돈을 가진 자들 일반에 흔한 교묘한 술책이었다. 믿는 척하는 걸로 아래 사람을 끝까지 못 떠나게 하고, 많은 것을 주는 척하면서 쥐꼬리만큼 주는 걸로 끝내는 더러운 책략!! 용인술이라고도 말하고 조직관리라고도 말하는 정신적, 물질적 착취의 수단!! 권력 없고 돈 없는 사람들은 알면서 당하고도, 안다고 말할 수도 없는 갑을 관계의 더러운 원칙은 예나 지금, 어디서나 다르지 않았다. 트루먼은 톰의 표정과 언행에서 연방 하원의원이나 세금징수관 자리 중 하나를 맡길지 모르겠다고 짐작했다. 트루먼은 미주리 주를 넘어서, 미국의 권력을 다루는 기회가 된다는 생각에 연방 하원의원을 더 기대했다. 반면 베스는 세금징수관이 더 낫다고 생각했다. 세금징수관은 수입이 훨씬 더 많을 뿐더러 워싱턴에서 생활해야 하는 하원의원과 달리 고향을 안 떠나도 되었기 때문이다.

그러나 톰은 트루먼의 기대를 외면하고 두 자리 모두에 다른 사람을 밀어 넣었다. 절망에 빠진 해리 트루먼은 금방 추운 곳에 나앉게 될 자신의 모습을 떠올리면서 좌절감에 떨었다. 새로운 무엇을 하리라고는 생각도 못했다. 몇 주일이 지나도록 조직에서는 아무 연락도, 다른 일자리 제안도 없었다. 여전히 다른 사람들 앞에서는 활기찬 미소를 지으며 밝은 모습을 보였지만 속으로는 사기가 완전히 떨어진 상태였다. 이대로 계속된다면 쉰 넘은 나이에 카운티 산하 어느 조그마한 공공기관 사무실에 틀어박혀 하찮은 업무를 보면서 연금이나 받는 처지로 전락하게 될 것이란 두려움도 생겨났다. 마가렛 트루먼은 "평생 낙관적이었던 아버지가 이때만큼 큰 절망과 좌절에 빠져 두려워했던 때는 없었다."고 아버지 전기에 썼다.[28]

2. 인생에 '배수진'을 치다

1934년 봄, 낙심에 빠져있던 트루먼에게 일생을 바꾸게 될 전화가 걸려왔다. 이번에도 친구 짐 팬더개스트였다. 급한 목소리로 무조건 빨리 자기 있는 곳으로 와달라는 짐의 전화를 받은 해리는 무슨 일인지 전혀 짐작 못한 채 약속 장소인 호텔로 들어섰다. 짐은 해리를 호텔 로비 한쪽 구석으로 데리고 가 대뜸 미국 연방 상원의원에 출마했으면 한다고 말했다. 너무 놀라서 아무 말도 못하고 있는 해리에게 "보스가 자네로 결정했어. 보스는 자네 편이야. 그것만 알고 있으라고."라고 말했다. 전혀 예상치 않은 제안을 받은 트루먼은 생각한 시간을 달라고 했으나 짐은 민주당을 위해 트루먼이 꼭 출마해야 한다고 말했다. 그걸로 논의는 끝이었다. 해리가 출마는 하겠으나 사실상 파산상태라고 말하자 짐은 이걸로 시작하라고 그 자리에서 천 달러를 만들어주었다.

톰 팬더개스트의 연방 상원의원 후보 리스트엔 애초에 해리 트루먼이라는 이름은 없었다. 짐 팬더개스트를 포함한 톰의 핵심 측근들은 무려 10명의 상원의원 후보감을 추천했으며, 이아 별도로 톰이 외중에도 몇 명이 더 있었다. 톰은 이들의 경력과 충성심을 검토한 후 3 명을 골라 직접 상원의원 출마를 권유했으나 3명 모두 워싱턴으로 가기 싫다거나 대통령인 루즈벨트의 뉴딜정책이 마음에 들지 않는다는 이유로 거부했다. 트루먼의 이름은 마지막에 거명됐다. 톰은 트루먼을 상원의원으로 내보는 데는 마지막까지 망설였다. 톰의 측근 중 일부도 해리의 경력이 잭슨 카운티의 평범한 판사가 전부여서 잭슨 카운티를 벗어나면 인지도가 낮은 데다 지나치게 청렴하고 깨끗해 조직에 도움이 되지 않을 거라는 주장을 폈다. 경력으로는 가볍고, 도덕성이라는 측면에서는 묵직한 것이 결점이라는 논리였다. 이미 도로건설에서 트루먼이 톰의 의중을 거스르지 않았냐고 이들은 '증거'까지 들이밀었다. 톰도 조카 짐에게 트루먼이 어떻게 상원의원이 될 수 있다는 거냐며 소리를 질렀다. 그러나 다른 대안이 없다는 게 확실해지자 톰도 고집을 더는 부리지 못했다. 15명을 검토한 끝에 내린 결정이었다.[29] 톰의 '낙점'을 받게 된 트루먼은 출마 발표를 하는 날 새벽 "오늘 나는 내 인생에서 가장 중요한 발표를 하게 된다. 나는 내 나이의 사람들이 있고자 애써온 그 자리까지 오게 됐다."라는 메모를 남겼다. 더 이상 물러날 곳이 없는 사람의 결연함이었다.

트루먼이 출마한 선거는 미주리 주 민주당 예비선거였다. 민주당 상원의원 후보를 뽑는 선거인데, 민주당이 강세인데다 민주당 출신인 루즈벨트의 인기가 전국적인 것이어서 미주리에서는 민주당 후보가 본선에서 당선될 확률이 100%였다. 예비선거에는 트루먼 외에 2명이 더 출마했다. 트루먼이 잭슨 카운티를 장악한 팬더개스트의 지원을 받는 것처럼 그들도 팬더개스트 만큼 강력하진 않지만 자신들 지역에서는 나름 힘을 쓰는 보스의 지원을 업고 있었으며, 둘 다 이미 연방 하원의원을 지낸 사람들이었다. 그들은 경력 면에서 트루먼보다 월등히 화려했다. 특히 그 중 한 명은 잭슨 카운티의 경쟁 도시 세인트루이스의 거대 신문사인 《세인트루이스 디스패치》의 지원을 받고 있어 절대 쉬운 상대가 아니었다.

모두 민주당이니 정책에서는 후보 간에 큰 차별성을 찾을 수 없었다. 트루먼이 유세에서 "공화당의 자본주의적 지배를 통한 부자들의 통치를 이제는 종식해야 한다. 국부의 90%를 인구의 4%에 불과한 사람들이 차지하고 있는 이 불공정한 현실을 타파하자!"며 노동자, 농민의 복지 향상에 역점을 둔 뉴딜정책을 강력히 지지한다고 선언하면 다른 사람들도 비슷한 주장을 내놓았다.

결국 인신공격이 주된 공격수단이 될 수밖에 없었다. '거악(巨惡)' 팬더개스트를 등에 업고 있는 트루먼이 불리할 수밖에 없었다. "어쩌다 요행을 붙잡아 잭슨 카운티의 판사 의자에 앉게 된 팬더개스트의 심부름꾼이 이젠 미주리 주의 연방 상원의원 자리를 거저먹으려 하고 있습니다."라는 공격이 쏟아졌다. "미주리 주 주민이 봉입니까? 연방 상원의원 자리가 그렇게 만만합니까?"라는 공격이었다.

트루먼의 반격도 만만치 않았다. 인생의 배수진 앞에 선 트루먼은 오히려 더 강공이었다. 평소 조용조용하고 허풍이라곤 떨어본 적이 없으며 언제나 겸손하게만 보였던 트루먼은 100% 다른 모습으로 무차별적인 공격에 나섰다. "경쟁자 둘 모두 하원의원 선거에 나섰을 때 톰 팬더개스트의 지원을 얻어내려고 잭슨 카운티에 찾아와 만나고 갔으며 그 결과 하원의원이 될 수 있었다는 사실을 새까맣게 잊고 지금은 팬더개스트를 비난하는 배은망덕한 사람들"이라고 퍼부었다. 또 유세장에 나온 사람들이 대부분 팬더개스트 덕분에 관청과 공공기관에 취직한 사람들이라는 한 경쟁자의 비난에 "당신네도 일가붙이들을 마구잡이로 취직시켜준 탓에 미주리 주 공무원 명부가 두꺼워진 것 아니냐?"고 맹폭했다. 미주리 주에서 캔자스시티와 경쟁 관계인 대도시 세인트루이스 출신의 연방 상원의원(베넷 클라크 – 그의 부친도 세인트루이스에서 연방 상원의원을 지냄)이 경쟁자를 지원하면서 자신을 "저 팬더개스트의 졸병은 머리도 나쁘고 창의력도 부족한 사람"이라고 깎아내리자 트루먼은 "저 상원의원은 부친으로부터 자리만 물려받았을 뿐 부친의 훌륭했던 의정활동은 물려받지 못한 허풍선이"라고 맞받았다.

트루먼이 이겼다. 세 명 중 한 명의 약세가 뚜렷해지면서 잭슨 카운티의 트루먼과 세인트루이스의 경쟁자 사이의 양강 구도로 펼쳐진 선거전에서 트루먼이 농촌 표와 함께 잭슨 카운티에서 몰표를 얻고, 세인트루이스의 표를 팬더개스트의 조직이 상당히 잠식한 결과였다. 타는 듯 무더웠던 어느 날 트루먼은 유세를 위해 시골길을 달리다 한 농부가 고장 난 탈곡기 앞에서 끙끙거리는 걸 보고는 차를 세운 후 겉옷을 벗고 그 농부를 도와 탈곡기를 고쳐준 적이 있다. 현지 신문에 크게 보도된 이 '선행'은 아버지를 도와 오랫동안 농사를 직접 지었던 '전형적인 미주리 주 농부'라는 트루먼의 이미지를 더욱 굳혀주었고, 농촌 표를 얻는데 큰 도움이 되었다. 가을 본선은 예상대로 하나마나한 것이었다. 해리는 공화당 후보를 압도적으로 눌러 이겼다. 선거운동도 쉬웠다. 민주당 예비선거 때는 1만2천여 달러를 경비로 썼지만 본선 경비는 단돈 785달러였다. 트루먼은 연방 상원의원이 됐다. 그러나 영광만은 아니었다. 팬더개스트는 그의 후광이 아니라 빚이 되었다. 트루먼은 훗날 "10만 표를 좌우하는 조직의 지원을 마다하는 것은 바보짓이다. 다른 어떤 후보라도 그런 지원은 받았을 것이다."라며 팬더개스트의 지원을 받은 것은 정당하다고 해명했지만 그걸로 평생 따라 붙은 '팬더개스트의 심부름꾼'이라는 딱지를 떼어 낼 수는 없었다.[30] 당장에는 '미주리 주 상원의원'이 아니라 '팬더개스트의 상원의원'이라는 낙인이 찍힐 터였다.

6 / 가장 성실한 상원의원

    1935년 1월 3일 상원의원 선서를 한 트루먼은 모멸감 속에서 상원의원 생활을 시작해야 했다. 팬더개스트의 그림자 때문이었다. 몇몇 상원의원은 복도에서 트루먼과 마주쳐도 아는 체 하지 않고 앞에 아무도 없는 것처럼 트루먼의 먼 뒤를 보면서 지나갔다. 트루먼을 한 번도 상원의원이라고 생각해 본 적이 없다고 말한 상원의원도 있었으며, 트루먼은 정치 개혁에 방해만 되는 크나큰 걸림돌이라며 임기 내내 한 마디 말도 섞지 않은 사람도 있었다. 공공연히 "트루먼은 팬더개스트의 벨보이"라고 말한 사람도, "트루먼은 상원에 앉아서도 팬더개스트가 무엇을 시킬지 장거리 전화만 기다리고 있을 것"이라고 조롱한 사람들도 있었다.[31]

첫 보좌관을 구하는데도 어려움이 있었다. 워싱턴 정가에서 보좌관 경험을 꽤 쌓은 한 사람을 추천받아 같이 일하자고 부탁했지만 거절당했다. '팬더개스트의 졸병'인 트루먼과 일했다는 것이 앞으로 자신의 경력에 큰 흠이 될 거라고 보았기 때문이다. 하지만 그는 트루먼이 아파트를 구하는 걸 도와주다가 마음을 바꾸어 보좌관으로 일하게 된다. 월세 천5백 달러 이상 고급 아파트에 거주하는 상원의원들만 주로 보아 온 그에게 월세 150달러의 허름한 아파트를 구하고도 만족해하는 트루먼은 "생각해왔던 것과는 완전히 다르며, 열심히 도와주고 싶은 마음이 드는" 사람이었다.[32] 아파트만이 아니었다. 피아노 상점에 들렀지만 피아노를 구입하는 대신 월 5달러에 렌트하고, 은행에서 가구 살 돈을 융자하는 트루먼의 모습도 그의 생각을 바꾸게 했다. 처음에는 트루먼을 탐탁지 않게 여겼던 어떤 기자도 트루먼의 이런 모습을 보고는 곧 그를 '8번째 불가사의'라고 말하게 된다. "무게를 잡지 않고, 친근하며, 사귈 만하고, 가슴이 따뜻하며, 열등감이 보이기는 하지만 그 아래에는 숱한 장점이 숨어있는 정치인"이라는 표현 뒤에 나온 말이다.

백악관과 내각도 트루먼을 무시했다. 루즈벨트를 만나러 처음 백악관에 갔을 때부터 그런 대접을 받았다. 루즈벨트의 집무실 앞 대기실에 내무부 장관과 농업부 장관이 있었지만 두 사람은 하던 이야기만 나누면서 옆에 있던 트루먼에게는 관심을 보이지 않았다. 루즈벨

트루먼 선거운동본부

트와의 면담은 당초 15분간으로 예정됐으나 7분 만에 끝났다. 트루먼
은 화를 낼만 했지만 "미주리 촌놈이 대통령을 방문한 것 자체가 사
건이라면 사건이지."라며 그냥 웃어넘겼다. 백악관이 연방 공무원을
각 주에 파견할 때는 해당 지역 상원의원의 의견을 반영하는 것이 관
례였는데도 미주리 주 연방공무원 인사를 할 때는 예외였다. 백악관
은 트루먼은 아예 제쳐놓고 톰 팬더개스트나 세인트루이스 출신 상
원의원 베넷 클라크와만 상의한 후 미주리 주 연방공무원 인사를 단

행했다. 그러나 트루먼이 진짜 모욕감을 느끼게 된 것은 이보다 한참 뒤, 대법원 개혁을 위해 상원 민주당 원내대표 선출에 직접 개입한 루즈벨트가 톰 팬더개스트를 통해 트루먼에게 압력을 가했을 때였다. 트루먼은 이때는 웃어넘기지 않았다.

루즈벨트는 대법원이 뉴딜정책의 초기 법안 몇 가지를 위헌이라고 판결하자 종신직인 대법관직에 70세 정년제를 도입하거나, 대법관 정원 9명을 15명으로 늘리는 대법원 개혁을 추진하겠다고 맞섰다. 트루먼은 이 안건에 대해서는 찬성이었다. 그러나 민심과 정국은 찬반으로 극명히 나뉘어져 온 나라가 펄펄 끓었다. 상당수 민주당 상원의원들도 대통령이 법원에 압력을 행사하려 한다는 이유로 반대편에 섰다. 루즈벨트는 민주당 상원의원들을 다잡기 위해 자신을 대변할 수 있는 인물을 원내대표로 밀면서 반대하는 일부 상원의원들에게는 직접 전화를 걸어 설득하거나 반대급부를 약속하면서까지 지지를 받아내려 했다. 하지만 트루먼은 그런 전화를 받지 못했다. 트루먼이 받은 것은 표결 전날 밤 톰 팬더개스트에게서 걸려온 루즈벨트 편에 표를 던지라는 전화가 전부였다. 트루먼은 이 전화를 워싱턴에 온 이후 최대 모욕으로 생각했다. 압력이건 부탁이건, 자신에게 직접 전화하지 않고 팬더개스트를 통해 연락함으로써 루즈벨트와 참모들이 자신을 여전히 무시하고 있다고 보았다. 트루먼은 톰에게 "노"라고 말하고 다음날 대법원 개혁안에 반대하는 사람에게 표를 던졌다. 트루먼은 루즈벨트에게 자신의 감정을 전하려고 백악관에 전화를 걸었다. 대통령과 통화는 안 된다는 말을 들은 트루먼은 대통령 공보비서관에게 "이제 더 이상은 이리저리 떠밀리기도 싫고 심부름꾼 대접받기도 싫다."고 소리치고 전화를 끊었다.

트루먼은 루즈벨트를 '인간적'으로는 존경하지 않았지만 루즈벨트의 뉴딜정책은 적극적으로 지지했다. 노동자 농민을 위한 자신의 이상에 부합된다고 보았기 때문이다. 농사를 직접 지어보았고, 짧게라도 사업을 해 본 경험이 있었던 트루먼은 노동자, 농민, 영세 자영업자, 소규모 상공인들이야말로 미국을 미국답게 서있을 수 있도록 뒷받침하는 등뼈 같은 존재라고 믿었다. 뉴딜정책이 대공황 탈출에만 목표를 둔 일시적 경제정책이 아니라 사회정의 회복 및 빈부격차 해소와 기업의 독과점 금지 등 미국 전반을 개혁하기 위한 정책이라고 생각했다. 그는 이런 개혁이 추진되지 않으면 빈곤에서 허덕이는 수많은 노동자 농민들의 고통이 결코 줄어들지 않을 것이라고 확신했다. 이 때문에 뉴딜정책 관련 법안에는 언제나 찬성, 거수기라는 힐난을 받을 정도가 됐다. 나아가 "미주리 주와 관련된 사안에는 팬더개스트의 졸병이더니 이제는 루즈벨트의 졸병 노릇을 한다."는 야유도 받았지만 개의치 않았다.

트루먼은 '예결위원회(Appropiation Committee)'와 '주간통상위원회(Interstate Commerce Committee)'에 배정됐다. "정책을 정확히 알려면 (제안자의) 연설보다 예산안을 들여다보는 게 훨씬 낫다(Budget figures reveal far more about proposed policy than speeches).”는 트루먼의 명언은 예결위의 경험에서 비롯된 것이다. 이 말은 "정치인의 능력과 자질은 그 사람의 연설문이 아니라 그 사람이 제출한 예산안을 보는 것이 훨씬 더 정확하다.”는 뜻이기 때문에 명언이라 할 수 있다. 정치인들의 번지르르한 말 뒤에 자행된 수많은 예산낭비와 불순한 예산배정, 사업추진은 예나 지금이나 마찬가지 아닌가? 트루먼은 퇴임 후에도 매년 백악관에서 보내주는 예산안을 들여다보며 정국의 흐름을 예견했다.

트루먼이 결코 만만한 정치인이 아님을 증명한 것은 '주간통상위원회' 활동을 통해서다. 대기업과 월스트리트의 금융자본, 대형 로펌의 탐욕과 부패를 바로잡지 않으면 서민의 삶이 개선되지 못하고 뉴딜이 추구하는 미국의 사회 경제 개혁도 어렵다고 본 트루먼은 주간통상위원회의 철도금융개선 소위원회에서 철도개혁을 위한 입법에 나섰다. 1926년 178만 명의 미국의 철도 노동자들은 29억5천만 달러의 급여를 받고 있었으나 12년 뒤인 1938년 철도노동자 숫자는 무려 84만 명이 줄어든 94만 명에 불과했으며, 전국적으로 1만 마일의 철도가 적자노선이라는 이유로 폐지돼 수많은 농촌마을과 소도시들이 피해를 입었다. 농민들은 애써 생산한 농작물을 대도시 소비처로 출하할 수 없었으며, 소도시 영세 상인들은 상품 유통을 시킬 수 없는 어려움을 겪어야 했다. 철도가 '첨단 금융기법'을 도입한 월스트리트 금융자본의 먹잇감이 되면서 여러 철도회사들이 파업하고, 파업을 면한 회사는 구조조정에 들어갔기 때문이었다.

조사에 나선 트루먼은 초대형 금융재벌인 J. P. 모건 등의 자본이 투입된 '올가니 코퍼레이션(Alghany Cooperation)'이라는 금융회사가 철도회사를 인수한 후 부동산 등 '불요불급'한 자산을 매각해 주주들에게 거액의 배당을 해준 사실을 알아냈다. 이 과정에 뉴욕의 대형 로펌도 개입한 것도 밝혀냈다. 이들은 파산한 철도회사의 초호화판 열차를 타고 뉴욕에서 서부 캘리포니아로 가족 휴가여행을 떠나기도 했다. 노선이 폐지되어 오래 전부터 기차라곤 다니지 않았는데도! 주주배당이란 회사의 영업활동으로 얻은 이익을 나누는 것으로만 알고 있던 트루먼에게 이런 행태는 강도짓과 다름이 없었다.

트루먼은 1937년 상원 본회의 연설에서 "예전 서부의 무장 강도들은 겨우 3천 달러를 강탈하기 위해 달리는 기차에 뛰어 올라타면서 생명을 걸기까지 했지만 오늘날 철도회사들과 결탁한 월스트리트와 소수의 법률가들은 앉은 자리에서 이자와 금융수수료 자문료 등의 명목으로 7천만 달러를 빼먹었다."고 질타했다. 이어 "미국이 국민을 위해 봉사하는 사람보다 억만장자를 더 떠받드는 사회, 어린이 노동자와 저임금 노동자들의 노력과 땀과 눈물로 부자가 된 사람을 위대한 인물로 존경하는 사회가 된 것은 오직 가진 자들의 맹목적인 탐욕 때문이며 이런 상황을 반드시 시정해 특권층과 기득권층만이 잘 사는 사회가 아니라 모든 국민이 골고루 잘 사는 사회를 만들어야 한다."고 주장했다. 월스트리트의 금융회사, 법률회사의 명단까지 제시하면서 철도산업에 만연한 각종 비리와 부정을 구체적 사례와 통계를 들어가며 거론하고 이로 인해 죽어나는 건 노동자 등 서민층일 뿐이라는 트루먼의 연설은 당시로서는 흔히 들을 수 없는 '용감한 연설'이자 그 논리를 부정할 수 없는 잘 준비된 연설이었다.

트루먼은 회고록에서 "국민의 복리 증진에 기여하기 위해 정말로 전념하는 의원들은 신문에 보도되지 않는다. 그들은 해야 할 일이 너무 많고, 또 매우 열심히 일하는 의원들은 다른 정치인을 인신공격할 시간조차 없어서 기자들이 찾아오지 않기 때문."이라고 말한 바 있다.[33] 트루먼의 이 말은 틀렸다. 미주리 주의 서민 출신 상원의원의 이 연설은 기자들이 좋아하는 인신공격이 아니었음에도 《뉴욕타임스》 1면에 실렸다. 부의 집중을 시정, 노동자들도 잘 살도록 해야 한다는 이 연설로 인해 트루먼은 노동자들과 개혁성향의 시민들이 주목하는 정치인이 됐다. 무엇보다도 이 연설을 통해 트루먼은 팬더개스트의 졸병이라는 자신에 대한 조롱이 사실이 아님을 보여주었다. 여기까지 오는 데 트루먼은 많은 노력과 시간을 쏟았다. 그 외에는 조롱과 모면에서 벗어날 수 없었기 때문이다. 한편 트루먼은 항공산업법 제정에도 앞장섰다. 당시 막 태동하고 있던 민간 항공업은 관리 감독 체계가 없어 부정부패 및 무한경쟁의 폐해가 심각한 상황이었다. 추락 사고가 나도 책임소재를 따질 수 있는 법적 기반이 없었다. 항공산업 전반에 걸친 정부의 관리 감독체계를 담은 트루먼의 항공산업법은 다가올 새로운 시대를 내다본 것이었으며 오늘날 대부분 국가의 항공산업법의 기본규범이 된 것으로 평가받는다.

트루먼은 상원 등원 이튿날부터 매일 아침 7시면 사무실로 나와 업무를 시작했다. 상원이 검토해야 할 각종 법안과 결의안이 적힌 목록은 제목만 있었는데도 매우 길었다. 목록에 소개된 법안과 결의안을 제대로 연구하려면 잭슨 카운티 판사 때보다 훨씬 더 많은 시간이 필요했다. 꼭 직접 읽어야 할 지역구 유권자들의 편지도 수북히 쌓여 있었다. 이런 일들을 제대로 처리하기 위해서라도 남보다 일찍 출근할 수밖에 없었다. 가족과 떨어져 워싱턴에 혼자만 있으며, 아는 사람이 없으니 달리 가볼 데가 없다는 것도 일찍 출근하는 이유였지만 가족이 합류한 이후에도 7시 출근을 계속하고 퇴근 때도 법안들을 한 아름 집에 가져가 검토하고 또 검토한 걸 보면 공부하지 않으면 안 된다는 생각이 먼저였던 것 같다. 마가렛 트루먼은 "아버지는 보통 하루 14시간 이상 일했다."고 회고했다.

트루먼이 너무 일찍 출근하자 상원 사무처는 트루먼에게 다른 상원의원에게는 없는 특별한 열쇠를 만들어줘야 했다. 트루먼 의원이 직원이 아무도 없는 너무 이른 시간에 출근하는 바람에 직접 문을 열고 들어가도록 한 것이다. 이제까지 상원의원 누구도 이런 열쇠를 직접 몸에 지니고 다닌 적은 없었다. 너무 일찍 출근했기에 새벽에 밀었던 수염이 오후 시간쯤이면 다시 자라나 면도를 다시 하곤 했다. 동료 의원들은 그가 수십 통의 민원편지를 읽고 답장 구술을 끝낼 즈음에야 비로소 출근해 하루 일과를 시작했다.

실제 트루먼 상원의원은 '철도금융조사 소위원회'에 배정된 직후

"철도에 대해서는 상원의 누구에게도 뒤지지 않겠다."고 스스로에게 맹서하고 철도 경영과 철도 역사 등 50여 권의 책과 자료집을 책상에 쌓아놓고 한 권 한 권 깊이 있게 들여다보았다. 의회도서관을 샅샅이 뒤져서 찾아낸 책들이었다. 낮은 학력을 보충하고 부족한 지식을 채우기 위해서는 이를 물고 공부하는 수밖에 없었다. 트루먼이 철도 금융 비리와 부패를 파헤치고, 미국에서 내로라하는 경영자들과 금융인, 대형 로펌의 변호사들을 청문회장에 불러내 거침없이 따져 묻고, 거짓말로 피할 때는 엄정한 증거와 논리로 추궁할 수 있었던 건 이런 노력 때문이었다. (이 무렵 베스에게 보낸 편지에서 트루먼은 "저 자들의 거짓말을 듣다보면 질문을 하기가 싫소. 대신 저 거짓말쟁이들의 주둥아리를 쥐어박을 수 있는 권한이 있었으면 좋겠소."라고 적었다.)

트루먼은 의회도서관을 이용하는 의원들이 거의 없는 걸 보고 처음엔 놀랐지만 나중엔 실망했다. 하버드나 예일 등 동부 명문대학을 나온 동료들을 비웃을 때도 있었는데 그들의 게으름 때문이었다. 트루먼은 상임위의 크고 작은 회의에는 거의 다 참석했으며 끝날 때까지 혼자만 앉아 있던 청문회도 여러 차례 있었다. 등원 초기 트루먼을 무시하지 않고 감싸준 동료 중 한 명인 해밀튼 루이스(Hamilton Lewis)는 트루먼에게 "이봐요, 트루먼 의원. 처음 여섯 달 동안 의석에 앉아 있어보면 '내가 어떻게 상원의원이 될 수 있었을까'라는 생각이 들 거요. 하지만 그 다음 여섯 달이 지나면 '저 자들이 어떻게 상원의원이 될 수 있었을까'라는 생각이 들 겁니다. 겁먹지 말고 열심히 해보세요."라고 격려한 적이 있다.[34] 말 그대로 트루먼은 상원의원 중에 엉터리가 많다는 사실을 알아차린 것이다.

노력 끝에 트루먼은 열심히 공부하고 준비하는 정치인이라는 평가를 받게 된다. 트루먼은 회고록에서 "초짜 상원의원 시절 아서 밴던버그(Arthur Vandenberg) 상원의원이 해준 칭찬을 평생 잊을 수 없었다."고 적었다.[35] 공화당 소속인 밴던버그는 트루먼과 동갑이었으나 이미 3선으로 상원에서 발언권이 상당한 정치인이었다. 어느날 한 토론의 사회를 보던 그는 논쟁이 과열돼 토론을 좀체 끝낼 수 없던 상황이 되자 트루먼에게도 한마디 해보라고 요청했다. 트루먼이 곧바로 자기주장을 뒷받침할 사실과 숫자가 빼곡한 원고를 꺼내 읽기 시작하자 밴던버그는 발언을 중단시키고 이렇게 말했다. "저 미주리 주 상원의원은 언제나 진실만 말씀하시지 않았습니까?" 이 말로 논쟁은 끝났다. 밴던버그는 반대당인 민주당 소속 초선인 트루먼을 언제나 이름처럼 거짓말을 모르는, 믿을 수 있는 사람(True Man)이라고 공인해준 것이다.

임기 후반기가 되면서 상원에서의 위상도 더 높아졌다. "트루먼이 하는 말은 뭐든 믿어도 된다."라고 말했던 밴던버그 외에도 트루먼을 좋아하는 상원의원들이 생겨났다. 공화당의 또 다른 거물 상원의원은 남들 보는 데서 트루먼의 어깨에 팔을 두르는 제스처를 했다. 트루먼을 믿는다는 또 다른 표시였다. 상원의 '이너서클(Inner Circle)'에도 초청됐다. 일을 열심히 하는 것은 물론 고결, 청렴, 성실함을 서로 인정하는 고참 상원의원 몇 명이 스스럼없이 모이는 친목단체로 아무나 가입할 수 없는 이 모임에 트루먼은 초선 때 '회원'으로 초청됐다. 이들과 워싱턴의 프로야구구단인 '워싱턴 세네터스'의 경기를 구경하면서 의정활동에 대한 정보와 친분을 나눴다.

사무실도 처음의 비좁고 전망이 나쁜 곳에서 더 넓고 의원회관 정원이 내려다보이는 쾌적한 방으로 배정되었다. 보좌관 사회에서도 인기가 높아졌다. 본회의장 제일 뒷줄에서 조용히 듣고 배우며 흡수에만 전념하는 초선다운 겸손, 상임위에 거의 빠지지 않은 성실성, 끝까지 파헤치는 끈기와 생산적인 사고방식, 남의 의견을 끝까지 들어주는 배려심이 돋보이는 성격 좋고 호감 가는 사람이라는 게 그를 좋아하는 이유였다. 상원의 문은 톰 팬더개스트가 열어준 셈이지만 거기서 버티고 성장한 건 트루먼 자신의 성품과 노력 덕분이었다.

7 / 돋보기를 낀 모범생 - 성장기

해리 트루먼의 이런 성품, 주위 사람들로 하여금 자신을 믿게 만들고, 자신의 편으로 만들 수 있는 성품은 어디서 비롯된 것일까? 훗날 대통령에서 물러난 트루먼은 "나는 어렸을 때 주위 사람들을 보면서 그들이 무얼 생각하고 있으며, 무엇에 더 즐거워하는가를 알아내려고 애썼다. 어떻게 하면 아버지와 어머니를 즐겁게 해드릴 수 있을까를 알아내려고 두 분을 눈여겨 지켜보곤 했다. 학교 선생님이나 친구들에게도 똑같이 했다."고 어린 시절을 회상했다. 이어 "그렇게 애쓴 보람으로 나와 사귄 친구들을 내 편으로 만들 수 있었다. 농장에서, 학교에서, 군대에서, 카운티 판사시절에도, 특히 상원에서도 이와 같은 내 행동은 언제나 나를 성공으로 이끌었다."고 말했다.[36] 어릴 때부터 남에게 먼저 베풀었기에 그만큼 인정과 사랑을 받았으며 때로는 베푼 것보다 더 많은 것을 받을 수 있었다는 말이다.

초등학교 저학년 정도의 어린아이가 안경을 끼고 있는 걸 보면 귀엽기도 하지만 애처로울 때가 더 많다. 저 불편한 걸 끼고 제대로 뛰어놀 수나 있을까 하는 생각이 든다. 돋보기안경이라면 더 그렇다. 어린아이의 두꺼운 볼록 렌즈는 눈동자뿐 아니라 눈동자에 담긴 순수와 천진무구함까지 확대해 보여준다. 확대된 순수와 천진무구함 때문에 애처로움도 증폭된다. 해리 트루먼은 어머니가 글을 가르쳐 책을 읽을 수 있게 된 여섯 살 무렵부터 돋보기를 꼈다. 신문의 작은 글자를 읽지 못하는 게 이상해 안과에 데려갔더니 선천성 원시여서 당시로서는 상당히 큰돈인 10달러를 들여 돋보기를 맞췄다. 미주리 주 시골동네에서 안경을 낀 어린아이는 아주 드물어 트루먼을 본 사람들은 그냥 지나치지 않고 한 번은 더 쳐다보았는데, 실물보다 더 크게 보이는 렌즈 뒤 푸른 눈동자의 주인공은 자기를 쳐다보며 애처로워하는 표정을 짓는 사람들에게 입 꼬리가 양쪽으로 살짝 밀려 올라간 미소를 지어보였다. 무엇이든 저 꼬마에게는 다 해주고 싶다는 생각이 들게 하는 천진한 미소, 순박한 미소였을 것이다.

어머니는 안경 때문에 사람들의 쓸데없는 관심을 받는 해리가 불쌍했으나 그럴수록 아들을 더 엄하게 키우려고 노력했다. 아버지도 불같은 성격이어서 아들이 응석을 부리도록 내버려두지 않았다. 하루는 아버지가 해리를 조랑말에 태우고 꽤 멀리 나갔다. 해리가 실수로 말에서 떨어지자 "걷는 말에서 떨어진 아이는 걸어서 집으로 가야 한다."며 집까지 먼 거리를 걸어 돌아오게 했다. 또한 아버지는 정리정돈에 철저한 성격이어서 해리 역시 따라하지 않을 수 없었다. 안경 깨지는 걸 걱정해 바깥에서 남자아이들과 어울려 치고받고 뒹굴면서 놀 수 없었던 해리는 집에 있는 시간이 많았다. 자연히 남자보다는 여자들을 더 자주 접하게 됐다. 집안에 남자는 아버지와 남동생 둘뿐이었으나 여자는 할머니, 어머니, 여동생 외에 고종사촌 누나 둘이 고모들과 함께 가까이 살았고 수시로 마실 오는 할머니와 어머니 친구들도 많았다. 트루먼은 어릴 때부터 평생토록 언제 어디서나 단정하고 깨끗한 옷차림과 용모를 유지하려 애썼는데, 아버지의 깔끔한 성품을 물려받은 데다 여자들과 오랜 시간을 함께 했기 때문으로 보인다. 학교에서도 '언제나 웃는 아이'였으며 '한 번도 꾸지람을 들은 적이 없는 아이'였다. 대부분의 과목은 90점을 넘었고, 뒤처진 과목은 이듬해에 점수를 반등시켰다. "세상에 해리 같은 아들만 있다면 어떤 어머니도 아들 때문에 걱정하지는 않을 것"이라는 말을 하는 이웃집 부인들이 많았다. 해리는 '엄친아'였다.

집에서는 책을 읽으면서 많은 시간을 보냈다. 해리의 집은 농가치고는 책이 많았다. 아버지는 셰익스피어 전집을 사들일 정도였고 어머니도 그에 못잖은 독서가였다. "책이 있어서 집에서는 한 번도 심심한 적이 없었을 정도"였다. 열세 살엔 급우인 찰리 로스(Charlie Ross, 세인트루이스의 큰 신문사 워싱턴 특파원으로 필명을 날리다가 대통령이 된 트루먼의 간곡한 부탁으로 홍보보좌관이 되어 트루먼을 돕는다.)와 함께 카운티 공립도서관 장서를 다 읽어버리자고 약속할 정도로 책을 좋아했다.[37] 해리는 열 살 생일날 어머니가 사준 4권짜리 '남녀 위인전'을 읽은 걸 계기로 역사에 빠졌다. 이 위인전은 성인용 교양잡지들에 연재된 위대한 인물들에 관한 에세이들을 재편집한 책으로 어린이가 읽기에는 수준이 높

열세 살 때의 트루먼

았지만 해리는 독파했다. 이 중 한 권인 '장군과 선장들'을 읽은 후에는 '장래에 위대한 군인이 되겠다.'고 생각했다. 군인에 대한 그의 열망이 이때 탄생했다.

　트루먼은 특히 세계의 역사를 만든 사람들에 대단한 관심을 가졌다. 트루먼의 학교에서는 역사상의 큰 사건을 사건별로 한 문단으로 압축해 가르쳤는데 트루먼은 그 사건을 있게 한 사람은 누구이며, 그 사람은 왜 그랬을까 라는 질문을 던져보고 답을 찾아보는 데서 재미를 느꼈다. 성공한 정치가는 어떻게 해서 성공했으며, 실패한 사람은 왜 실패했는가에 대한 궁금증을 해소하려면 책을 읽어야 했다. 고대 이집트 역사, 메소포타미아의 문화, 그리스 로마 역사, 징키스칸 제국 등 동양의 역사와 문화, 그리고 미국의 역사에 관한 책도 많이 읽

었다.

트루먼의 역사 읽기는 평생 계속됐다. 상원의원, 부통령, 대통령이 된 후에도 역사책을 손에서 놓은 적이 없었다. 트루먼은 회고록에 역사 공부가 왜 필요한지를 꽤 길게 다음과 같이 기록해두었다.

"역사책은 내가 원하고 필요로 하는 것에 대해 착실한 교훈과 현명한 가르침을 준다."

"정치의 기초를 얻기 위한 방법으로 과거에 세계에서 가장 성공한 정부의 행정에 관한 역사를 연구하는 것보다 더 좋은 방법은 없다."

"제 아무리 새로운 정치 환경의 한가운데에 있는 것처럼 보이더라도 지난 6천 년 동안에 거의 같은 시기가 있었다는 것을 알게 된다."

"역사는 또 나에게 시대에 따라 주기적으로 병적 흥분의 물결이 닥쳐온다는 것을 가르쳐 주었다. 반 프리메이슨 운동, 반 가톨릭주의, KKK단, 내가 대통령일 때 있었던 반공 히스테리(적색 공포, 매카시선풍)가 그런 사례들이다."

"우리가 어떤 사태에 직면할 때 우리는 역사의 교훈을 실제적인 방법으로 적용시킬 줄 알아야 한다."

그러나 역사에서 트루먼이 얻은 가장 중요한 통찰은 "리더는 사람들이 싫어하는 일을 하게 만들뿐 아니라 그 일을 좋아하게 만들 수 있는 사람(A leader is a man who has the ability to get other people to do what they don't want to do, and like it.)"이라는 말일 것이다.[38]

해리는 피아노에도 열정적으로 매달렸다. 아직까지 집안 형편이 그럭저럭 돌아가고 있던 열한 살 때, 아버지가 음악과 미술을 공부했던 어머니를 위해 당시로는 고가였던 피아노를 월부로 사들여 놓았다. 투자한 시간과 노력만 놓고 보면 독서와 함께 피아노 연주는 청소년기 트루먼이 가장 몰입했던 활동이었다. 어머니는 해리가 피아노에 관심을 보이자 처음엔 직접 가르치다 또래 사내아이들과는 달리 금방 싫증내기는커녕 진지한 모습으로 달려들고, 실력도 쑥쑥 늘어나자 레슨 선생들을 찾아 전문적인 레슨을 받도록 했다. 마지막 레슨 선생은 당대 미국 최고의 피아니스트의 제자였다. 해리는 일주일에 두 번 이 선생을 찾아가 레슨을 받았으며, 한창 피아노에 빠졌을 때는 매일 새벽 5시부터 두 시간 동안 배운 것을 혼자 연습했다. 바흐, 베토벤, 멘델스존, 베버와 그리그의 곡을 연주했으며 쇼팽의 왈츠와 폴로네이즈도 연주하게 되었다. 나중에 해리는 "한 때 피아노 연주를 직업으로 할 생각도 있었거든!"이라고 말하기도 했는데, 레슨 선생도 그가 직업 연주자가 됐으면 하고 생각했다.

여자들과 많은 시간을 보냈지만 남자친구들이 아주 없지는 않았다. 거친 놀이는 함께 못해도 해리는 자주 남자아이들에게도 매우 필요한 존재였다. 아이들이 놀다가 다투게 되면 판결을 내리는 건 해리의 몫이었다. 특히 전쟁놀이나 막 사라져가고 있던 서부의 갱단 흉내를 내며 놀던 아이들은 군인이나 갱들 중 누가 누구의 편이고, 어디서 누가 죽었다는 등 역사적 사실을 두고 다툼이 벌어지면 반드시 해리

를 불러 '고증'을 요청했다. 해리의 판결은 무게가 있었으며 그 판결로
다툼은 끝났다. '책벌레' 해리였기 때문이다.

해리 트루먼의 또 다른 덕목은 참을성이다. 잭슨 카운티 동부지
역 수석판사를 그만두고 다른 공직을 찾아 나섰을 때 톰 팬더개스트
가 일자리를 만들어 줄 듯 말 듯 하면서 자신을 거의 농락하는 수준
으로 다루었을 때 스스로에게 불만을 털어놓으며 속으로 삭였지, 밖
으로는 분출하지 않던 모습은 트루먼의 인내심을 보여주는 좋은 사
례다. 이 인내심 역시 해리가 어릴 때부터 키워온 덕목이다.

대학진학을 포기한 해리는 한 지역 신문사 발송부에서 잠깐 일하
다가 철도건설 공사장에서 인부들의 노동시간을 계측하는 일을 맡았
다. 하루 10시간, 주 6일 일하고 월 35달러 외에 숙식이 제공됐는데
말이 숙식 제공이지 식사는 기름기만 많은 싸구려였고 나이 든 떠돌
이 철도 노동자들 사이에 끼어 자야 했다. 이들은 입과 행동이 거칠었
다. 다른 곳에서는 들을 수 없는 쌍소리와 걸걸한 음담패설이 숙소에
넘쳤다. 해리 트루먼은 여태 상상도 하지 못했던 또 다른 삶들을 밤
낮으로 관찰하면서 자기보다 더 못한 환경의 사람들과 소통하는 법
을 배웠고 사람들을 다루는 실질적인 방법을 익힐 수 있었다.

철도 공사장에서 시간계측원 일을 여섯 달 동안 한 후 그는 내서
널 뱅크 오브 코머스라는 은행에 일자리를 얻었다. 처음 맡은 업무는
하루 종일 지하금고에 들어박혀 수표를 세는 등의 잡무였는데 워낙

단순한 일이라 급여는 월 20달러로 형편없이 낮았다. 하지만 무슨 일을 하든 열심히 꼼꼼하게 마무리하는 성격 덕분에 금세 상사들의 인정을 받아 조금씩 중요한 직책을 맡게 되고 급여도 많이 올랐다. 해리는 열아홉 살 때부터 2년간 이 은행에서 일하다 더 많은 급여를 제시한 유니온 내셔널 뱅크로 직장을 옮겼다. 월급 20달러짜리 말단 은행원에서 금세 월급 100달러짜리 엘리트 은행원으로 신분이 상승했으며 삶의 질도 전에 없이 높아졌다. 가족과 떨어져 캔자스시티에서 혼자 하숙 생활을 하면서 음악 감상과 연극관람으로 삶을 즐겼다. 피아노 레슨도 계속 받을 수 있었다. 4년 전에 대학을 갔더라면 이제 막 졸업해 직장을 찾으러 돌아다니고 있을 자신의 모습을 상상해보기도 했다. 만족스러운 삶이었다. 남을 더 즐겁게 해주려는 노력은 이곳에서도 계속돼 해리는 "자기 일을 다 끝마치면 남의 일을 도와주는 청년"이라는 말을 들었다.

군인이 되려던 희망도 어느 정도 해소됐다. 유니온 뱅크로 인터를 바꾸면서 새로 창설된 주 방위군에 입대했기 때문이다. 오랫동안 꿈꿔왔던 웨스트포인트와는 한참이나 거리가 있었지만 해리는 방위군이 된 것을 만족스러워했다. 직장생활을 하면서 정해진 시간에 정해진 장소에서 꼬박꼬박 군사훈련을 받고, 여름이면 멀리 있는 부대에 입소해 몇 주 동안 집중훈련을 받는 방위군에서 첫 계급은 일등병, 병과는 포병이었다. "역시 시력이 문제였지만 시력표를 통째로 외워서 합격했지. 그게 들통이 났는데도 눈감아주더군. 신설 부대어서 병력이 부족했기 때문일 거야." 트루먼이 나중에 한 회고다.

　은행원 해리의 즐거운 생활은 아버지의 사업실패로 오래지 않아 끝이 났다. 적지 않은 규모의 농장과 가축 장사로 가정을 이끌어왔던 아버지가 더 벌어볼 생각으로 손댔던 곡물 선물투자에서 대실패를 겪었기 때문이다. 순식간에 모든 게 바뀌었다. 아버지는 손실을 만회하려고 모든 걸 팔아서 다시 투자했지만 어림도 없었다. 어머니가 친정에서 물려받은 옥토를 포함해 농지와 가축, 농기구, 현금과 주식 등 무려 40만 달러를 집어넣었지만 기울어진 살림을 뒤집을 수는 없었다. 완전히 빈손이 된 아버지는 곡물창고의 야간 경비원으로 취직했다. 대대로 농부였던 트루먼 집안에서 급여생활자가 나온 건 이번이 처음이었다. 그나마 급여는 아버지가 그동안 자신이 부렸던 농장 일꾼에게 주던 수준이었다. 이런 급전직하는 가족 누구도 상상치 못했던 일이었다. 아버지를 돕기 위해 은행을 그만 두고 농장으로 내려간 해리의 삶은 전과는 비교할 수 없을 정도로 몹시 팍팍하고 힘들어졌지만 힘들다는 말을 하지 않았다. 새로이 닥친 고난을 바깥에 털어놓지 않았다. 오히려 더 활기차게 보이려 애썼다. 누가 어떠냐고 물어오면 언제나 "I'm fine. And You?"라고 대답했다. 경제 사정은 앞으로 더 악화될 터이지만 그렇게 살았다. 자신의 어려움을 내색하지 않았다. 해리는 시골마을에서 언제나 미소 짓는 청년으로, 사랑과 인정을 받는 젊은이로 살았다. 참을성 많은 해리였다.

　엘리트 은행원에서 농부로의 변신은 어렵지 않았다. 해야 할 일과

트루먼이 경작기로 밭을 갈고 있다. 1910년

트루먼과 어머니가 그랜드뷰 농장 집 앞에 서있다.

맡은 일을 여태 해온 것처럼 열심히 하면 됐다. 농사에는 엄청난 신체적 고달픔이 뒤따른다는 것만 달랐다. 해리는 이 농장에서 1년 4계절 거의 매일 새벽 5시부터 하루 열 시간 이상 농장의 모든 일을 다 해야 했다. (상원의원 시절 매일 아침 7시에 출근할 수 있었던 건 이때 생긴 버릇 때문이었을 것이다.) 아버지가 시키는 일도 해야 했고, 알아서 해둬야 하는 일도 있었다. 부모님은 물론 두 동생도 마찬가지였다. 모든 것이 농장에 맞춰져야 했다. 농장이 아니고는 생계를 꾸려나갈 수가 없었다. 모두 여기에 매달렸다.

해리는 농장의 모든 일을 잘 할 수 있게 되었지만 소 젖 짜는 것만은 어려워했다. 젖을 짤 때 젖소들이 쇠똥이 가득 묻은 꼬리를 휘둘러 얼굴이 엉망이 되면 해리는 질색을 했다. 농장일로 자신의 깔끔한 모습을 더럽히는 게 너무 싫었기 때문이다. 해리는 농장에서도 보통 아래위가 붙은 작업복을 입고 일하는 다른 사람들과는 달리 셔츠와 바지 차림으로 일했으며 심지어는 농장과는 전혀 어울리지 않는 파나마모자를 쓰고 일했다. 얼굴도 반들반들 윤이 나고 깨끗했다. 전혀 농장에서 일하는 청년 같지 않은 모양새였다. 해리를 처음 본 사람들은 너무 깨끗하고 친절해서 젊은 목사가 새로 온 모양이라고도 생각했다.[39]

해리네 가족은 농가에 붙어있는 작은 집에서 살았다. 5명이 살기엔 매우 좁았으며 전기도 수도도 들어오지 않았다. 석탄화덕에서 밥을 짓는 어머니를 위해 해리와 남동생이 펌프로 물을 길어 부엌으로 날랐다. 겨울이면 펌프가 얼어붙어 뜨거운 물로 녹여야 했고, 해리가 동생과 사용하던 2층 다락방은 여름이면 뜨거울 정도로 더워 잠을 이룰 수 없었다. 현대적 기기라고는 전화기뿐이었다. 그렇지만 바깥에서 보면 깨끗한 집이었고 안에 들어가 봐도 먼지 하나 찾을 수 없이 잘 정리된 아늑한 집이었다. 아버지는 농장일 외에 도로감독관을 자원해서 맡았다. 인부들을 감독해 폭우나 마차의 통행으로 인해 움푹 팬 도로를 다시 평탄하게 고르고 유지하도록 하는 일로 당시 도로 사정상 매일매일 해야 할 일이 쌓이는 반면에 보수는 시간당 2달러에 지나지 않아 자원해서 이 일을 하려는 사람들은 드물었다. 해리는 아버지가 돈보다는 이 자리가 정치적으로 임명되는 자리여서 자신의 정치적 열망을 충족하기 위해 자원했다고 생각했다. 도로감독관을 열심히 한 후 선출직 공직에 출마하려는 게 아버지의 계획이라고 생각한 것이다. 하지만 해리의 아버지는 도로보수공사를 하다 얻은 병으로 결국 세상을 떠났다.

열심히 배우고 일한 덕에 해리는 근방에서 이름난 농부가 됐다. 그는 무슨 일이든 모두 열심히 잘 하는 농부로 평판이 났다. 그러나 평판은 평판일 뿐 경제사정은 나아지지 않았다. 아버지는 농장일과 함께 적지 않은 액수의 빚도 해리에게 남기고 세상을 떠났다. 해리는 "매일 밤낮없이 일할 수 있다면 빚 갚기도 쉬울 텐데…"라는 말을 자주 했다. 이미 하루 열세 시간씩 일한 지 여러 해가 지났는데도 시정은 나빠지기만 했다. 마을 우체국장이 되어 급여를 좀 받을 수 있게 됐지만 이름만 걸어놓고 모든 걸 과부가 된 친척에게 맡겼다. 해리는 그 친척이 "나보다 돈이 더 필요한 형편이었거든."이라고 말했다.

목을 죄어오는 빚에서 헤어나기 위해 해리 트루먼은 농지투기, 광산, 석유시추 등에 손을 대보았다. 그러나 모두 실패하고 빚은 더 늘어났다. 이 과정에서 동생들과 크게 다투기도 했다. 특히 남동생은 해리에게 광산에 대해서는 아무것도 모르는 사람이 왜 곁눈질을 하냐며 농사나 잘 지을 생각을 하라고 말렸지만 잘 되면 한탕에 모든 것을 해결할 수 있다는 생각에 눈과 귀가 먼 해리는 어머니의 돈까지 광산에 투자했다. 결과는 참담했다. 해리는 다른 투자자 2명과 함께 자칭 광산전문가를 고용해 사업을 시작했으나 이 전문가는 완전히 사기꾼이었으며, 맞은편의 경쟁 광산에서도 해리네 광산을 의식해 물길을 막아버려 수력을 이용해야 하는 채굴장비가 노천에서 그냥 녹슬어버렸다. 해리는 일주일에 두 번 농장을 왕복하느라 제대로 대처할 수도 없었고, 동업자 역시 자기 집에 불이나 광산을 떠난 후 다시는 돌아오지 않았다. 해리 역시 투자금이 모두 허공에 사라진 것이 확인되자 집으로 가는 기차에 올랐다. 얼마 후 해리는 석유시추업에도 투자했다. 이번에도 어머니의 보증으로 구한 돈이었다. 함께 투자한 동업자들은 전문성이 확인됐고 해리 이상으로 의지가 강했으며 시장을 예측하는 능력도 높았지만 제1차 세계대전이 터지자 제대로 가동도 못해보고 간판을 내렸다. 시추작업을 할 기술자와 노동력을 구할 수 없었기 때문이다. 많은 젊은이들이 일터와 학교를 떠나 전쟁터로 향했기 때문이었다.

해리 트루먼도 농장을 떠나기로 했다. 참전을 위해서였다. 스물한 살 때인 1905년에 농장에 들어온 지 꼭 11년만이었다. 해리는 처음엔 징집연령도 초과한데다 시력도 나쁘고, 무엇보다 어머니와 여동생에게 힘든 농장 일을 떠맡기는 것 같아 참전할 생각이 아니었다. (남동생은 오래전에 결혼해서 분가해나갔다.) 군인이라는 사람들을 혐오했던 어머니와 여동생도 반대하지 않았다. 농장 일을 떠맡게 된 여동생은 인부들을 데리고 농사를 짓겠다고 말했다. 새로 편성된 포병대로 배치된 해리 트루먼은 투표에 의해 중위로 임관했다. 전쟁터에서 해리가 어떻게 지냈는지는 이미 살펴본 것과 같다.

8 / 진실이 승리한 선거−첫 번째 역전승

1940년 초 해리 트루먼은 연방 상원의원 재선 도전을 결심한다. 이때 트루먼의 마음속에는 분노와 배신, 모욕감이 들끓고 있었다. 트루먼은 지난 3년간 상원에서의 활동을 매우 자랑스럽게 생각했다. 초선이었지만 누구 못지않게 열심히 일했으며, 자신의 업적과 정치인으로서의 능력은 동료 상원의원들뿐만 아니라 의정활동 기록을 본 사람이라면 누구든 인정해줄 것이라 생각했다. 그러나 정작 미주리에서는 거의 모든 언론이 자신을 톰 펜더개스트가 키워준, 부패하고 무능한 정치인으로 매도하면서 비난을 퍼붓고 있는 사실에 분노를 누를 수가 없었다. 자신의 재선 출마를 탐탁지 않게 여기는 루즈벨트에 대해서는 모욕감이 치밀었다. 루즈벨트는 한 술 더 떠서, 트루먼이 배신자의

전형이라고 생각한 사람을
미주리 주의 새로운 상원의
원으로 밀려는 태도를 노골
적으로 드러내고 있었다. 뉴
딜정책을 누구보다 앞장서
서 지지해온 현역 상원의원
인 해리 트루먼에게 루즈벨
트가 이런 태도를 보여서는
안 되는 것이었다. 트루먼은
"나는 루즈벨트의 사람이
지만 루즈벨트는 내 사람인

로이드 스타크

가?"라는 의문을 갖고 있었다.[40]

　　트루먼의 재선 출마 결심은 정치적으로는 유권자들로부터 정당
한 평가를 받겠다는 의지의 표명이자, 인간적으로는 자신을 배신하고
멸시하는 자들을 선거에서 이김으로써 응징하겠다는 결의의 응집이
었다. 루즈벨트의 거듭된 부당한 대접에 대한 반감도 트루먼으로 하
여금 싸워야겠다는 의지를 불태우게 했다. 요약하면 트루먼은 기득권
자들에 맞서 유권자들에게 진실을 확인할 수 있는 기회를 주기 위해
재선에 출마한 것이다. 트루먼은 이 선거에서 승리했지만 그 길은 쉽
지 않았다.

　　여기서 로이드 스타크(Lloyd d. Stark)라는 인물을 살펴볼 필요가

있다. 스타크는 당시 미주리 주 주지사였다. 문제는 스타크가 주지사가 될 때 트루먼이 톰 팬더개스트에게 강력히 추천했다는 사실이다. 톰은 트루먼의 추천에도 불구하고 처음엔 스타크를 주지사 후보로 마뜩치 않아하다가 결국은 스타크를 지지, 당선되도록 했다. 스타크에게는 트루먼과 팬더개스트가 정치적 은인이었던 셈이다. 그러나 스타크는 주지사가 된 후 팬더개스트에게 등을 돌렸다. '부패한 정치보스' 팬더개스트를 미주리 주 정계에서 퇴출시켜야 한다는 말을 공공연하게 하고 다녔다.

스타크의 이런 태도는 다음 선거에서 트루먼을 밀어내고 자신이 미주리 주 상원의원이 되겠다는 야심과 무관하지 않았다. 톰 팬더개스트를 퇴출시키고 그 조직을 무력화하면 트루먼이 설령 재선에 출마하더라도 충분히 이길 수 있다는 정치공학적 계산이 뒤에 깔려있었던 것이다. 실제로 스타크는 FBI와 검찰로 하여금 팬더개스트에 대한 수사를 벌이도록 해 결국 팬더개스트의 정치 생명을 종식시켰으며, 상원의원 선거에 출마해서는 트루먼을 팬더개스트의 앞잡이라고 비난하는 걸 선거운동의 주무기로 삼았다.

스타크는 트루먼 덕분에 루즈벨트와도 가까워질 수 있었다. 트루먼은 1936년 대통령 재선에 나선 루즈벨트가 선거운동을 위해 미주리 주를 방문했을 때 "스타크라는 좋은 사람이 있습니다. 한 번 만나서 호의를 베풀어주시면 서로에게 도움이 될 겁니다."는 편지를 보내 둘이 만나게 했다. 트루먼을 무시해왔던 루즈벨트는 이때 무슨 생각을 했는지 스타크를 만나줬을 뿐 아니라 그 때부터 스타크가 워싱턴에 올라오면 백악관은 물론 대통령 전용 요트에서 열리는 파티에도 초청해 함께 포커도 하면서 시간을 보내는 사이가 됐다. 스타크는 제3자에게 루즈벨트 이야기를 할 때 "어제 대통령을 만나 포커를 했는데…"라고 말하지 않고 "어제 노인네를 만나 포커를 했는데…"라는 식으로 둘 사이가 매우 가깝다는 점을 과시했다. 하지만 정작 해리 트루먼은 이런 파티에 한 번도 초청받지 못했다. 파티는커녕 여전히 백악관에 전화해도 회신조차 못 받고 있었다. 해리는 루즈벨트로부터 극단적인 무관심을 받고 있었다.

이런 상황에서 한 번은 상원에 들른 스타크가 트루먼의 사무실에 나타나 머리만 디밀고는 "미주리에서 사람들이 나더러 다음번 상원의원 선거에 나가라고 하는데, 나는 나갈 생각이 없으니 걱정 놓으시게."라고 묻지도 않은 말을 하고 가버렸다. 트루먼은 스타크가 떠나자마자 "저 자식, 나랑 한 판 해보지고 히는 거야. 저 말 믿지 마. 꼭 출마할 놈이야."이라고 주위 사람들에게 말했다.[41]

톰 팬더개스트는 FBI까지 동원된 수사에서 대형 보험회사로부터 뒷돈 75만 달러를 받고 미주리 주 주정부에 압류되어 있던 이 회사 자산 천만 달러를 풀어주도록 한 사실이 드러나 1939년 5월에 83만 달러의 벌금형과 함께 3년 징역형을 받고 복역했다. 팬더개스트 머신도 사실상 여기서 가동이 멈추게 됐다. 팬더개스트 조직의 핵심 간부들도 여러 명 기소됐다. 트루먼은 이 사건과 연루된 짐이 하나도 없는 것으로 드러났다. 톰이 체포된 직후 트루먼은 상원의원 사퇴를 고려했으나 팬더개스트의 범죄와 연루된 것이 없으면 사퇴할 이유가 없다는 고참 상원의원들의 충고를 받아들였다.

트루먼이 상원의원 재선 도전 결심을 굳히자 주위 사람들은 당선될 상황이 아니라며 이구동성으로 말렸다. 첫째는 팬더개스트가 체포됨으로써 조직이 완전히 와해됐고, 둘째는 대부분의 지역 언론들이 팬더개스트를 처단한 스타크 지지를 천명한 반면 해리에 대해서는 팬더개스트와 연루된 부패한 정치인이라는 기사를 쏟아내고 있어 낙선은 불문가지라는 게 그들의 생각이었다.[42] 지역 언론뿐 아니라 전국적 매체들도 스타크 홍보에 앞장서고 있었다. 당시 유력한 사진 중심 시사주간지였던 《라이프》는 무려 여섯 페이지에 걸쳐 스타크의 사진과 기사를 실었다. 미주리 주의 도덕적 지도자이자 미국의 중요한 인물이며 대통령으로 뽑아도 손색이 없는 인물이라는 게 주요 내용이었다.

해리 트루먼은 언론의 이런 보도 때문에라도 출마해야 한다고 생각했다. 해리는 자신이 한 번도 부정이라고는 저지른 적이 없으며 팬더개스트의 뇌물사건과는 전혀 관련이 없는데도 언론은 기득권층을 옹호하기 위해 자신에 대한 진실은 외면하고 허위 추측보도로 중상모략하고 있다고 보았다. 해리는 지난 4년 간 상원에서의 자신의 활동, 특히 뉴딜정책에 대한 지지는 가진 자들을 비롯한 모든 기득권층의 패악에서 농민과 노동자 등 서민들을 보호하기 위한 것이었으며, 이런 노력은 상당한 성과도 거두었는데도 언론들이 오히려 자신을 부패한 정치조직에 기생하는 부패한 정치인이라고 매도하는 것은 광고주들이자 지역 유지들인 미주리 주 기득권층의 눈치를 본 결과라고 생각했다. 해리는 출마해서 당선되는 것이 진실을 밝히는 길이라고 생각했다. 자신에 대한 진실과 기득권층의 더럽고 야비한 행태에 대한 진실을 반드시 밝혀야 한다고 믿었다.[43]

이 무렵 루즈벨트는 다른 사람을 거쳐 트루먼에게 봉급이 꽤 많은 직책으로 알려진 연방통상위원회 위원장 자리를 주겠노라고 떠보았다. 상원의원 재선 출마를 접으라는 뜻이었다. 트루먼은 즉각 루즈벨트에게 "선거에서 나를 찍는 사람이 나 하나뿐이라 해도 내 명예를 위해 반드시 출마하겠다."는 단호한 의사가 담긴 편지를 보내는 걸로 답을 대신했다. 편지를 보낸 후에는 "전부 죽일 놈들."이라고 내뱉었다는 말도 있다.[44] 동부 명문가 출신의 루즈벨트와 미주리 주의 상류층 출신 스타크에 대한 트루먼의 분노를 엿볼 수 있는 대목이다. '가진 자들끼리의 배타적 교류'에 대한 서민 출신 정치인의 반감, 혹은 혐오감은 언제나 충분히 있을 수 있는 감정이다.

전망은 너무 어두웠다. 여론조사는 8대 2로 스타크의 압도적 우세였다. 거기다 해리는 조직도 돈도 없었다. 첫 번째 선거대책회의를 열었지만 꼭 올 거라고 믿었던 사람 중 온 사람은 절반이 채 되지 않았고, 이 중에서도 여러 명은 얼굴을 내놓고 뛰어야 하는 직책은 맡지

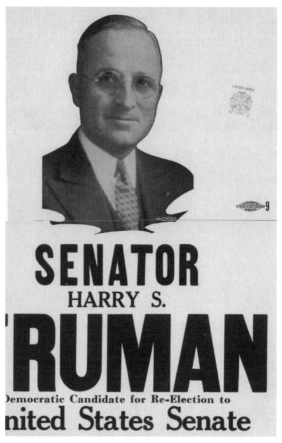

SENATOR
HARRY S.
'RUMAN
Democratic Candidate for Re-Election to
nited States Senate

1940년 선거 포스터

않겠다고 말했다. 트루먼의 체면을 봐서 돕기는 하겠지만 앞장서지는 못하겠다는 것인데, 몰락한 팬더개스트와는 어떤 경로로든 더 이상 관계를 맺지 않겠다는 뜻이자 선거 결과가 빤한데 괜히 나서서 설칠 필요가 있느냐는 뜻이었다. 회의에서도 구체적인 선거대책에 대해 이야기하는 사람은 없었고 거의가 암울한 예측만 내놓고 있었다.

자금은 더 큰 문제였다. 번듯한 사무실을 낼 돈이 없어서 호텔방 하나를 빌렸다. 모금도 되지 않았다. 유권자들에게 1달러씩 기부해달라는 편지를 800통 보냈지만 돌아온 건 200달러에 지나지 않았다. 편지를 더 보내고 싶었지만 우표 값이 부족했다. 더 기막힌 건 유세여행 중 호텔비가 없어서 트루먼이 자동차 뒷좌석에서 자기도 했다는 사실이다. "미국 연방 상원의원이 돈이 없어서 차 뒤에서 잤다는 사실이 믿어집니까?"고 한 보좌관이 울부짖을 정도였다.[45] 미국 최대의 사과묘목 종묘장 소유주인 스타크보다는 여러모로 불리한 선거였다.

모든 면에서 스타크와의 격차가 현격했음에두 트루먼은 포기하지 않았다. 트루먼은 "스타크가 곧 제 발목을 묶어 스스로 넘어질 것"이라고 내다봤다. 무슨 구체적 증거가 있어서가 아니라 평소 자신이 아는 스타크라면 능히 그럴 것이라는 직관이었다. 스타크는 여전히 해리 트루먼을 팬더개스트와 엮어서 공격하고 있었다. "미주리 주 유권자 여러분, 해리 트루먼이 어떤 사람인지를 직시하십시오. 해리 트루먼은 유령투표로 뽑힌 무자격 상원의원이며, 그가 워싱턴에서 한 일이라곤 자신을 그 자리에 있게 해준 부패한 사람을 위해 봉사한 것뿐입니다."라는 인신공격이 스타크의 유세에서 빠지지 않았다. 트루먼의 참모들은 몇 해 전에 스타크가 트루먼에게 보냈던 편지를 공개해 스타크의 인신공격을 맞받아치자고 말했다. 참모들은 "팬더개스트를 소개해줘서 고맙다. 그 덕분에 내가 주지사가 될 수 있었다."라는 내용이 담겨있는 이 편지를 공개하면 누가 더 부도덕한 인물인지 유권자들이 금방 알아차릴 것이라면서 빨리 공개해 기고만장한 스타크를 한방에 보내버리자고 해리를 졸랐다. 해리는 스타크가 곧 결정적인 실수를 저지를 것이므로 편지를 공개할 필요는 없다고 대답했다. 말 그대로 정정당당하게 승부를 가르겠다는 것이 해리의 생각이었다.

선거전이 궤도에 오르면서 트루먼에게도 지원세력이 나타났다. 워싱턴의 상원의원 친구들이 미주리로 내려와 트루먼 지지를 호소했다. 정직한 상원의원이며 능력 있는 정치인이라고 그를 밀어주었다. 예비선거에 상원의원들이 나타나 지원유세에 동참하는 건 극히 이례적인 일이었다. 해리 트루먼이 동료들로부터 사랑과 존경을 받았기 때문에 있을 수 있는 일이었다. 자금문제도 부족하나마 조금씩 해결됐다. 트루먼을 좋아했던 상원의원 지미 번스(Jimmy Byrnes, 나중에 트루먼 행정부의 국무장관이 된다.)는 뉴욕의 큰 자산가이자 민주당원인 버나드 바루크(Bernard Bruch)를 설득, 해리에게 4천 달러를 기부토록 했다. 바루크는 조지프 케네디와 함께 민주당의 돈줄이었다. 전미철도노조는 몇몇 주요 일간지에 "우리의 오랜 친구 해리 트루먼을 도와야 한다."는 전면

1940년 선거 플래카드

광고를 내고 모금운동에 나섰다. 그 결과 17만 달러가 모였다. 트루먼
이 철도금융사기를 파헤쳐 철도산업과 철도노동자를 보호해준 것에
대해 노조 차원에서 보답한 것이다. 그래도 모자라 트루먼은 그동안
적립한 생명보험금을 담보로 3천 달러를 대출받았다.

선거자금과 관련해 특기할 점은, 해리 트루먼이 여태 여러 번 선
거를 치르면서 선거자금에는 전혀 손을 대지 않았다는 점이다. 자신
이 자금을 움켜쥐지도 않았으며, 누구에게 얼마를 줘라, 무엇에 얼마
를 쓰라는 등 자금과 관련된 지시도 전혀 하지 않았다. 장부도 보지
않았다. 돈 — 공금 — 에 대해서는 철두철미 초연하고 부명하게 대한

것이다. 이 와중에 어머니 농장이 경매에 넘어갔다. 트루먼이 빌린 돈을 갚지 못하자 은행은 담보로 잡은 어머니 농장을 경매에 붙인 것이다. 한때 트루먼은 이 농장을 팔아 빚을 갚을 생각도 해봤으나 동생들이 반대하고 어머니도 크게 실망할 것 같아 말도 꺼내지 않았는데 결국 경매에 들어가서 남의 손으로 넘어갔다. 한 신문은 선거전이 점차 치열해질 때 있었던 경매 사진을 1면에 실으면서 '미주리 주 상원의원 트루먼의 어머니 땅'이라는 설명을 붙였다. 트루먼은 스타크를 지원했던 이 신문이 유권자들에게 '어머니 땅까지 말아먹은 무능한 트루먼'이라는 창피한 이미지를 심어주기 위해 이 사진을 썼다고 믿었다.

트루먼은 농촌 표를 노렸다. 상원에서 농민과 노동자의 이익을 대변해왔다는 점을 농민들이 인정할 것이라고 기대한 것이다. 도시 유권자들은 스타크 지지를 천명한 것이나 다름없는 언론의 영향을 받을 공산이 컸다. 도시에는 노력을 쏟아도 쏟은 만큼 성과를 못 거둘 가능성이 그만큼 컸던 것이다. 농촌 지역 신문들이 편견 없이 트루먼의 의정활동을 공정하게 소개했던 것도 농촌에 힘을 쏟게 한 이유였다. 트루먼은 이기려면 무조건 유권자들을 많이 만나야 한다고 생각하고 7월의 무더위 속에서 농촌 지역을 중심으로 미주리 주의 크고 작은 마을 75개를 모두 순회했다. 트루먼은 유권자들이 진실을 알고 싶어하며 진실을 말해주는 후보에게 표를 준다고 믿었다. 자신이 결코 부패한 정치인이 아니며, 서민들의 삶을 지키기 위해 애써온 정치

1940년 상원의원 연임 선거 유세

인이라는 진실을 알릴 수 있다면 이길 수 있다고 믿었다. 그리고 지금 미국에 필요한 것은 기득권층을 위한 정책이 아니라 농민과 노동자들을 위한 정책, 즉 뉴딜정책이라는 점도 진실이라고 역설했다.

트루먼은 유세에서 흑인 인권에 대해서도 언급했다. 오늘날 기준에서는 별 대단한 게 아니었지만 당시 미주리 주 상황에선 매우 급진적인 주장이었다. 한 백인 거주 지역에서는 "나는 인류애를 믿습니다. 그러나 내가 믿는 인류애는 백인들만을 위한 인류애가 아니라 법 앞의 모든 사람들을 위한 인류애입니다"라고 연설해 주목을 받았다. 트루먼은 그 자리에서 "정치나 시민권에 있어서 어떤 계층이나 인종이 다른 계층이나 인종과 영원이 분리되거나 강제로 그들 아래에 있게 된다면 곧 그 다른 계층이나 인종도 그런 처지에 놓이게 될 것입니다. (…) 흑인들은 그동안 모든 면에서 착취의 대상이었습니다. 이제 흑인들은 지금보다는 너 나은 삶을 살 때가 됐습니다."고 강력하게 말했다. 사적인 자리에서는 흑인들을 여전히 깜둥이라고 부르고, 친구들과 한 잔씩 걸칠 때는 흑인들을 소재로 농담을 주고받았으며, 흑인들에게 사회적 평등권을 주는 데는 망설였지만 공정성, 특히 법 앞에서는 평등성이 인정되어야 한다고 주장했다. 또한 트루먼은 그해 여름 시카고에서 열린 NAACP(National Association for the Advancement of the colored People, 전미유색인지위향상협회) 총회에도 나가 "흑인에게 교육기회를 확대하는 것은 오직 미국에 유익할 뿐"이라고 강조하면서 "법률적 평등은 흑인들의 권리"라고 재차 천명했다. "우리가 미국 시민이듯 흑인들도 미국시민이기 때문"이라고 덧붙였다.

트루먼의 직관이 맞았다. 스타크가 자신이 승리할 것이라는 여론조사 결과에 도취했던지 이상한 짓을 연거푸 저지르기 시작했다. 스타크는 차를 탈 때 운전사에게 부동자세로 서서 군대식 경례를 하라고 지시했다. 군대식 경례는 대통령이나 받는 것이었다. 스타크는 또 미주리 주 주지사 선거가 코앞에 다가왔는데 부통령 후보를 뽑는 민주당 예비선거에도 출마, 양다리를 걸쳤다. 부통령 예비선거에는 17명이 나왔는데 스타크는 주목을 받지 못했다. 자신이 채용한 주정부 직원들로부터 급여에서 일정 비율을 사전 공제하는 방식으로 선거자금을 강제기부 받은 것도 악재였다. 아무리 스타크라 해도 이번에는 언론들의 공격을 피할 수 없었다. 언론에서는 "미국인 중 로이드 스타크처럼 한꺼번에 상원의원과 부통령에 당선되려는 사람은 여태 없었다. 자신의 믿음대로라면 스타크는 대통령, 해군장관, 전쟁장관, 영국대사 등 모든 공직을 동시에 다 수행할 수 있는 사람"이라면서 비웃었다. 스타크의 엉뚱한 짓으로 두 사람 간의 격차가 좁혀지긴 했지만 이대로 계속된다면 승자는 그래도 스타크일 것이라는 예측이 아직은 우세했다.

해리가 승리를 예감한 것은 스타크의 핵심 참모인 로버트 해니건(Robert Hannigan)이 트루먼 진영으로 넘어온 선거 이틀 전부터였다. 해니건은 당시 세인트루이스 민주당 당의장으로 스타크의 최측근에서 선거운동을 지휘하고 있었는데 자신의 지지자들과 함께 트루먼에게로 넘어와 이틀 동안 트루먼의 당선을 위해 혼신의 힘을 다했다. 해니건은 스타크가 이상한 인물로 더 이상 그 밑에 있어서는 안 되겠다고 생각하고 '배신'을 결행했다.

개표가 시작된 후부터 밤 11시까지는 스타크가 1만여 표 앞서나갔다. 그러나 다음날 새벽, 개표가 거의 끝나갈 무렵 해리가 앞서기 시작했으며 그걸로 끝이었다. 총 66만5천 표 중 겨우 8천 표 차이로 헤리기 이겼다. 신승이었다. 세인트루이스에서 벌어진 표 차이와 똑같은 차이였다. 해니건의 투항이 결정적이었다. 트루먼은 흑인표도 얻었으며 농민표도 차지했다. 전역 군인들의 몰표도 승리에 기여했다. 도시가 많은 잭슨 카운티에서도 트루먼이 승리했다. 잭슨 카운티에서의 승리는 감옥에서 풀려난 팬더개스트가 스타크에 설욕하기 위해 그나마 남아있던 잔존 조직을 풀가동한 덕이었다. 승리의 원인이 무엇이든, 해리 트루먼은 누구도 예상하지 못한 승리를 거두었다. 표 차이는 작았지만 승리는 승리였다. 대역전승이었다. 미국 정치에서 일찍이 볼 수 없었던 뒤집기였다. 언론은 "그물도 안 깔고 고공에서 외줄타기를 한 트루먼의 승리"라고 썼지만 트루먼은 회고록에서 "진실이 승리한 선거"라고 썼다.

예비선거 사흘 후 트루먼이 상원 본회의장에 들어서자 양당의 모든 의원들이 기립박수로 트루먼을 환영했다. 그들은 이번 미주리 주 선거에서 트루먼이 보여준 것 같은 치열하고 뜨거웠던 선거는 의회 역사상 처음이라며 트루먼의 끈기와 전략, 투지를 높이 샀다. 스타크의 주지사 임기 만료가 다가오자 루즈벨트는 노동중재위 위원으로 그를 임명할 생각이었으나 정작 그 자리는 딴 사람이 차지했다. 정계를 떠난 스타크는 영원히 공직을 맡지 못했다. 트루먼의 재선에 큰 기여를 한 로버트 해니건은 이후 워싱턴 정계로 진출, 승승장구했으며 1944년에는 민주당 전당대회의장을 맡아 트루먼이 민주당 부통령 후보가 되는데도 결정적 역할을 했다. 트루먼은 가을 본 선거에서 예상대로 압승했다. 공화당 의원과의 표 차이는 44만 표였다.

9 공평무사함으로 이름을 떨치다

재선 상원의원 트루먼은 제2차 세계대전이 확대일로였던 1941년 3월 '국방계획 상원특별조사위원회(트루먼 위원회)'를 출범시키고 위원장을 맡았다. 트루먼은 이 위원회를 이끌면서 당시 미국 군수산업-방위산업에 만연했던 부정과 부패를 바로잡고 비효율로 물든 전쟁물자 생산체계를 효율적인 체계로 전환, 전쟁 승리를 뒷받침했다는 평을 듣게 된다. 트루먼은 현장 실사와 청문회를 병행하면서 소문과 유언비어는 무시하고 엄정한 증거만을 바탕으로 조사를 진행했다. 또 조사 대상자의 인격은 최대한 존중하면서도 냉정하고 철저하게 추궁했으며 성과는 조사위원 모두의 이름으로 공유하도록 했다. 이 위원회는 본인이 원했던 아니던 트루먼이 공평무사함을 다시 한 번 알리는 게

트루먼 위원회의 청문회 장면. 앞줄 왼쪽에서 세 번째가 트루먼. 1944년

기가 됐으며, 트루먼의 인지도를 전국적으로 확산시키고 트루먼을 전
국 정치인으로 부상시키는 발판이 됐다.

　제2차 세계대전 발발로 미국이 민주주의의 무기고가 되면서 미
국의 군수산업은 갑자기 팽창하게 됐다. 제대로 된 감시 감독 체계가
없는 가운데 오로지 더 빨리, 더 많이 생산하는 것만이 목적이 되면
서 군수산업은 비리와 부정부패의 온상이 됐다. 대다수 국민들이 전
쟁에 돌입한 정부를 돕기 위해 크고 작은 희생을 하고 있는 것과는

달리 일부 기업과 자산가들은 전쟁을 자신의 이익 추구의 기회로 이용했다.

트루먼이 군수산업에 대한 감시가 필요하다고 생각하게 된 것은 미주리 주의 장병을 훈련시킬 훈련소 건설공사에 낭비가 심해 어떤 부분은 이권만을 노리는 전쟁 모리배의 놀이터가 되었다는 소문을 듣게 되면서다. 지역구민을 위해 미주리 주에도 새로 발주되는 군수계약이 할당되도록 해야겠다는 생각도 없지 않았던 트루먼은 무엇이 어떻게 진행되고 있는지를 알기 위해 혼자서 실태조사에 착수했다. 언제나 현장을 중시하는 트루먼다운 행보였다. 워싱턴을 출발해 멀리는 플로리다, 다음엔 중서부 지역을 거쳐 북쪽으로는 미시건 주까지 올라가면서 곳곳의 기지와 군수공장을 방문했다. 결과는 참담했다. 소문 이상이었다. 너무 성급히 전쟁을 준비하는 바람에 곳곳에서 낭비가 자행되고 있었다. 수백만 달러의 국가예산이 흔적도 없이 사라진 현장이 부지기수였다. 몇 년 전 빈민과 실업자들을 대상으로 실시된 연방구호사업에서 이 정도 혈세가 사라졌더라면 엄청난 정치 경제적 파장이 전국을 휘몰아쳤을 터인데 군수산업에서는 돈을 빼먹어도 모르고 넘어가는 것이 태반이었고, 알려졌다 하더라도 아무 간섭을 받지 않았다. 감시 감독 없는 군수산업의 예산은 하늘이 상한선이었다.

트루먼은 워싱턴으로 돌아와 백악관으로 전화해 루즈벨트와의 약속을 잡아달라고 요청했다. 전과는 달리 트루먼은 대통령 집무실인 오벌 오피스로 안내됐다. 루즈벨트도 트루먼을 '해리'라고 부르며 따뜻하게 맞았다. 전에 없던 대접을 받으면서 루즈벨트와 30분가량 군수산업에 대한 문제를 이야기하면서 진상을 먼저 파악하고 문제점을 바로잡을 방안을 만들어야 한다고 말하고 나왔지만 트루먼은 루즈벨트가 이 문제에 대해 자신의 속내는 전혀 보이지 않았다고 생각했다.

루즈벨트가 모호한 태도를 보임에 따라 트루먼은 수주일 동안의 준비를 거쳐 1942년 2월 상원 본회의 연설을 통해 군수계약을 자세히 조사하기 위한 특별위원회 구성을 제안했다. 자신의 사무실에 들른 미주리 주의 한 기자에게서 특별위원회를 구성해 군수산업비리를 파헤쳐보라는 말을 듣고서 실행에 옮긴 것이었다.[46]

그러나 트루먼의 제안은 몇 가지 장벽을 넘어선 후에야 실현될수 있었다. 첫째는 루즈벨트와 백악관의 반대였다. 무슨 일이 있어도 전쟁물자가 빨리 생산돼야 한다는 생각이었던 루즈벨트는 상원 특별위원회가 빠른 생산에 걸림돌이 될 수 있을 것이라고 내다봤다. 백악관 참모들과 전쟁성 간부들도 매사가 시간을 요하는 국방업무에 어떤 명분으로든 국회의원들이 간섭하는 걸 달가워하지 않았다. 트루먼이 이 위원회를 자신의 정치적 기회로 삼을 것이라는 비판도 있었다. 위원회가 가동돼 실적이 나타나면 언론이 대대적으로 홍보하게 되고 그 이득은 트루먼이 차지한다는 가설이었다. 군부 모두가 트루먼을 반대한 것은 아니었다. 조지 마셜(George C. Marshall) 육군 참모총장은 "우리만 애국자가 아니다. 트루먼을 비롯한 정치인들도 우리처럼 애국자라고 믿어야 한다."는 말로 트루먼 위원회 발족에 대한 육군 간부들의 반대를 제지했다. 마셜은 나중에 트루먼 행정부에서 국무장관을 맡아 유럽의 전후복구를 목표로 하는 이른바 마셜 플랜을 수립 집행하는 중요한 역할을 맡게 된다. 둘은 이미 전부터 교감하는 부분이 있는 사이였다. 개전 초기, 트루먼 상원의원은 마셜 참모총장을 찾아가 예비역 대령인 자신을 가용 가능한 육군 장교 명단에 올려달라고 요청했다. 육군에 전쟁 경험이 있는 장교가 부족한 것을 알고 있었기 때문이다. 마셜은 트루먼의 나이를 물어보고는 "당신은 군대보다는 상원에서 국가를 돕는 게 더 낫다."고 거절했다. 이때부터 둘은 서로를 지극히 신뢰하는 사이가 됐다.[47]

트루먼의 제안 연설이 있고 나서 한 달 뒤 트루먼 위원회의 출범이 상원에서 가결됐다. 위원은 민주당 5명, 공화당 2명 등 모두 7명이었으며 한 명만 빼고 모두 재선이었다. 트루먼은 위원회 예산으로 2만 5천 달러를 요청했으나 1만 달러가 삭감됐다. 2만5천 달러도 많은 게 아닌데도 삭감된 것은 루즈벨트가 트루먼 위원회의 활동을 위축시키려 한 탓이었다.[48] 트루먼은 유능한 조사관이 위원회의 성패를 가름한다는 믿음으로 법무부 소속 검사로 이미 연방판사 한 명을 기소한 바 있는 휴 풀턴(Hugh Fulton)이라는 35세의 젊은 법률가를 위원회 예산의 3분의 1이 넘는 연봉 9천 달러에 채용했다. 풀턴 아래에 의회조사관, 전지 FBI수사관, 전직 경찰 등으로 조사팀을 꾸렸다. 풀턴에게 고액의 연봉을 지급한 것은 일을 제대로 할 사람에게는 그만한 대우를 해줘야 한다고 생각했기 때문이다. 풀턴의 고액 연봉으로 인해 다른 조사관들에게는 충분한 급여를 지급하지 못할 처지가 됐지만 트루먼은 다른 위원들과 협력해 자금을 만들어냈다.

트루먼은 위원회에 대해 백악관과 전쟁성, 군부가 제기한 문제를 그냥 넘기지 않았다. 오히려 위원회가 잘못 운영되면 국가에 치명적인 영향을 가져오리라는 것을 잘 알고 있었다. 의회가 대통령의 직무 수행을 방해한 결과 더 일찍 끝날 수 있었던 전쟁이 연장돼 국민의 소중한 생명을 더 많이 희생시켰던 사례가 일찍이 읽었던 남북전쟁사에 생생하게 기록돼 있었기 때문이었다. 트루먼은 남북전쟁 당시 상하원 합동전쟁위원회가 야전군 사령관 인사와 전략에도 참견할 정도로 막강한 권한을 행사했으며 에이브러햄 링컨(Abraham Lincoln)조차도 이들에게 고개를 숙여야 했고, 이로 인해 종전이 늦춰질 수밖에 없었다는 남북전쟁사의 한 대목을 잘 기억하고 있었다. 또 남군의 사령관이었던 로버트 리 장군이 이 위원회가 링컨의 전쟁 수행에 어깃장을 놓음으로 남군만 좋아졌다며 위원회의 가치는 남군 2개 사단 병력과 맞먹을 정도였다고 기록해놓은 것도 기억하고 있었다. 트루먼은 여러 차례 의회도서관에서 남북전쟁 당시의 여러 기록들을 살피며 자신의 제안에 담긴 특별위원회의 구성과 조사방식 등을 검증하고 또 검증했다.[49]

트루먼은 조사팀에게 다음과 같은 조사원칙을 지시했다.

첫째, 함정수사나 마녀사냥식 조사를 해서는 안 된다.

둘째, 언론의 관심을 사려해서는 안 되며, 국방을 위한 노력을 방해해서도 안 된다.

셋째, 어떠한 정치적 압력이나 외부 간섭에 겁을 먹지 말아야 한다.

넷째, 조사는 철저히 사실에 기초해 진행해야 하며, 문제가 있는 곳에서만 조사를 벌여야 한다. 막연히 소문만 듣고 아무 곳이나 찾아가 조사를 벌여서는 안 된다.

다섯째, 모든 조사 결과는 위원장이나 위원 개인이 아닌 전체 위원회 이름으로 공개하며, 위원회는 군 전략이나 군 인사에는 일제 개입하지 않는다.

트루먼 위원회는 1941년 4월부터 활동에 들어가 이듬해 1월 중순 첫 번째 연차보고서를 상원에 제출했다. 천8백 명의 증인에 대한 400회 청문회 결과가 담겨 있었다. 놀라운 것은 모든 청문회에 대한 보고서가 위원 모두의 만장일치로 채택됐다는 점이다. "진실에는 누구나 동의하지 않을 수 없다."는 트루먼의 오랜 믿음이 위원들 모두에게 전달된 결과였다.

이 보고서를 보면 당시 미국 군수산업체에서는 상상 가능한 모든 수법의 비리가 저질러졌으며, 그 피해액은 천문학적인 규모였다. 펜

트루먼(맨 왼쪽)이 트루먼 위원회 위원들을 이끌고 미주리 주의 한 병영에서 조사 활동을 벌이고 있다.

실베이니아 주 인디언타운의 한 부대에는 당초 예산보다 10배 이상의 공사비가 투입됐으며 텍사스 주의 캠프 월러스에서는 48만 달러의 예산으로 시작된 공사가 253만 달러가 투입된 끝에 완공될 수 있었다. 기지 공사를 할 때 건설장비와 트럭을 구매하지 않고 임대를 한 탓에 무려 13억3천만 달러가 낭비된 것으로 조사되기도 했다. 이런 낭비는 군부대건설공사가 이윤가산방식(Cost-Plus)으로 체결됐기 때문이었다. 공사에 들어간 총비용에 일정 비율의 이익을 덧붙여 공사비를 지급하는 방식인데 문제는 총비용 산정을 업자에게 맡겼다는 것이다. 이 계약방식 덕에 다수의 건설업체가 불과 두세 달 사이에 평소 연간 수입의 300~400% 수입을 올릴 수 있었으며, 심지어 어떤 설계사는 육군과의 계약을 통해 1,000%가 넘는 수입을 올리기도 했다. 위원회의 활동으로 1941년 한 해에만 군부대 건설공사 부문에서 무려 2천4백만 달러를 절약한 것으로 조사됐다.

군부대 건설공사 비리는 찾아내기도 조사하기도 쉬웠다. 그런 이유로 트루먼은 이 부분 조사부터 착수했지만 정작 어려운 일은 군수물자 생산 과정에서의 비리였다. 군함 건조, 항공기 제작, 탱크 등 병기제조창, 수송차량 제작, 각급 노동조합의 간섭, 정부계약 과정의 타당성, 대기업과 중소기업의 역할 분담에서의 공정성, 주요 군수물자의 재고량 조사 등 깊이 들여다봐야 할 것이 한 둘이 아니었다. 모두 어렵고 장시간이 소요되며 더 중요하고 정치적 위험이 큰 조사였다. 일부 육군 고위 간부들 사이에서는 트루먼 위원회가 정치적 목적으로 만들어진 괴물 같은 조직이라는 비난을 다시 퍼부었으며, "시간과 비용은 동시에 절약할 수 없다."는 오래된 속담을 인용하면서 트루먼 위원회의 활동에 제동을 걸었다.

트루먼 위원회는 군수물자 생산과정 하나하나에 돋보기를 들이댔다. 그 결과는 엄청났다. 비리가 있을 것이라고 예측은 했지만 드러난 결과는 예측을 크게 웃돌았다. 부실한 계획, 엉성한 생산관리, 경영진과 노동조합의 경쟁적인 착복과 횡령, 대충대충 일하는 노동자들,

전투기 제작 공장 조사에 나선 트루먼(오른쪽에서 네 번째). 1943년

부족한 전시물자 등의 문제가 낱낱이 드러났다.

　트루먼은 여기서도 대기업의 탐욕과 전횡을 찾아냈다. 1940년 한 해 동안 제작 발주된 군수물자 110억 달러 어치의 대부분을 고작 20개의 대기업이 독차지한 것을 밝혀낸 것이다. 군수물자 생산과정에서 낭비된 달러의 90%를 소수 대기업이 차지하고 있다는 사실도 밝혀냈다. 이들로부터 하청을 받은 중소기업이 없진 않았지만 그 숫자는 많지 않았다.[50] 위원회는 대기업들이 군수물자 생산가격을 과도히 높게 책정한 탓에 미국 전체의 부담이 크게 늘어났으며 정부 기관의 관리 잘못으로 항공기 제작에 필요한 알루미늄, 포탄과 총알 제조를 위한 구리, 아연, 고무 등의 전시물자가 모두 부족해졌음을 확인했다. 항공기 제작용 알루미늄을 확보하기 위해 민수용 알루미늄 생산을 대폭 줄였음에도 재고는 필요량의 절반 밖에 되지 않았다. 화약 제조에 필수적인 마그네슘은 사정이 더 한심했다. 합성고무 생산도 지연되고 있었는데, 이들 물자를 생산하는 업체들이 생산물량을 조절하고 있었기 때문이다. 적국인 독일 업체와의 계약 때문에 전시물자 생산을 줄이거나, 개발 능력이 있음에도 불구하고 교묘한 핑계를 대면서 신제품 개발을 뒤로 미룬 업체도 있었다. 대기업들은 돈이 된다면 '적과의 동침'을 마다하지 않음을 밝혀낸 것이다.

군용 차량 제작과 군함 건조에서도 낭비와 비효율이 드러났다. 항공기 제작도 마찬가지였다. 항공기 발주처인 육군과 해군은 어떤 기종의 비행기를 제작할 것인가를 전적으로 제작업체에 일임, 생산관리가 안 되고 있었다. 한 업체는 엔진에 결함이 발견된 비행기를 전투비행단으로 보내려 했으며, 날개에 하자가 있는 폭격기를 만들어 놓고는 이미 계약된 물량임으로 정부가 인수해야 한다고 고집을 부렸다. 한 철강회사는 탄소 함량이 부족한 철판을 공급, 이 철판으로 건조한 유조선이 취역하자마자 두 동강이 나는 충격적인 사건도 발생했다.

트루먼 위원장은 보고서에 이런 야단을 저지른 대기업의 이름을

방산비리 조사에 나선 트루먼이 방위산업체에서 자동차 부품을 들여다보고 있다. 1943년

적어 넣으면서 거대 은행과 거대 보험업체, 거대 산업체가 거악을 저지르고 있다는 확신을 갖게 됐다. 이들이 형성한 악의 고리를 끊으려면 모든 군수산업을 군인의 손에서 민간인의 손에 넘겨야 한다고, 즉 군수산업을 문민통제 하에 둬야 한다고 생각했다. 트루먼은 애국심으로 포장된 장군들과 제독들의 어리석은 판단이 미국의 모든 제조업은 물론 농업에까지 계속 영향력을 발휘할 경우 그 결과는 예측하기 힘들만큼 참담할 것으로 내다봤다.

트루먼 위원회는 군수산업과 관련한 장군들이나 제독들 그리고 군수산업체 경영진과 노동조합 간부들을 대상으로 수시로 청문회를 열어 낭비와 비효율, 착복과 횡령이 어디서 생겼으며 어떻게 해야 방지할 수 있는지를 철저히 조사했다. 청문회에 증인으로 불려나온 일부 군인들은 "전시에 왜 비용을 따지느냐?"고 대들었으며, 군수산업체 관리자들은 아무런 문제가 없다고 변명을 하다가 한 명씩 따로 불러서 물어보면 앞뒤가 안 맞는 말을 늘어놓았다. 한 노조 간부는 왜 최저가로 공사를 수주한 업체와의 계약을 반대하냐고 묻자 "이익이 낮으면 노동자에게 돌아오는 것이 작아지기 때문"이라고 답변해 트루먼의 분노를 샀다.

트루먼은 청문회를 모든 상원의원들에게 공개했다. 조사위원 가운데 일부는 청문회를 비공개로 진행할 필요도 있다고 말했지만 누구든 청문회를 지켜보도록 하는 게 옳다고 고집했다. 자신이 사회를 볼 때가 많았지만 종종 사회권을 다른 위원에게 넘겨 자신보다 그들에게 언론과 국민들의 주목이 더 쏠리도록 했다. 철저히 준비한 후 청문회를 열어 우왕좌왕하는 모습은 볼 수 없었다. 그렇다고 해서 증인들을 위압적으로 다루지 않았으며, 폭언이나 인간적 모멸감을 주는 발언도 없었다. 트루먼 위원회에 출석한 모든 증인들은 충분한 예우를 받았다. 일찍이 이처럼 지성적이며 진솔한 청문회는 없었다는 평이 나돌 정도였다. 그러나 트루먼 위원장은 필요할 때는 거칠고 집요하게 물고 늘어져 상원의원 중 어쩌면 가장 하드보일드하게 진상을 규명해내는 사람이라는 말을 듣게 되었다. 보통 따뜻한 편이었던 트루먼의 눈빛은 청문회가 시작되면 두꺼운 안경 렌즈 뒤에서 완전히 변해 그 눈으로 한 번 훑어보면 대부분의 증인들은 스스로 겁에 질리거나 트루먼의 완강한 인상에 주눅들 때가 많았다. 완전히 다른 사람이라는 인상을 받은 증인도 많았다.

트루먼은 위원회 활동에 대해 발표를 하거나 설명을 할 때는 말을 돌리지 않았다. 한 라디오 연설에서는 군수산업에 대한 문민통제야말로 지금 시점에서 매우 중요한 문제라고 말하고 장군들과 제독들의 기본 역할은 전쟁을 하는 것이며, 전쟁에서 승리하려면 무엇이 필요한지를 국민에게 알려주는 것이라고 역설했다. 또한 국방 프로그램이 원활히 돌아가지 않고 있는 것은 행정부에 적절한 기구와 효율적인 협조체제가 없기 때문이며 이런 상황이 초래된 최종 책임은 백악관에 있다고 단도직입적으로 지적했다.

그렇지만 트루먼은 위원회가 모든 문제를 끝까지 밀어붙이는 것은 바람직하지 않은 결과를 가져올 수 있다는 점도 간과하지 않았다. 모든 분야에서 무소불위의 칼날을 휘두를 경우 자신도 모르게 위원회가 군수산업계에 독재 권력을 행사하는 옥상옥이 되는 것을 막아야 한다는 생각에서였다. 철저한 조사로 진상은 파악하되 조사 결과는 생산현장의 현실을 반영해 적용해야 한다는 게 트루먼 위원장의 믿음이었다.

11장에서 후술하겠지만 트루먼은 루즈벨트의 뒤를 이어 대통령이 되던 당일까지 원자폭탄 개발계획(맨해튼 프로젝트, Manhattan Project)에 대해 아무런 정보가 없었던 것으로 알려져 있다. 루즈벨트가 맨해튼 프로젝트를 부통령 트루먼에게조차도 알려주지 않고 극비리에 추진했기 때문이라는 것이다. 그러나 트루먼이 트루먼위원회 활동을 통해 이 계획의 존재를 알고 있었을 거라는 증거도 없지 않다.

트루먼위원회 조사관들은 꽤 오랫동안 여기저기서 듣고 모은 숫자와 자료들을 꿰맞추면서 정부가 막대한 예산을 들여 맨해튼 프로젝트라는 이름의 초극비 계획을 진행시키고 있다는 냄새를 맡았다. 트루먼은 1943년 7월 중순 조사관들로부터 맨해튼 프로젝트에 대한 정보를 보고받고 당시 전쟁장관 헨리 스팀슨(Henry Stimson)에게 전화를 걸었다. 전화는 짧게 끝났다. 맨해튼 프로젝트가 뭐냐는 트루먼의 질문에 스팀슨은 "세상에서 그걸 아는 사람은 나와 두세 명 뿐이며, 극도로 중요한 개발계획의 일부이고, 특별한 목적이 있으니 유일한 목적(전쟁 조기종식)을 위한 계획"이라고 답했으며, 트루먼은 이 말을 듣고는 "무슨 상황인지 알겠다. 나에게 지금은 말하지 못한다는 것도 알겠다. 다만 당신이 나에게 알려주고 싶을 때 알려 달라."고 말한 후 전화를 끊었다. 이후에도 맨해튼 프로젝트에 대한 정보가 들어왔지만 트루먼은 애써 관심을 보이지 않았다.[51] 위원회가 모든 문제를 끝까지 밀어붙일 경우 바람직하지 않은 결과를 가져올 수도 있다는 트루먼의 믿음이 반영된 대표적 사례라고 보아야 할 것이다. 스팀슨은 트루먼이 대통령 취임 선서를 한 직후 트루먼을 따로 만나 맨해튼 프로젝트에 대해 처음으로 보고했다.

트루먼 위원회의 노력으로 미국은 무려 최대 150억 달러의 전비를 절감할 수 있었던 것으로 추정됐다.[52] 그러나 전비 절약보다는 위원회가 조사 과정과 조사 결과를 모두 공개함으로 산업체와 정부, 그리고 군부에서 많은 사람들이 자신의 본연의 임무를 올바르게 수행할 수 있었으며 그 결과 수많은 생명이 헛되이 희생되는 것을 사전에 막아냈다는 것이 더 큰 공로였다.

트루먼과 트루먼 위원회 활동에 대한 언론의 관심 집중은 당연한 것이었다. 상원의원 재선에 출마했을 때 미주리에서 트루먼을 가장 적극적으로 비판했던 신문인 《세인트루이스 디스패치-포스트》는 "트루먼 위원장은 모든 상원의원 중 가장 유용한 국회의원이며, 가장 직선적이고 겁이 없는 사람"이라고 칭찬했다. 《워싱턴스타》는 트루먼과 트루먼 위원회에 전국적인 명성과 평판이 쌓이고 있다고 썼으며, 《비즈니스위크》는 트루먼 위원회에 한 번 회부해 보자는 말은 권력을 남용하려는 사람들에게 즉각적인 경고로 작용하고 있다고 썼다. 《내이션》이라는 잡지는 미국은 트루먼과 트루먼 위원회에 큰 빚을 졌다고 썼다. 《뉴욕타임스》의 워싱턴 지국장으로 언론계는 물론 정계의 폭 넓은 존경과 지지를 받고 있던 아더 크록(Arthur Krock)은 당파적 이익은 일체 배제하고 오직 객관성과 공정성만을 바탕으로 위원회를 운영한 트루먼에게 경도돼 극소수 원로 언론인들만 참석하는 모임에 트루먼을 초청, 명성을 더욱 높여주었다. 주간지 《타임》은 트루먼을 커버스토리로 다루면서 트루먼과 위원회의 업적에 대한 장문의 기사를 실었다. 《타임》은 트루먼위원장이 잘못한 게 있다면 머리를 식히기 위해 위원들과 함께 이따금 푼돈 내기 포커를 하고, 버번위스키를 홀짝인 것뿐이라고 덧붙였다. 사진 위주의 주간지로 정평이 있었던 《루크》가 워싱턴 주재 전국의 정치부 기자들을 대상으로 실시한 조사에서 트루먼은 전시에 혁혁한 공로를 세운 10명에 포함됐는데, 상원의원 가운데 이 명단에 포함된 사람은 트루먼이 유일했다.

그는 유머 감각도 탁월했다. 트루먼은 워싱턴으로 이사를 오면서 고향 사람들에게 자기 주소를 'Truman, S.O.B. Washington'이라고 박은 명함을 줬다. '워싱턴 개자식 트루먼'이라는 명함을 준 것인데, 고향사람들이 편지에 이렇게 주소를 써서 보내도 어김없이 편지는 트루먼에게 배달됐다. 우체국 직원들이 트루먼을 '개자식'이라고 생각해서 그런 건 아니었다. 이때 S.O.B.는 'Son of Bitch'의 약자가 아니라 'Senate Office Building', 즉 '상원의원회관'의 약자였다. 즉 트루먼의 명함 주소는 '워싱턴 상원의원회관 트루먼'이었던 것이다. 이 이야기는 미국 국회 홈페이지에 나온다. 미국 상원은 나중에 회관 하나를 더 지었는데, 그 후부터 원래 있던 회관을 사용하는 상원의원은 'Old S.O.B.', 새로 지은 회관을 사용하는 상원의원은 'Young S.O.B.'라고 불리기도 했다.[53]

위싱턴 정가와 언론이 위원회와 자신에게 보여준 신뢰와 호의를 즐기는 듯 트루먼의 표정과 몸짓에는 활기와 생동감, 자신감이 넘쳤다. 의사당의 많은 동료들이 전시 비상체제가 부과한 과중한 업무에 짓눌려 늘어진 뺨, 축 처진 머릿결 등으로 매일 늙수그레한 모습으로 나타나는 것과는 달리 트루먼은 비정상적으로 보일만큼 언제나 최상의 컨디션이었다. 양복은 먼지 하나 없었으며 언제나 깔끔하게 다림질되어 있었고 셔츠에도 구김이 없었다. (깨끗한 옷차림은 트루먼이 어릴 때부터 집착해온 것으로 워싱턴에 처음 와서는 자신의 기준에 맞게 세탁을 해주는 세탁소를 찾느라 여러 곳을 돌아다니기도 했다.) 투톤 컬러의 구두 역시 언제나 반짝반짝 빛나고 있었다. 양복은 회색 아니면 푸른색으로 고향에서 맞춘 것들이었다. 더블브레스트 윗도리 주머니에는 반듯하게 접힌 손수건이 꽂혀 있었으며 칼주름 잡힌 바지는 체형이 변하지 않아 군에서 제대한 직후에 맞췄던 것을 아직 그대로 입을 정도였다. 걸음걸

이 역시 재빠르고 탄력적이라 의사당 복도를 걸을 때면 발자국 소리가 낭랑하게 울려 사람들은 트루먼이 지나가는 줄 알 수 있었다. 항상 밝은 표정으로 눈인사를 나눴으며 부지런하고 쾌활한 모습으로 예순이 내일 모레인데도 젊은이 못지않은 에너지가 넘쳐흘렀다.

트루먼은 상원에 안착했으며, 트루먼 위원회 위원장 해리 트루먼 상원의원으로서의 영광을 한껏 누렸다. 그러나 이것은 겉모습일 뿐 트루먼 역시 속으로는 과중한 업무에 몸과 마음이 지쳐가고 있었다. 매일매일 출장 아니면 청문회로 이어지는 고된 일정이 계속되면서 트루먼은 병원에서 건강검진을 받기도 했고 저녁이면 일찌감치 침대에 들어가 숙면을 취하려 노력했지만 밤중에 자다가 갑작스런 통증이나 온몸이 뒤틀리는 고통 때문에 심장마비가 온 것이 아닌가 걱정을 불러일으키기도 했다. 그래도 트루먼은 위원회의 일정을 바꾸지 않고 예정된 일정을 모두 소화했다.

트루먼이 심각한 육체적 고통과 정신적 스트레스를 이겨내고 겉으로는 남들보다, 그리고 나이에 비해 활기찬 모습을 유지할 수 있었던 원동력 중 하나는, 아니 가장 큰 원동력은 부인 베스와의 사랑이었다. 트루먼은 자신이 베스를 사랑하고, 베스가 자신을 사랑하는 한 어떤 어려움이나 고난도 극복할 수 있다고 생각했다. 그리고 베스의 사랑을 받고 있는 한 자신은 세상의 어떤 남자보다 더 행복하다고 생각했다. 트루먼은 그 바쁘고 힘든 위원회 활동 중에도 베스에게 사랑의 편지를 쓰는 걸 게을리 하지 않았으며 그 편지들에는 남들에게는 털어놓을 수 없는 업무의 어려움이나 자신이 옳다고 믿는 것을 방해하는 사람들에 대한 원망과 험담도 담겨 있었다. 남들에게는 좀체 말하지 않았던 자신만의 내밀한 감정을 베스에게는 털어놓은 적이 많았다. 어떻게 보면 트루먼은 세상에서 베스만을 믿었는지도 모른다. 베스만이 자신의 동지이자 멘토라고 생각한 유일한 사람이었을지도 모른다. 트루먼이 32번째 결혼기념일에 베스에게 보낸 편지에는 "사나이가 올바른 아내를 얻을 수 있다면 그 인생은 완성된 것이오. 내가 바로 그런 사내요."라고 적혀 있었다.[54]

10 평생 한 여인만을 사랑한 남자

"금빛 머리칼이 물결치고 푸른 눈동자가 황홀하게 반짝이는 한 여자아이가 눈에 띄었다. 너무 예뻤던 그 눈은 지금까지도 세상에서 가장 아름다운 푸른빛이다. 우리는 주일학교를 함께 다니다 초등학교 5학년 때 다시 만나 고등학교까지 같은 학교에서 공부했고 같은 반에서 졸업했다. 그리고 나는 그녀와 인생의 길을 내내 함께 걸어왔으며 그녀의 눈은 지금도 여전히 푸르고 금빛 머리칼도 예전 그대로다." 트루먼이 회고록에 아내 베스에 대해 남긴 기록은 이처럼 짧지만 매우 강렬하다.[55] 찬란하게 지는 저녁노을을 받으며 언덕에 앉아 서로 손을 꼭 잡고 지는 해를 지켜보는 노부부의 은은한 모습을 떠올리게 한다.

베스의 고교 졸업 사진. 1901년

트루먼은 이처럼 평생 한 여인만을 사랑한 남자였다. 6살 때 일요일 교회 주일학교에서 처음 본 베스 외엔 1972년 88세로 세상을 떠날 때까지 평생 어떤 여자에게도 눈길 한 번 주지 않았다. 눈길을 주지 않은 것은 물론 다른 여자들이 다가오는 것을 애써 피했으며, 권력자들에게 흔히 있는 (주어지는?) 외도의 기회에도 고개를 돌리거나 그 자리를 피해버렸다.

제1차 세계대전이 끝난 후 프랑스 남부 관광도시 니스에서 귀국할 날을 기다리던 해리는 사병들은 물론 동료 장교들까지 숙소로 배정받은 고급 호텔에서 프랑스 여인들과 날이면 날마다 어울리며 전승국 군인으로서의 특권을 누리는 것을 보았지만 자신은 한 번도 그런 자리에 끼지 않았다. 공직에 나선 후에도 지방 출장 중 머물던 호텔 방에 여성 민원인이 찾아오면 반드시 상의를 갖춰 입고 모자를 쓴 후에 맞았으며 남이 오해하지 않도록 방문도 열어놓았다. 상원의원이 된 다음에는 중남미로 외유성 출장을 갔다가 돌아오는 길에 들른 샌프란시스코에서 동료 상원의원들이 정체를 알 수 없는 여인들이 잔뜩 나오는 파티를 외유의 마지막 일정인 듯 당연히 즐길 때도 해리 트루먼은 혼자 방에 남아 책을 읽거나 부인에게 편지를 쓰면서 시간을 보냈다.

대통령이 된 후에도 마찬가지였다. 1945년 독일 항복 뒤에 열린 포츠담회담에 참석한 트루먼은 회담 일정 중 잠깐 짬을 내 폐허가 된 베를린 시찰에 나섰다. 거의 모든 건물이 무너지고, 무너진 건물 폐허 더미 사이로 전쟁 난민들이 유령처럼 떠돌고 있는 비참한 상황을 직접 눈으로 본 후 돌아오는 차에 탄 트루먼에게 한 미군 장교가 차 속으로 머리를 디밀고는 "각하, 와인 한 잔 어떻습니까? 여자도 있는데요? 여기선 뭐든 각하 마음대로 할 수 있습니다."고 말해 트루먼을 격노케 했다. 트루먼은 "야 이 젊은 놈아, 헛소리마라. 나도 내 아내도 평생 그렇게 살아오지 않았다. 그딴 소리 다시는 하지마라."라고 소리치며 노발대발했다.

저명한 저술가이자 역사가인 데이비드 매컬로우(David Mc-Cullough)가 트루먼 전기에 소개함으로 세상에 처음 알려진 베를린에서의 이 일화에 대해 일부 언론이 과연 일개 청년 장교가 대통령에게 "술이나 마시면서 여자들과 하룻밤 맘껏 즐기시라는 무엄한 말을 할 수 있었을까?"라는 의문을 제기하자 매컬로우는 당시 베를린에서 트루먼을 경호했던 대통령 경호원으로부터 직접 들은 것이라고 확인해 주었다.[56]

여자 문제와 관해 트루먼은 이처럼 매우 독특한 대통령이었다. 미국 10대 대통령 명단에 언제나 상위에 있는 제3대 대통령 토머스 제퍼슨(Tomas Jefferson)이 대여섯 명의 사생아를 두었으며, 트루먼의 전임자로 역시 10대 대통령 명단에서 절대 빠지지 않는 루즈벨트가 현직 대통령으로 비서를 애인으로 두고 수시로 몸을 섞었던 건 널리 알려진 사실이다. 트루먼의 후임자로 아이처럼 천진난만해 보이는 미소가 인상적이었던 아이젠하워 역시 대통령직을 수행하면서 여비서 겸 운전사와 깊은 관계를 가진 사실이 나중에 드러났으며, 아이젠하워의 후임인 케네디, 존슨 대통령의 바람기는 르윈스키 사건으로 대통령의 외도사(外道史)에 정점을 찍었던 클린턴처럼 현직에 있을 때부터 비난을 받았다. 부인 낸시와 깊고도 긴 사랑으로도 유명했던 레이건 — 그 역시 10대 대통령에 꼭 포함된다 — 조차도 평생 50명 이상의 여성과 성적 관계를 맺었다는 주장이 나오는 실정에서 여섯 살 때부터 죽을 때까지 80년 이상을 오직 베스만을 사랑했던 트루먼이 오히려 독특한 것 아니냐는 말이 절대 틀리지는 않을 것 같다.

그렇다고 해리 트루먼이 성적으로 무덤덤한 것은 아니었다. 결혼 몇 년이 지난 어느 해 여름, 2주 동안 민병대 훈련에 들어갔던 해리는 베스에게 '이렇게 오랫동안 당신을 보지 못하다니…. 이제 돌아가면 당신의 모든 토끼를 핥아주겠소.'라는 편지를 보냈다.[57] 먼 훗날 대통령이 된 후에는 이런 일도 있었다. 트루먼이 출장을 갔다가 오랜만에 워싱턴으로 돌아온 다음날 아침이었다. 베스는 백악관 집사장이 아

인디펜던스의 트루먼 하우스

침 메뉴를 알려주려고 서재로 올라오자 메뉴판을 대충 훑어본 후 집사장에게 침대를 좀 고쳐줄 수 있는지 물었다. 약간 수줍은 목소리였다. 베스는 이어서 "어제 밤에 침대 밑바닥 프레임 널빤지 두 개가 부러져서…. 오늘 중으로 고쳐주면 좋겠다."고 부탁했다.[58] 예순이 넘은 나이에도 격한 밤을 보낼 수 있었던 해리 트루먼! 침대까지 망가트릴 정도였다.

주일학교에서 처음 만나 난생 처음으로 자신의 넋을 빼놓았던 베스에게 해리가 말을 걸어본 건 5년 뒤 해리네가 베스가 살던 인디펜던스로 이사를 간 후였다. 해리가 열한 살, 베스가 열 살 때였다. 베스의 집안은 인디펜던스의 부유한 명문가였으며, 인디펜던스 노스델라웨어 가에 있던 베스네 집은 기품과 위엄이 서려있는 큼직한 저택으로 해리네 농장의 비좁은 주택과는 비교가 되지 않았다. 해리는 베스네 집 바로 건너편에 있던 고종사촌 누이 집에서 자주 놀았는데 같은 학교 같은 학년으로 해리 바로 뒷자리에 앉았던 베스도 이들과 함께 어울렸다.

남동생만 셋이었던 베스는 명문가 부잣집 외동딸답게 학교에서 언제나 눈에 띄는 존재였다. 금빛 머리카락과 푸른 눈동자는 유행을 따른 고급하고 말끔한 옷차림새로 인해 사람들의 눈길을 더 끌었다. 그러나 노는 모습은 사내아이보다 더 사내아이 같았다. 모든 운동을 잘했던 베스는 야구선수로도 뛰었다. 경기가 벌어지면 남자아이들처럼 배트를 휘둘러 공을 멀리 쳐 보냈으며 3루수를 보면서 1루까지 곧장 공을 던졌다. 겨울에는 남자아이들과 함께 스케이트를 탔고, 댄스 실력도 단연 뛰어났다. 테니스 경기에서는 남자아이들을 곧잘 이겨 여자아이들의 박수를 받았다. 달리기도 빨라 남자아이들의 기를 꺾어 놓을 때가 많았다.

베스가 즐기고 잘했던 운동 중 어느 것 하나 배운 적도 할 줄도 모르는 해리에게 베스는 선망 그 자체였다. 어디 운동뿐인가. 크리스마스 때 베스는 고급 포장지에 싼 친구들에게 줄 선물을 들고 우아한

드레스 차림으로 파티에 갔다. 해리는 이런 파티에 초대받은 적도 없었다. 베스는 자신도 모르는 사이 해리의 우상이 되었고 이상형이 되었다. 해리는 등교 때나 하교 때 베스의 책 꾸러미를 들어주는 게 낙이었다. 그런 날은 수줍음도 잊고 베스에게 말을 걸면서 함께 길을 걸었다. 해리의 수줍음은 고종사촌 누이들 외엔 여자아이들과 말을 잘 나누지 못했을 정도로 심했지만 베스 앞에서는 예외였다.

해리와 베스는 고등학교를 졸업하고 몇 년이 지난 뒤에야 비로소 이성으로 사귀기 시작했다. 그 사이 베스의 아버지가 갑작스레 권총으로 스스로 목숨을 끊는 불행한 사건이 일어났으며 해리는 은행원을 때려치우고 인디펜던스에서 좀 떨어진 그랜드뷰의 아버지 농장에서 전업농부로 일할 때였다. 베스네는 아버지가 갑작스레 세상을 떠났지만 잭슨 카운티 일대에서 가장 큰 제분공장을 경영했던 외조부 덕에 여전히 풍족한 삶을 누리고 있었다.

그 당시에도 여전히 고종 누이들을 만나러 그랜드뷰의 농장에서 16마일 거리인 인디펜던스의 노스델라웨어 가를 오르내리던 해리는 우연히 베스를 만나기라도 하면 누이들에게 "나 오늘 걔 봤어!"라고 말하면서 그렇게 즐거워할 수가 없었다. 누가 봐도 베스를 짝사랑하는 것을 금세 알 수 있는 말투와 표정이었다. 그러던 어느 날 누이들이 나눠먹자고 베스네 집에서 보내온 케이크 접시를 돌려보내려 하자 마침 그 자리에 있던 해리가 "내가 갈게. 이리 줘!"라면서 번개처럼 일어났다. 해리가 베스네 집의 커다란 문을 두드리자 기대했던 대로 베스가 나왔으며 둘이 웃으며 반갑게 인사하는 모습은 길 건너 창문 뒤에 있던 누이들이 지켜보았다. 해리는 두 시간 뒤에 더 활짝 웃으며 돌아왔다.

해리네 농장에서 베스네 집까지 가려면 말이나 마차를 타도 왕복 네 시간이 걸렸다. 아버지가 말이나 마차를 내주지 않으면 기차역까지 한참 걸어가서 기차를 타고 가다 중간에 내려서 인디펜던스까지 가는 기차로 갈아 타야했는데 기차 운행 편수가 적었을 뿐 아니라 중간에서 기다리는 시간이 많았다. 이런 사정 때문에 해리는 동네에서 우선 마차를 얻어 탄 후 막 도입된 전차를 타고 가까운 캔자스시티로 가서 인디펜던스로 가는 기차를 타는 방법을 애용했는데 어떤 방법이든 힘들고 오랜 시간이 걸렸다. 그래도 해리는 기회만 있으면 베스를 만나러 갔으며, 집에 돌아오기 힘든 시간이면 고종누이 집에서 잤다. 친구들과 친척들은 해리가 농장 일에 지쳐있으면서도 베스에게 보내는 열정과 끈기에 그냥 놀랄 뿐이었다.

시간이 지나면서 해리는 일요일 저녁을 종종 베스네 집에서 보냈다. 베스의 초대로 해리는 베스의 외조부모와 어머니 그리고 남동생들 사이에서 점잖게 앉아 흑인 하인들의 시중을 받으면서 일요일 저녁을 함께 했으며, 식사가 끝나면 거실로 옮겨 피아노 연주로 베스네 가족을 즐겁게 했다. 피아노 솜씨가 상당했던 베스의 어머니가 해리의 피아노 연주를 좋아했기 때문이었다.

해리는 베스를 부모님께 소개하고 싶어 죽을 지경이었지만 베스를 집으로 불러들이기까지는 무척 오랜 시간이 걸렸다. 둘이 서로 사진도 나눠 가질 만큼 깊이 사귀는 사이가 됐는데도 무슨 이유에서인지 베스는 해리의 부모를 만나 인사를 드리려 하지 않았다. 해리는 베스에게 잘 보이려고 그 바쁜 와중에도 백화점에서 땅을 고르는 큼직한 롤러를 빌려와 혼자 힘으로 농장 한 구석 평평한 곳에 테니스코트를 만들기 시작했다. 가족 누구도 테니스를 칠 줄 모르고, 테니스코트에 반드시 있어야 하는 것이 무엇인지도 모르는 형편에서 테니스코트를 혼자 힘으로 만드는 건 엄청나게 힘들었고 시간도 매우 오래 걸리는 일이었지만 베스를 집으로 초대할 좋은 이유가 될 수 있다는 생각에 사로잡힌 해리에게는 아무 일도 아니었다.

마침내 테니스코트가 완성되기 며칠 전 해리는 베스를 초대했다. 친구들과 와서 테니스도 치면서 하루를 즐겁게 보내는 게 어떠냐, 어머니에게 순 시골식 닭튀김도 부탁했으니 꼭 와줬으면 좋겠다는 편지와 함께 집으로 오는 약도까지 보냈다. 해리의 어머니도 흥분한 해리를 위해 방 몇 개를 새로 도배했다. 아들의 여자 친구를 최대한 즐겁게 해서 보내려는 배려였다. 그러나 초대 당일 베스는 오지 않았다. 대신 베스는 인디펜던스에 비가 와서 안 갔다는 짧은 편지를 보냈다. 사실 그날 인디펜던스는 맑은 날씨였다. 베스의 거짓말에 해리는 실망했지만 내색하지 않고 대신 다음번에는 꼭 오라는 편지를 보냈다. 몇 주일 뒤 베스가 마침내 해리네 농장에 오기는 했지만 테니스코트

연애 초기였던 1910년 2월에 해리가 베스에게 보낸 편지

는 여러 곳이 울퉁불퉁 패여 도저히 테니스를 칠 여건이 아니었다.

그래도 해리는 베스에게 구애를 계속했다. 인디펜던스에 가지 못하면 편지를 썼다. 전화를 해도 됐으련만 거실 한 가운데에서 비밀스런 이야기를 나누기엔 불편했다. 해리의 편지는 연애편지였지만 100% 연애편지는 아니었다. 사랑한다는 말과 함께 자기 자신, 농장에서 벌어지는 일, 주변의 친척이나 함께 일하는 사람들에 대해 이야기를 적어 보냈다. 어느 날에는 진창이 무릎까지 올라오는 돼지우리에 들어가 돼지 수십 마리의 코에 일일이 고리를 끼우느라 너무 힘들었다는 이야기를 써 보냈고, 또 어떤 날에는 세상을 떠난 이웃 사람의 무덤을 파주었는데 정말 농부들은 그가 무슨 일이든 해야 하는 존재라는 느낌이라고 쓰기도 했다. 그러다가 플라톤의 『공화국』을 읽고 난 소감을 써 보내기도 했으며 모차르트와 쇼팽, 베르디는 좋아하지만 바그너는 싫어한다고도 썼다. 어떤 날엔 "아버지가 남긴 빚이 너무 많아 걱정"이라고 쓴 후 "돈을 많이 벌어 빚도 갚고 어

144

머니에게 새 집도 지어드리고, 그리고 당신을 데려오고 싶다."고 써 보냈다. 가뭄이 심했던 어느 해에는 "가뭄 때문에 물이 다이아몬드처럼 귀해졌다. 올해 농사는 어떻게 될지 걱정"이라고 말한 후 "다이아몬드 말이 나왔으니 말인데, 당신 손에 다이아몬드 반지를 끼워주고 싶다."는 말로 결혼하고 싶다는 생각을 비쳤다. 또 "누가 알아? 나도 신시나투스가 될지? 나도 언젠가는 장관이나 경찰국장으로 선출될 수도 있는 거잖아?"라고 쓴 적도 있다. 해리가 기원전 5세기 때 로마 사람인 신시나투스(Cincinnatus)를 언급한 것은 지금 빚에 쪼들리면서 힘들게 농사를 짓고 있는 자신의 처지가 원래 로마의 좋은 가문 출신이었으나 어쩌다가 로마에서 쫓겨나 시골에서 직접 밭을 갈아야 하는 가난한 농부로 전락하게 된 신시나투스와 비슷하다고 생각했기 때문으로 보인다.[59] '지금 비록 내 처지가 이렇지만 내 인생의 목표는 이보다 훨씬 높다.'는 것을 베스에게 알리기 위해서 쓴 편지이기도 했다.

해리는 1911년 가을에 보낸 편지에서 청혼을 했으며, 베스는 2년 뒤인 1913년 11월 어느 일요일 저녁 마침내 해리의 청혼을 받아들인다. 말없이 묵묵히 앉아 있는 해리에게 베스는 "만일 내가 결혼한다면 당신이 그 상대"라고 말했다. 다음날 베스는 해리에게 편지를 보내 전날의 약속을 확인해주었다. 또 두 사람은 이걸로 우리는 약혼한 사이라고 서로에게 말해주었다. 당분간 비밀에 붙이기로 했지만….

해리와 베스는 1919년 6월 28일 결혼식을 올렸다. 베스가 해리

1919년 6월 결혼식

의 구혼을 받아들인 때부터 무려 6년 뒤, 프랑스에서 제1차 세계대전을 치르고 귀국한 해리가 제대한 직후였다. 해리의 군복 윗도리 주머니엔 뒷면에 '이 사진이 당신을 지켜주길…'이라고 적힌 베스의 사진이 출국할 때와 마찬가지로 반듯하게 간직되어 있었다. 둘의 결혼이 늦었던 건 해리가 돈을 좀 벌어 그나마 번듯하게 결혼식을 올리겠다는 생각 때문이기도 했지만 베스의 어머니가 해리를 사윗감으로는 탐탁지 않게 여긴 탓이기도 했다. 외동딸을 가문에 어울리는 집안으로 보냈으면 하는 베스의 어머니에게 대학도 못 나온 농사꾼 해리는 품성과 성실성만 좋을 뿐 '눈높이에 어울리는' 사윗감은 아니었다. 베스가 해리에게 시집가는 건 베스 집안뿐 아니라 당시 인디펜던스 상류층 가정에서는 상상이 쉽게 되지 않는 사건이었다. 결혼식 날 해리는 베스의 손가락에 다이아몬드 반지를 끼워주지 못했다. 대신 유럽에서 돌아오면서 뉴욕에서 산 금반지를 끼워주었다.

어쨌든 해리 트루먼은 여섯 살 때 처음 본 베스 월러스를 29년 만에 평생의 반려로 맞아들이는데 성공했다. 둘은 해리가 여든여덟 살로 세상을 떠날 때까지 삶과 생각과 꿈을 나눠가졌으며 미국 역대 대통령 부부 누구보다도 굳고 단단하며 서로 신뢰하는 결혼생활을 지속했다. 그 사랑은 흔들리지 않았으며 누구도 작은 생채기 하나 낼 수 없는 바위덩어리 같은 것이었다.

11 / 결정은 내가 한다

트루먼은 1943년 11월 대선에서 4선에 도전한 루즈벨트의 러닝메이트로 선출되어 부통령에 당선됐다. 루즈벨트가 취임 82일만에 급서하자 트루먼이 대통령직을 승계했다. 트루먼이 대통령이 되자 기대보다 걱정을 하는 사람이 더 많았다. 트루먼이 과연 유럽과 아시아에서 벌어지고 있는 전쟁을 제대로 끝낼 수 있을까, 전후에 직면하게 될 국내외 과제들에 대처할 능력이 있기나 할까 하는 걱정이었다. 뉴욕의 명문가 출신으로 12년 이상 미국을 이끌면서 '머리부터 발끝까지' 대통령다움이 몸에 밴 루즈벨트에 비하면 미주리 주 출신으로 상원의원 재선이 고작인 트루먼은 본인 스스로도 말했듯이 '어쩌다 대통령이 된 보통 사람'이었다.

그러나 트루먼은 대통령 재임 중 역대 어느 대통령보다도 중요한 결정과 결단을 많이 내렸다. 제2차 세계대전 후 새로 시작된 세계사의 흐름을 바꾼 결단도 있었고, 미국 사회를 크게 변혁시킨 결정도 있었다. 일본에 원자폭탄을 투하한 것과 트루먼 독트린, 한국전 참전 결정 등이 전자에 속하는 결정일 터이고 흑인 민권법 도입에 나선 것과 강성 노조에 대한 강경 대책은 후자의 범주에 속하는 결단일 것이다. 중요하기 그지없었고 시간이 지나면서 옳은 판단에 따른 필요한 결정이었다는 평을 받은 것도 많지만 재임 당시에는 혹독한 비판을 받은 것도 있었다. 트루먼의 결정들을 소개하기 전에 부통령을 거쳐 대통령이 되기까지의 과정을 살펴본다.

1. 82일 간의 부통령

트루먼이 미국의 부통령이 된 것은 누구도 예상하지 못했다. 이번에도 다른 사람들의 뜻이 트루먼의 운명을 결정했다. 대선을 앞둔 1944년 초 워싱턴 정치인들 사이에 "루즈벨트의 건강이 급속히 나빠져 4선에 성공하더라도 대통령직을 끝까지 수행하지 못할 것이며, 부통령이 승계하게 될 것"이라는 관측이 나돌기 시작했다. 이 가운데는 트루먼도 훌륭한 부통령 감 중 하나라는 말을 하는 사람들도 있었다. 일부 신문들도 민주당 내 일부 세력이 트루먼을 루즈벨트가 러닝메이트로 검토하고 있다는 기사를 내보냈으며, 트루먼에게 부통령 후보로 나선다면 밀어주겠다는 말을 농담반 진담반으로 건넨 정치인도 있었다. 사실 루즈벨트는 나이 들어 걸린 소아마비로 늘 몸이 좋지 않았다. 1944년 4월에는 폐렴까지 걸려 건강이 급속히 악화되고 있었다. 아무리 대비를 잘해도 남은 수명이 1년뿐이라는 진단도 나왔다. 루즈벨트의 참모들은 4선 도전이 불가능하지 아닐까, 혹은 4선에 성공한다고 해도 임기를 다 마치지 못하지 않을까 걱정했다.

트루먼은 부통령 출마설에 대해 항상 "노"라고 대답했다. 부통령 출마를 권하는 사람들에게 "백악관이 좋긴 하지만 60이 넘은 나이에 내가 왜 뒷문으로 백악관에 들어가나? 어느 문으로라도 백악관에는 들어갈 생각이 없는데."라고 말하기도 했다.[60] "뒷문으로는 백악관에 들어가지 않을 것이며 어느 문으로도 안 들어가겠다."는 트루먼의 말은 민주당 부통령 후보 지명전에 나가지 않을 것이며, 대통령에는 관심이 없다."는 뜻이었다.

트루먼은 현실에 근거해 이렇게 말했다. 당시 부통령 헨리 월러스(Henry Wallace)가 4기 루즈벨트 정부의 부통령 후보로 강력하게 거론되고 있었던 데다 월러스의 대항마로 언급되고 있던 인물들도 정치의 변방인 미주리 출신의 재선의원에 불과한 트루먼과는 비교할 수 없을 정도로 거물이었다. '트루먼 위원회'의 활동으로 전국적인 유명세를 얻었다고 해도 그들의 명성이나 정치 경력에 비하면 트루먼은 아직 경량급이었다. 나이도 벌써 예순이었다. 거기다 루즈벨트가 자신을 무시했던 사실과, 자신도 이미 몇 번이나 루즈벨트에게 대든 적이 있어 부통령 후보로 간택될 것이라고는 아예 생각하지 않았다. 트루먼은 1940년 루즈벨트의 3선 도전을 "한 특정 인물이 아니면 나라를 이끌어나갈 수 없는 나라는 더 이상 공화국도, 민주국도 아니다. 또한 국가의 운명을 특정 인물의 생명이나 건강, 부에 맡겨서는 안 된다."는 말로 비판했다. 톰 팬더개스트가 FBI 수사 끝에 기소돼 유죄판결을 받았을 때도 트루먼은 루즈벨트가 임명한 검사가 정치적 목적으로 팬더개스트를 잡아넣었다며 억지가 없지 않은 비판을 퍼붓기도 했다.

개인적으로는 만일 부통령 후보 지명전에 나선다면 팬더개스트의 심부름꾼이라는 그 지긋지긋한 비판과 중상모략, 터무니없는 유언비어에 다시 휩쓸릴 것도 몸서리나게 싫었다. 적대세력과 상대방 언론들이 사전 검증에 나설 것도 두려웠다. 베스의 아버지가 일찍이 권총자살로 세상을 떠난 불행한 가족사를 마구 파헤쳐 베스와 장모의 가슴에 못을 박을 것도 두려웠다. 장모와 베스는 그 사건이 있은 후 그때까지 한 번도 그 이야기를 다른 사람에게는 물론 서로에게도 꺼내지 않고 깊이 감춰두고 있었다.

트루먼의 진짜 걱정거리는 다른 곳에 있었다. 상원의원이 된 후 베스를 상원의원 사무실 직원 명부에 올려놓고 매달 2천4백 달러씩 급여를 지불한 사실이다. 생활비가 훨씬 더 많이 필요한 워싱턴에서의 삶을 위해 어쩔 수 없이 선택한 궁여지책이었지만 이 사실이 공개될 경우 비판은 더욱 가혹해질 것이었다. 베스는 해리 대신 유권자들의 편지에 답장을 보내거나, 각종 보고서를 읽고 교정을 보는 등 실제로 사무실에서 일을 하긴 했지만 양심이 찔렸던 건 사실이었다. 게다가 두 번째 상원의원 선거에 나섰을 때 상대 후보가 가족을 미주리주 공무원 명단에 등재해놓고 월급을 빼먹었다고 낙선 비난을 퍼부었던 자신이 부통령 후보가 된다면 몇 배의 반격이 되돌아 올 터이고 결국 자신과 가족을 넘어서 민주당에게도 큰 손해가 된다고 생각했다.

민주당 내부 사정은 트루먼의 생각과는 전혀 다르게 돌아갔다. 백악관의 루즈벨트 보좌관들과 민주당 간부들은 루즈벨트 유고 시 대통령직을 물려받을 사람은 전쟁 마무리와 전후 국제질서 개편, 전시경제체제를 일상적인 경제체제로 전환하는 문제 등 산적한 과제를 제대로 수행할 수 있는 사람이어야 한다는 심각한 상황을 앞에 두고 깊은 고민에 빠져들었다. 이 중에는 두 번째 상원의원 선거에서 트루먼의 승리에 결정적 역할을 했던 로버트 해니건도 있었다. 해니건은 루즈벨트의 총애를 받고 있었으며 민주당 당의장이었다. 백악관 참모들과 해니건 등 민주당 최고위 간부들은 가장 유력한 부통령 후보였던 월러스는 적임자가 아니라는 결론을 내렸다. 월러스를 러닝메이트로 해서 출마한다면 아무리 루즈벨트라고 해도 이번 대선에서는 이길 수 없으며, 설령 이긴다고 해도 루즈벨트가 급서할 경우 뒤를 이을 월러스가 과연 미 국민이 원하는 대통령이 될 수 있겠느냐는 의문도 제기됐다. 윌러스가 너무 진보적이었기 때문이다. 흑인인권옹호에 앞장선 건 인정되지만 정도가 너무 심해 보수적인 유권자들의 표가 떨어져 나갈 것이 분명했다. 윌러스는 사회적 불평등에 대해서도 깊이 천착했지만 당내 현실적 지도자들은 윌러스가 이런 문제들에 대해 너무 진지하고 이상이 높다는 생각이었다. 한마디로 윌러스가 현실의 지저분한 땅바닥이 아니라 하늘 멀리 아름답고 순수한 구름만 쳐다보고 있다는 것이 문제였다.

월러스를 대체할 만한 인물로 지미 번스 상원의원이 가장 유력했다. 번스는 상원의원이 되기 전에 사법, 행정부의 요직도 두루 맡아봤으며 루즈벨트와도 아주 가깝고 영향력도 커서 '부대통령(Assistant President)'으로 불리기도 했다. 그러나 그에게도 약점이 많았다. 우선은 종교가 문제였다. 가톨릭 집안에서 태어난 번스는 결혼하면서 영국 성공회로 개종했다. 미국 가톨릭 유권자들의 조상은 대부분 영국에서 성공회의 탄압을 피해 이민 온 사람들이다. 가톨릭 유권자들이 번스의 개종을 용납할 것인가도 걱정거리였지만 흑인 문제와 관련해서는 남부 출신이라는 점에서도 표를 잠식할 수 있었다. 더군다나 번스는 '흑인에 대한 린치금지법안'이 상정되자 앞장서서 반대한 전력도 있었다. 번스는 전시에 있었던 노동계 연좌데모도 강력히 비판해 노조의 외면을 받을 가능성도 컸다.

저당히 보수저이면서도 흑인인권에 대해서는 전향적이며, 노동게의 이익 대변에도 앞장섰고 종교문제에서도 시빗거리가 없는 사람이 누구인가? 반 월러스 진영은 트루먼이 답이라고 결론 내렸다. 그들은 "트루먼 위원회 위원장으로서 트루먼은 탁월한 업적을 남겼다. 노동문제에 대한 투표에서는 노동자 편을 들었지만 어느 정도는 보수주의를 대변하는 사람이다. 흑인문제에 대해서는 전향적이며, 그 자신 흑인에 대해 문제될 만큼 차별적인 발언을 한 적이 없다. 트루먼은 모든 면에서 부통령 후보로 딱 맞아 떨어지는 사람"이라고 결론 내렸다. 루즈벨트도 월러스와 번스 사이를 오가며 몇 차례 생각을 뒤집더니 결국은 해니건 등의 권유를 받아들여 트루먼을 러닝메이트로 지명했다.

전혀 예상치 않은 간택을 받은 트루먼은 그렇다면 나서보겠다고 대답했다. 그러나 부통령 후보를 종전처럼 대통령 후보가 지명하지 않고 경선을 통해 뽑도록 하겠다는 루즈벨트의 뜻에 따라 월러스와 경선을 치러야만 했다. 루즈벨트에게 마지막까지 기대를 걸었던 번스는 루즈벨트가 트루먼을 점지하자 철저히 농락당했다는 기분을 감추지 않으면서 경선 출마를 포기했지만 월러스는 표 대결을 원했다. 월러스로서는 그럴 만했다. 루즈벨트가 트루먼을 지지한다고 했어도 자신의 지지층이 더 두껍고, 농무부 장관, 부통령을 지낸 화려한 경력만으로도 트루먼은 이길 수 있다고 생각했다. 실제로 루즈벨트가 트루먼 지지를 선언하기 직전에 민주당 유권자들을 상대로 실시한 갤럽조사 결과는 월러스 65%, 번스 3%, 트루먼 2%였다.

이번에도 트루먼은 힘든 선거를 치러야 했지만 사실상 혼자서 치렀던 여태까지와는 달리 많은 사람들의 도움을 받아 결국은 승리했다. 1차 투표에서는 월러스가 429표를 얻어 319표를 얻은 트루먼을 이겼으나 당선에는 부족한 득표여서 2차 투표까지 간 끝에 1,031표를 얻은 트루먼이 105표를 얻은 월러스에게 압도적 차이로 승리했다. 여러 명의 후보를 지명전에 출마토록 유도해 월러스 지지

1944년 민주당 전당대회장에서 베스와 마가렛이 '트루먼을 부통령으로!'가 적힌 피켓을 들고 있다.

표를 분산시키고, 대의원들로 이미 가득 찬 장내 안전을 위해 (소방법을 핑계로) 전당대회장 문을 걸어 잠가 월러스 지지자들의 대회장 추가 입장을 막은 해니건 등의 전략과 꼼수가 큰 역할을 했다. '공산주의는 초기 기독교 공동체와 비슷하다.'는 월러스의 소련 공산주의에 대한 '순진한' 언급은 이들이 월러스의 부통령 후보 지명을 극구 반대한 명분이기도 했다.

루즈벨트가 갑자기 트루먼 지지로 선회했던 이유는 지금까지도

명확하지 않다. 루즈벨트의 큰 신임을 받고 있던 당내 핵심 세력들이 당초 지지해온 번스에 대해서도 반대가 커지자 트루먼을 밀기로 하고 루즈벨트에게는 민주당 간부들이 트루먼을 좋아한다고 보고하고, 민주당 간부들에게는 루즈벨트가 트루먼 쪽으로 기울고 있는 것 같다는 일종의 '양동작전'을 쓰면서 분위기를 트루먼 쪽으로 이끌었다는 이야기도 있지만 확실치는 않다. 이밖에도 여러 가지 분석이 나돌았지만 모두 추측에 지나지 않았다. 시간이 지나면서 1944년 민주당 전당대회 결과는 미국 정치사상 가장 큰 미스터리의 하나로 꼽히게 됐다.[61]

대통령은 재선 이상을 해서는 안 된다던 자신의 신념을 꺾고 루즈벨트의 러닝메이트로 나서기로 한 이유를 트루먼은 "루즈벨트와 그의 이상이 당시와 같은 극도의 위기상황에서 계속되지 못하고 단절된다면 1944년에 어떤 사태가 벌어질 것인지 예견됐기 때문"이라고 밝혔다. 만일 반동세력이 루즈벨트를 밀어내고 정권을 잡는다면 뉴딜정책 등 루즈벨트와 민주당이 1933년 이후 그토록 열심히 일해서 이룩한 업적들의 대다수가 무효화되거나 폐기되는 것을 막아야 했다."는 뜻이다.[62]

본선 유세에 나선 트루먼은 유세 연설에서 전혀 자신을 내세우지 않았다. 유세장에 사람이 많건 적건 유럽과 태평양에서 벌어지고 있는 전쟁을 승리로 끝내려면 경험 있는 지도자가 필요하며, 루즈벨트

1944년 민주당 전당대회에서 트루먼이 지지자들에게서 부통령 지명 축하를 받고 있다.

가 바로 그런 사람이라는 내용으로만 연설했다. 오직 루즈벨트 지지만을 호소하는 트루먼의 모습은 과거 루즈벨트에게서 받았던 푸대접도 모두 잊어버린 듯했다. "다른 방법은 없습니다. 미국이 지금 원하는 대통령은 루즈벨트입니다."라는 트루먼의 호소는 미국 전역에서 이어진 유세에서 되풀이됐다.

　당시의 일화로, 선거전이 중반으로 접어들 무렵, 보스턴의 한 호텔에서 열린 민주당 회합에서 조지프 케네디　트루먼 디 읍디 읍 대통령이 된 존 F. 케네디의 아버지로 미국 최대 부호 가운데 하나였다 — 가 루즈벨트를 헐뜯기 시작했다. 조지프 케네디는 트루먼에게 다가와 "이봐요. 해리, 소아마비 걸린, 저 다리병신 루즈벨트 때문에 내 아들이 죽었는데 당신 저 자하고 뭐 하는 짓이오?"라며 루즈벨트를 깎아내렸다. 루즈벨트가 전쟁을 오래 끄는 바람에 맏아들 조 케네디가 전사했다는 말이었다. 트루먼은 처음엔 그냥 듣고 있으나 조지프 케네디가 욕을 그치지 않자 입을 닥치지 않으면 창밖으로 집어던지겠다고 팔을 걷어붙였다. 일촉즉발의 순간에 한 민주당 간부가 나타나 트루먼을 한 쪽 구석으로 데려가 조지프 케네디가 지금 민주당의 돈줄인데 왜 그러냐, 제발 참으라고 달랬다.

트루먼이 걱정했던 대로 공화당은 트루먼 개인에 대한 흠집 내기를 시작했다. 공화당 쪽 신문들은 베스가 상원의원 사무실 직원으로 등재돼 급여를 받았다는 사실을 보도하고 맹렬히 비난했다. 인신공격도 많았다. 트루먼의 삶은 3류 인생이며, 흘러간 물이고, 남성용품 가게도 말아먹은 실패한 삶이었다는 보도도 나왔다. '셔츠 한 장도 제대로 팔아보지 못한 사람'이라고 쓴 기사도 있었다. 톰 팬더개스트와의 관계를 다시 파헤치는 것은 예정된 수순이었다. 공화당계 보수 언론의 대표격이었던 《시카고 트리뷴》이 가장 모질었다. 《시카고 트리뷴》은 '만약에 다음 4년 안에 루즈벨트가 혹시 사망하거나 대통령직을 수행하지 못하는 경우, 우리는 파산자 트루먼, 캔자스시티를 거덜 낸 팬더개스트의 말만 듣는 트루먼의 해골이 빙그레 웃는 모습을 보게 될 겁니다. 예스맨 트루먼, 정치깡패들에게 사과만 하는 트루먼의 모습을 보게 될 겁니다.'라고 썼다. 베스의 아버지가 자살했다는 보도는 없었다. 그나마 다행한 일이었다.

공화당 측의 거칠고 억센 공격에도 불구하고 루즈벨트와 트루먼이 승리했다. 표 차이는 지난번 선거보다 작았지만 미 국민은 루즈벨트를 대통령으로 다시 뽑았고 새로운 부통령으로 해리 트루먼을 맞아들였다.

트루먼은 딱 82일 동안 부통령으로 있었다. 미국 부통령이 딱히 대단한 업적을 쌓을 수 있는 자리가 아니라지만 트루먼은 재임기간이 워낙 짧아 더더욱 특별한 기록을 남기지는 못했다. 그저 상원의장을 겸직하는 부통령의 역할만 부지런하고 충실하게 수행했다. 상원 회의에 참석, 사회를 보고 밤에는 파티와 리셉션에 참석해 수많은 사람들과 만나 악수를 나누면서 즐거운 표정을 짓고 있으면 되는 게 부통령 트루먼의 역할이었다. 상원의 트루먼 사무실에 찾아온 양당 상원들이 트루먼과 함께 한담을 나누거나 버번위스키를 한 잔씩 홀짝하는 모습은 상원의 새로운 풍경이었다. 전임 월러스 부통령 때는 이런 일이 아예 없었다. 트루먼의 사무실에 온 상원의원 가운데는 부통령실에 처음 와본 사람이 많았다.

부통령이 된 다음 달라진 것 가운데 하나는 운전기사가 딸린 리무진이 나왔으며, 경호원이 붙었다는 것이다. 트루먼 이전까지는 부통령에게 경호원이 배치된 적이 없었다. 그러나 주거지는 여전히 부통령이 되기 전에 살았던 월세 아파트였다. 값싼 아파트에서 부인 베스와 딸 마가렛과 함께 전처럼 소박하게 살았다.

루즈벨트는 전쟁 마무리를 위해 여전히 바빴지만 트루먼과 상의를 하거나 의견을 구하지는 않았다. 처칠, 스탈린과 함께 얄타회담에 참석하기 위해 미국을 비웠을 때도 루즈벨트는 아주 긴급한 일이 아니면 연락하지 말 것이며, 연락을 하더라도 백악관 지하실의 전쟁상황실을 통해서 하라고 지시했다. 루즈벨트가 국내에 있을 때도 두세 번 있었던 국무회의를 제외하고 따로 만난 적은 취임식 때를 제외하면 한 번밖에 없었다. 트루먼은 루즈벨트가 자신에게 이런 정보를 주지 않은 것은 부통령이 상원의장이라는 점 때문이라고 받아들였다. 부통령은 상원에서 끊임없이 양당의 노련한 정치인들과 접촉해야 하는데 이 과정에서 전쟁과 관련한 기밀사항이 누설되는 것을 막기 위해 중요한 논의에서 부통령을 제외시켰다고 생각한 것이다.[63]

트루먼은 루즈벨트의 건강이 갈수록 나빠지고 있는 걸 염려했지만 이에 대해 특별히 대비하고 있다는 느낌을 주지 않으려 노력했다. 다만 한 기자와 만나 보도를 하지 않는 것을 전제로 이런 말을 하기는 했다. "전쟁이 끝나면 입법부와 행정부의 대립으로 국내 정세가 더 어려워질 것이 분명하다. 제1차 세계대전이 끝난 후에도 그랬듯이 역사적으로 미국에는 그런 사례가 많다. 국제적으로는 연합국 사이에 경쟁과 갈등이 심해져 자칫 평화를 한순간에 무너뜨릴 수 있다. 이런 갈등과 경쟁을 피하기 위해서는 일찍이 없던 지혜와 외교적 노력이 필요할 것이며, 최선을 다해 대통령과 상원을 연결하는 가교 역할을 하는 것이 나의 일이다."

부통령 트루먼이 언론과 시민들의 주목을 받게 된 사건은 따로 있었다. 부통령으로 취임한 지 며칠 지나지 않아 톰 팬더개스트가 72세의 나이로 세상을 떠났다. 트루먼은 부음을 듣자마자 곧바로 미주리로 날아가 팬더개스트의 장례식에 참석했다. 장례식장에서 망자에게 예를 표하고, 유족에게 애도를 전하는 트루먼의 모습은 전국에서 몰려온 사진기자들의 카메라에 잡혔으며, 뒤이어 부통령이 범죄자로 처벌 받은 사람의 장례식에 참석하는 건 옳지 않다는 비판과 비난이 일었다. 그러나 더 많은 사람들은 주위의 시선은 무시하고 자신이 해야 할 일이라고 생각한 일을 한 트루먼의 용기와 의리, 인간성에 많은 점수를 줬다.

부통령 트루먼이 미국 언론의 주목을 받은 사건이 또 있었다. 워싱턴 기자클럽에서 열린 참전군인 위로의 밤 행사에 트루먼의 피아노 연주 순서가 있었다. 피아노 연주 자체는 문제가 아니었다. 무대 중앙에서 스포트라이트를 받으며 트루먼이 피아노를 치는데 당대 최고의 여배우였던 로렌 바콜이 갑자기 섹시한 모습으로 나타났다. 바콜은 트루먼 쪽으로 걸어가 피아노 위에 걸터앉은 후 치마 자락 사이로 다리를 앞으로 쭉 빼는 요염한 자세를 취했다. 팬더개스트의 장례식 때보다 더 많은 사진이 전국의 신문과 잡지에 실렸다. 부통령이 힐리우

트루먼이 피아노를 치면서 로렌 바콜을 쳐다보고 있다.

드 톱 여배우에게 세레나데를 연주해 줄 수 있냐는 비난이 일었지만 그리 심각하지는 않았다. 다만 베스는 화를 내면서 다시는 그런 자리에서 피아노를 치지 말라고 남편을 단속했다.

2. 루즈벨트의 '큰 구두'

1944년 4월 12일 오후 트루먼은 백악관으로 급히 들어오라는 연락을 받았다. 트루먼은 애써 불길한 예감을 지우면서 급히 상원을 떠났다. 약 10분 만에 백악관에 도착한 트루먼에게 루즈벨트의 부인 엘리노어가 다가와 루즈벨트가 세상을 떠났다고 말했다. 트루먼이 엘리노어에게 "영부인, 제가 뭐든 도울 일이 있으면 말씀해주십시오."라며 조의를 표하자 엘리노어는 "아니, 제가 도울 일이 있으면 뭐든 말씀하세요. 이제 정말 도움이 필요한 사람은 내가 아니라 당신일 겁니다." 라고 말했다.

정말로, 도움이 필요한 사람은 트루먼이었다. 루즈벨트로부터 국정과 전쟁에 관해 직접 구체적으로 들은 것이 아무 것도 없었기 때문이었다. 전쟁이 연합국의 승리로 끝나리라는 것은 알고 있었지만 종전 후 세계평화 구축에 대한 루즈벨트의 구상은 어떤 것이었는지, 국내 정치는 어떻게 끌고나가려 했는지에 대해 그는 어떤 것도 물려받지 못했다. 미합중국 대통령이라는 어렵고 힘들며 중요하기 이를 데 없는 자리를 아무런 정보와 준비 없이 맡게 된 트루먼은 며칠 후 기자들에게 "해와 달, 별, 하늘의 모든 게 쏟아 내려와 나를 짓눌렀다." 는 말로 중압감을 표시했다. 그의 두려움과 당황스러움이 읽혀지는 고백이었다.

중압감은 트루먼 혼자 받았겠지만 두려움과 당황스러움은 미국 국민 모두가 공유하는 감정이었다. "과연 트루먼으로 될 것인가?" 많은 미국인들은 루즈벨트 사후를 걱정했다. 독일의 패망이 예견되고 일본도 곧 독일의 뒤를 따를 것이 분명한 시점이었지만 국회, 워싱턴의 관료 사회, 군부에서는 "이런 세상에, 트루먼이 대통령이라니…!"라는 탄식이 쏟아졌다. 대통령이 책임지고 이끌어가야 할 전후 과제가 산적해 있었기 때문이다. 지난 13년 동안 대공황을 헤쳐 나오고, 전쟁을 승리로 이끈 루즈벨트라는 거인이 비운 자리를 '어쩌다가 대통령이 된' 트루먼이 제대로 지켜낼지를 걱정하지 않을 수 없었던 것이다.

루즈벨트에 의해 테네시계곡개발공사 사장에 임명됐던 데이비드 릴리엔솔(David Lilienthal)은 "신이시여, 우리가 왜 이리도 큰 불행을 감당해야 합니까? 트루먼이 대통령이라고 생각하니 몸이 아파옵니다."라고 일기에 썼다. 릴리엔솔은 나중에 트루먼의 인정을 받아 초대 원자력안전처장이라는 중책을 맡게 되며 트루먼을 앞장서서 지지하게 된다. 독일에 있던 유럽전선의 미군 최고위 장성 드와이트 아이젠하워와 오마르 브래들리, 조지 패튼은 한 자리에 모여 침울한 표정으로 이야기를 주고받았다. 브래들리는 "트루먼이 루즈벨트의 큰 구두를 신고 제대로 걸을 수 있을까 걱정된다."고 말했고, 패튼은 "정치적 이유로 본인도 의도하지 않게 부통령이 된 사람이 미국 대통령이 되었다는 건 정말로 큰 불행"이라고 노골적으로 말했다.[64]

트루먼이 애국자이며 정직하고 매우 상식적이며 용감한 사람이므로 훌륭하고 성실한 대통령이 될 것이라는 사람도, 경험과 정보 부족으로 인해 트루먼의 판단력에 어떤 한계가 없진 않지만 매우 빠른 시간 내에 그런 문제들을 극복해 대통령직을 잘 수행할 수 있을 것이라고 격려한 사람도 없진 않았으나 부정적 견해가 훨씬 더 많았다. 인간성과 정치적 경륜 및 수완은 서로 다른 차원에서 평가되어야 한다고 믿는 사람들이 훨씬 많았던 것이다.

트루먼을 격려한 사람 중에는 앨번 바클리(Alben Barkley) 상원의원과 샘 레이번(Sam Rayburn) 하원의장도 있었다. 상원 이너서클에 트루먼을 회원으로 초대했던 사람들이다. 이들은 트루먼과 아주 친한 사이였지만 그들의 충고와 격려는 정말 뜻 깊었고 트루먼이 오래 간직한 교훈이었다. 바클리는 트루먼이 루즈벨트의 그림자에서 벗어나 명실상부한 국정 책임자가 되려면 "당신 자신을 믿어야 한다. 당신이 당신을 믿지 못하면 국민들도 당신을 믿지 않게 된다. 스스로를 깎아내리는 일은 그만 두라."고 충고했다. 레이번의 충고는 더 길었다. "당신은 여태 수많은 어려움을 겪어왔소. 백악관에서도 어려움에 맞부딪힐 것이오. 내가 좀 오랫동안 봐와서 아는데, 백악관 사람들은 대통령 주위에 장막을 치고 대통령이 정말 만나야 할 사람들을 못 만나게 할 때가 많소. 그게 백악관에서 닥치게 될 첫 번째 어려움일 것이오. 또 특별한 이해관계가 있거나 권력에 미친 사람들이 당신을 왕처럼 모시려 할 것이오. 그들은 당신이 세상에서 가장 위대한 사람이라고 말할지도 모르오. 하지만 당신도 알고 나도 알지만 당신은 그렇지 않잖소?" 바클리가 자신감을 강조했다면 레이번은 겸손을 강조한 충고를

트루먼이 대통령 취임선서를 하고 있다.

보냈다. 레이번 하원의장의 경고는 또 백악관에 '문고리 권력'이 형성
되지 않도록 조심하라는 것이기도 했다.

　　트루먼은 혼자서는 헐렁한 루즈벨트의 구두를 신고 제대로 걸어
갈 수 없다는 걸 누구보다도 잘 알았다. 연방대법원장 주재로 취임선
서를 마친 트루먼은 곧장 국무위원들을 모아놓고 루즈벨트의 과업을
이어나가겠다고 밝혔다. 이어서 국무위원 모두 현직을 유지해달라고
말하고 조언은 모두 감사히 받아들이겠다고 밝혔다. 여러분과 나의

의견은 당연히 다를 수 있지만 결정은 내가 내리며 결정이 내려지면 여러분의 지지가 필요하다고 마무리했다. 여기까지는 누구나 예상했던 행보였다. 그러나 다음날 트루먼이 상원을 방문해 거기서 점심을 하겠다고 말하자 모두가 놀랐다. 대통령이 상원을 방문하는 것은 극히 이례적이었다, 루즈벨트는 필요하면 상원의원들을 백악관으로 불렀지 직접 상원에서 점심까지 먹은 적은 없었다. 트루먼은 놀라는 백악관 참모들에 "그저 친구들을 보고 싶어서."라고 말했다. 하지만 트루먼의 상원 방문은 루즈벨트만큼의 경륜과 지도력, 카리스마가 없는 현실에서 눈앞에 닥친 어려움을 헤쳐 나가기 위해서는 자신이 잘 아는 의회의 도움을 받지 않을 수 없음을 깨달은 결정이었다. 트루먼의 갑작스런 상원 방문을 루즈벨트 치하에서 계속됐던 행정부의 입법부 경시 풍조가 종식되는 신호라고 받아들이는 사람도 있었다. 트루먼은 점심 자리에서 상원의원들에게 이 어려운 직책을 수행하려면 당신들의 도움이 정말 필요하다고 거듭 강조했다.

트루먼은 또 국무위원들에게 국무회의의 안건을 제출케 하고, 참석자들은 누구나 안건에 대해 자유롭게 의견을 발표할 수 있도록 했다. 루즈벨트는 일정과 건강 때문에 국무회의를 자주 열지 않았을 뿐 아니라 열어도 형식적으로 진행했다. 중요한 사항은 관련 장관만 있는 자리에서 별도로 논의했으며 군사 정보도 백악관 지하의 상황실에서 단독으로 브리핑 받았다. 트루먼은 육군 참모총장과 해군 참모총장에게 부통령, 하원의장, 하원이 양당 원내총무 및 국무위원들에게 전쟁의 추이를 설명해서 이들이 가급적이면 언제나 신속하게 전쟁 정보를 알 수 있도록 하라고 지시했다. 루즈벨트의 구두를 신고 넘어지지 않고 멀리 가려면 그럴 수밖에 없었다.

　루즈벨트의 영결식 다음날인 4월 15일 트루먼은 상하원 합동회의에서 첫 연설을 했다. 루즈벨트의 이상을 지켜나가겠다는 맹서로 시작된 트루먼의 연설은 하루라도 일찍 전쟁을 마쳐 막대한 희생을 막아내겠다는 결의로 이어졌다. 일본에 대해서는 루즈벨트가 이미 요구한 대로 '무조건 항복'을 재차 촉구했으며, 전쟁이 끝나면 강력하고 영구적인 국가연합체 구성을 지지해달라고 국민들에게 요청했다. 또 모든 미 국민들에게 루즈벨트가 선언한 고귀한 이상을 달성할 수 있도록 단결로 협력해 줄 것을 호소했다. 15분간 계속된 트루먼은 이 연설로 일단 자신의 능력에 대한 의구심을 씻어내는데 성공했다. 의원들은 연설 도중 17번의 박수로 트루먼에 대한 지지와 격려를 보냈으며, 언론과 시민들도 트루먼의 약속과 약속을 지키려는 단호한 결의를 기쁜 모습으로 받아들였다.

　취임 일주일이 지날 즈음 트루먼은 백악관 대통령 집무실에 공화당 상원의원 대표단을 초청해 상하원 합동연설에 대한 의견을 들었다. 루즈벨트 때는 공화당 의원들이 대통령 집무실에 온 적이 거의 없었다. 루즈벨트가 첫 집권한 1932년 백악관에 와 본 후 처음으로 백악관에 와 본 공화당 상원의원 대표단 단장은 공화당을 대표해서 말씀 드린다며 "우리를 초청해주셔서 감사하며 우리에게도 브리핑을 해 준다면 대통령에게도 유익할 것"이라고 트루먼의 초청에 매우 흡족해 했다.

루즈벨트가 임명한 각료들을 그대로 유임시킨 트루먼은 자신을 혹여 얕잡아 보려는 장관에게는 자신이 대통령임을 분명히 했다. 취임 사흘째인 4월 14일 재무장관 헨리 모겐소(Henry Morgenthau)가 백악관에 들어왔다. 트루먼이 상원의원일 때 면담을 신청하자 이런저런 핑계를 대면서 잘 만나주지 않았던 모겐소는 여전히 트루먼을 얕잡아 보고 이것저것 질문을 던지면서 트루먼을 평가하려 했다. 트루먼은 모겐소가 말을 늘어놓자 "바쁘실 텐데 장관의 시간을 많이 빼앗고 싶지 않다."며 "우선 빠른 시간 내에 미국의 재무상황을 포괄적으로 보고해 달라."고 명령했다. 점잖은 지시 속에서 테스트를 받아야 할 사람은 자신이 아니라 모겐소임을 단호하게 알려준 것이다. 하지만 트루먼은 자신이 잘못했다는 판단이 들었을 때는 곧바로 사과했다. 얼마 후 단행된 소폭 개각으로 법무부 장관에서 물러나게 된 프랜시스 비들(Francis Biddle)이 대통령에게서 모욕을 받았다며 트루먼을 강력히 비난했다. 대통령이 직접 통보하지 않고 측근을 시켜 전화로 경질을 알려온 데 대해 화를 내고 있다는 걸 안 트루먼은 비들을 불러 일처리를 잘못해 미안하다고 사과한 후 정중한 말투로 사임해주었으면 좋겠다고 말했다. 트루먼은 사람 자르기를 싫어하는 성격 때문에 직접 통보하지 않았다고 말했다.

　상하원 합동회의 연설 당일 트루먼은 워싱턴 시내의 아파트에서 백악관 맞은편에 있는 영빈관 '블레어 하우스(Blair House)'로 거처를 옮겼다. 월세를 미리 내기도 했고, 집이 당장 나가지 않으면 월세를 더 내야 한다는 생각에 아파트에 더 머물고 싶다는 생각도 했지만 24시간 따라다니는 30명이나 되는 경호원들과 경찰, 그리고 기자들로 인해 주민들이 피해를 받을까 봐 급한 대로 옷가지만 간단히 챙겨 이사를 했다. 이날 오후 다섯 시쯤 비밀경호원의 경호를 받으며 블레어 하우스로 떠난 트루먼은 가는 길에 모두 적색으로 바뀐 교통신호등이 블레어 하우스 입구에 도착할 때까지 같은 색인 걸 보고 처음엔 당혹해 했다. 비밀경호원들의 요청으로 교통신호 체계가 바뀐 것을 안 트루먼은 통상의 교통신호 체계로 돌리라고 지시했다. 자신도 다른 보행자들이나 운전자들처럼 교통신호를 지키는 게 옳다고 생각했기 때문이다. 그러나 경호원들에게서 대통령 나들이 때 교통신호를 변경하는 것은 대통령 경호가 목적이기도 하지만 대통령이 지나가는 것을 보려고 기다리는 시민들의 안전을 위한 것이기도 하다는 설명을 듣고는 자신의 요구를 철회했다.

　또 어느 날 오후에는 혼자서 백악관을 나와 몇 블록 떨어진 은행을 찾아 나섰다. 자신이야 그저 모자를 찾아 쓰고 문밖으로 나서면 됐지만 이 일대는 약 30분간 큰 교통 혼잡이 일어났다. 트루먼은 은행이 대통령에게 와야 한다는 것을 배웠다. 대통령이 은행에 가는 것이 더 큰 민폐를 가져온다는 걸 알았다.

하루는 측근이 FBI에서 보내온 것이라며 트루먼에게 전화도청 녹취보고서를 한 부 건넸다. 트루먼은 몇 쪽을 읽어본 후 이 보고서가 고작 한 백악관 보좌관 부인의 사생활에 관한 것임을 알고는 이따위 서류를 읽어볼 시간은 없으니 다시는 FBI가 이런 짓을 하도록 승인하지 않을 거라고 말했다. 트루먼은 FBI 국장 에드거 후버(Edgar Hoover)가 이런 일들로 시민의 자유를 위협한다고 생각했다. 후버는 미주리 출신의 FBI요원을 백악관에 보내 FBI에게 원하는 게 있으면 언제든 이 요원을 통해 말씀만 하시면 된다고 했으나 트루먼은 후버에게 "미합중국 대통령이 FBI에게 시킬 일이 있으면 법무부를 통해 요청할 것"이라고 대답했다. 루즈벨트 때와는 전혀 다른 대접을 받게 된 후버는 이후부터 트루먼을 말 그대로 증오했다. 트루먼이 후버를 인정하지 않은 데는 팬더개스트의 몰락에 후버가 큰 역할을 했다고 판단한 탓도 없지 않을 것이다.

3. 트루먼의 결정들

1946년 초 백악관 트루먼의 집무실 책상에는 '모든 것은 내가 결정한다(The buck stops here)'라는 글귀가 적힌 작은 패널이 등장한다. 이 말은 트루먼 어록을 대표한다고 알려졌지만 사실은 트루먼이 처음 만든 게 아니라 포커판에서 이미 널리 쓰이던 말이었다. 여기서 'Buck'은 사슴뿔이다. 포커판에서 무슨 게임을 할지, 판돈은 얼마로 할지를 결정하는 딜러가 누구임을 알려주는 표시로 사용됐으며 자기 차례에 딜러를 하기 싫은 사람은 'Buck'을 옆 사람에게 밀어놓으면 딜러로서의 결정과 결정에 따른 책임을 면하게 된다. 트루먼의 한 측근이 오하이오 주의 한 소년원에서 이 문구가 적힌 패널을 보고 포커를 좋아하는 트루먼을 위해 똑 같은 것을 주문해 트루먼의 책상 위에 올려놓은 것이었다. 트루먼은 카드게임 중에서 포커를 가장 좋아했으며 솜씨도 나쁘지는 않았다.

대통령의 결단을 포커판의 딜러가 패를 돌리는 것과 비교하는 것이 뭐하지만, 트루먼은 대통령일 때 'Buck'이 자기 앞에 놓이면 절대 옆으로 패스하지 않고 대통령의 책무를 다했다. "트루먼은 단 한 번도 담장 위에 걸터앉은 적이 없다. 항상 남보다 먼저 담장 이쪽 아니면 저쪽에 있었다."는 측근들의 말은 결단을 내릴 때 절대 좌고우면하지 않았던 트루먼의 성격을 말해주고 있다.[65] 여론조사에 대한 그의 생각도 그런 성격을 보여준다. 트루먼은 "여론조사 결과를 보고 결정을 하는 것은 아무런 결정을 하지 않은 것과 같다. 대통령은 여론조사 결과를 보고 정책을 결정해서는 안 된다."고 말한 적이 있다. 또 "모세가 이집트에서 유대인들을 끌고 나올 때 여론조사를 했던가? 예수 그리스도가 여론조사를 한 후 설교 제목을 골랐던가? 마틴 루터

172

가 여론조사를 한 후 종교개혁에 나섰던가? 중요한 건 옳고 그름과 리더십이다."라며 여론조사에만 의지하는 풍조를 비웃었다.**66**

그는 준비된 대통령이 아니었으며, 높은 수준의 교육을 받지 않은 보통사람이어서 결정의 과정이 세련되지도 정교하지도 않다는 비판을 받았지만 크게 개의치 않고 자기 기준으로 결단과 결정을 내렸다. 그 기준은 자신이 믿는 바 세계평화에 도움이 되고 미국에 이익이 되느냐, 인류 번영에도 이바지하고 미 국민의 복지에 도움이 되느냐 하는 두 가지 기준이었다. 트루먼이 내린 결단 몇 가지를 살펴본다.

원자폭탄 투하

1945년 5월 히틀러의 권총자살 직후 독일이 항복하면서 유럽 대륙에서의 전쟁은 종결됐다. 트루먼은 전후 독일 처리와 일본과의 전쟁을 끝내는 방안을 논의하기 위해 7월 17일부터 독일에서 시작된 포츠담회담 참석에 앞서 백악관에서 군 수뇌부와 함께 일본 본토 침공에 대해 논의했다. 이날 논의를 바탕으로 1945년 가을에 미군을 일본 규슈에 상륙시켜 작전을 전개하고, 이어 이듬해 봄에 본토에 대규모 침공 작전을 펼친다는 2단계 일본 침공 계획이 수립됐다. 미군이 얼마나 희생될 것인가가 작전의 최우선 고려사항이었다. 이미 유럽에서 40만 명이 희생됐기 때문에 트루먼은 일본에서는 미군 희생을 최소화하고 싶었다. 국방부는 침공 작전 완료시점에 미군 사상자 수는 최소한 25만 명에 이를 것이며 일본인들의 피해는 그 4배 이상일 것으로 추정했다.

트루먼은 일본본토 침공 작전을 승인했지만 이 계획은 원자폭탄의 살상력과 파괴력이 확인되면서 폐기됐다. 트루먼은 포츠담회담 개회 바로 전날인 7월 16일 '오늘 아침 수술 결과, 완전한 진단을 내리기는 힘들지만 현재까지 경과는 기대 이상으로 만족할 만함.'이라는 전문을 받았다. 첫 번째 원자폭탄 실험이 성공적이었다는 보고였다. 이틀 뒤인 18일, 전문이 또 날아왔다. 첫 번째 전문보다 구체적이었다. '의사가 아주 신난 표정임. 아기가 형보다 더 건강함. 눈빛이 얼마나 밝은지 여기는 물론 하이홀드에서도 보일 정도며, 울음소리도 우리 농장에서 들릴 정도로 컸음.'이라고 적혀 있었다. 두 번째 원자폭탄은 폭발 섬광이 250마일 떨어진 곳에서도 보였으며, 폭발음은 50마일 바깥에서도 들렸다는 내용이었다.

원자폭탄 실험 결과를 보고 받은 트루먼은 원자폭탄을 25만 명의 미군 희생을 줄일 수 있는 '신무기'로 생각했다. 이걸로 일본의 무조건 항복을 받아낼 수 있으며 전쟁을 더 일찍, 더 쉽게 끝낼 수 있다고 믿었다. 트루먼은 포츠담에서 쓴 일기에 "맨해튼(원자폭탄)이 그 놈들 땅에 떨어지면 일본 놈들은 무릎을 꿇겠지."라고 썼다. 트루먼은 영국의 처칠과 스탈린에게 원자폭탄 실험 성공을 알리고 일본에 무조건 항복을 요구하는 최후통첩을 보냈지만 일본은 미국을 오히려 비웃었다. 일본은 '본토로 쳐들어올 테면 쳐들어봐라. 우리도 죽겠지만 미군도 죽는다. 공갈과 협박에는 안 속는다.'는 태도였다.

최초의 원자폭탄은 8월 6일 히로시마에 투하됐다. 파괴력과 살상력은 모든 예측은 물론 상상을 초월했다. 폭발 직후에만 8만 명이 사망했다. 연말에는 사망자 수가 15만 명으로 집계됐다. 건물과 가옥의 파괴는 이루 말할 수 없을 정도였다. 무조건 항복을 받아들이느냐 마느냐를 놓고 일본이 시간을 끌자 사흘 뒤인 8월 9일 나가사키에 두 번째 원자폭탄이 떨어졌다. 나가사키에서는 투하 당일 3만8천 명을 포함 모두 8만 명이 사망했다. 일본은 그때서야 천황제를 유지시켜준다면 항복을 고려해보겠다는 의사를 보였으나 말뿐이었다. 미국은 사흘을 기다렸다가 일본에서 다른 반응이 없자 천 대의 폭격기로 도쿄를 맹폭했다. 일본은 다음날 무조건 항복 요구를 받아들였다. 마침내 제2차 세계대전이 끝난 것이었다.

트루먼은 회고록에서 "원자폭탄의 투하 목표와 투하 시기 결정은 나의 임무였다. 착오가 있어서는 안 되었다. 나는 원자폭탄을 하나의 무기로 생각했으며, 이것을 사용함에 있어 어떤 의문도 갖지 않았다."고 썼다. 트루먼은 죽을 때까지 원자폭탄 투하 결정은 자신이 내렸고 단독으로 결정한 것이었다는 주장을 철회하지 않았다. 전쟁을 조기에 종식, 25만 명의 미군 목숨을 구하기 위한 어쩔 수 없는 결정이었다는 말도 빼놓지 않았다. 트루먼의 이 주장은 최초로, 그리고 현재까지는 유일하게 원자폭탄이라는 가공할 무기를 실제로 사용해 인류를 순식간에 절멸시키고 인류의 문명에 종말을 가져올 위협에 직면하게 한 인물이라는 그에 대한 비난의 근거가 된다.

강성 노조에 맞서다

트루먼은 노동자의 이익을 착취하는 대기업의 탐욕을 혐오했지만 그렇다고 항상 노동자 편을 들지는 않았다. 1946년은 벽두에 시작된 철강노조의 파업 위협으로 시작됐다. 트루먼은 "올해는 미국의 경제구조를 새로 짜는 결정적인 한 해가 될 것이다. 올해 우리가 미국 경제에 어떤 모습의 기초를 놓느냐에 따라 향후 수 세대가 먹고 사는 문제가 달려있다."고 말하면서 파업을 막으려 했지만 사태는 진정되지 않았다. 백악관이 마련한 협상 테이블에서 노조는 시간당 임금 19.5센트 인상안을, 사측은 15센트 인상안으로 협상을 벌였지만 결렬되었고 1월 19일 전국 각지의 철강공장에서 80만 명이 일제히 파업에 돌입했다. 파업 규모로는 사상 최대였던 이 파업은 우여곡절 끝에 2월에 종식됐으나 불씨가 완전히 꺼지지는 않았다. 철강노조에 이어 육가공산업, 유리산업, 전화산업, 전력산업에서도 파업이 시작됐다. 각각 수십만 명이 파업에 참여했다. 피츠버그의 한 전력회사 노동자 3천5백 명의 파업으로 다른 산업체 근로자 10만 명이 일손을 놓아야 했다. 전력공급 중단으로 인해 출퇴근 전차가 운행을 중단하고, 사무실 문을 열 수 없었기 때문이다.

뒤이어 4월과 5월에 발생한 석탄노조 파업과 철도노조 파업은 트루먼의 인내심을 시험했으며, 결국에는 트루먼으로 하여금 미국 역사에서 유례를 찾기 힘든 결정을 내리게 했다. 석탄 파업의 경우 트루먼은 경제적 파급효과에 대한 우려와 함께 석탄노조 위원장 존 루이스(John Lewis)에 대한 개인적 반감과 불신 때문에라도 결단을 내리지 않을 수 없었다. 석탄 파업의 최대 쟁점은 석탄 1톤당 5센트씩의 석탄노조 복지기금을 적립하라는 루이스의 요구였다. 트루먼이 이 요구에 대해 적법성을 검토해봐야 하겠다는 견해를 보이자 루이스는 "트루먼이 법에 대해 아는 게 뭐가 있겠어?"라며 코웃음 쳤다. 트루먼은 이미 트루먼 위원회 때 전쟁 중이라도 노조 이익을 위해서는 파업을 할 수 있다는 루이스의 태도에 깊이 분개한 적이 있었다. 그런 루이스가 협상을 위해 백악관을 드나들다가 기자들과 카메라만 나타나면 모든 게 자신이 마음먹기에 달렸다는 오만방자한 태도를 일부러 지어보이자 트루먼은 치를 떨었다. 하지만 루이스가 미워도 방법이 없었다. 국무회의에서 파업을 종식시키기 위한 건설적 방안을 주문해보았지만 각료들은 묵묵부답이었다.

그 와중에 5월에는 철도가 파업에 들어갔다. 철도 파업에는 전국 22개 노조가 참여할 예정이었으나 협상 끝에 20개 노조는 파업을 포기했다. 문제는 끝까지 파업을 고집한 두 노조가 가장 크고 강력한 노조였으며 각 노조의 위원장인 A. 휘트니(A. F. Whitney)와 앨번리 존스턴(Alvanley Johnston)이 트루먼의 정치적 후원자들이었다는 점이었다. 휘트니와 존스턴은 4년 전 상원의원 연임에 나섰던 트루먼이 자금이 없어 쩔쩔맬 때 대대적인 모금운동을 펼쳐 트루먼을 당선시키는데 큰 역할을 했으며, 부통령 후보 지명 때도 이들의 역할은 변함이 없었다. 트루먼은 둘을 백악관으로 불러 파업 중단을 호소해 봤으나 "우리 조합원들이 파업을 원하기 때문에 어쩔 수 없다."는 대답밖에 들을 수 없었다.

5월 23일 오후 4시 정각이 되자 일순간에 전 미국이 마비됐다. 24만 대의 화물차 중 겨우 300량만이 운행됐으며 17만5천 량의 승객열차 중 100량 정도를 제외하곤 전부 멈췄다. 대도시에서는 통근열차 운행 중단으로 수십만 명이 출퇴근 시간에 우왕좌왕했으며, 사막지대 한 복판 간이역에서도 수많은 사람들이 오도 가도 못하게 됐다. 농산물이 썩어가고 석탄 공급이 안 돼 공장이 멈췄다. 유럽으로 보내야 할 구호식량도 보낼 수 없어 2주일 뒤면 수천만 명의 유럽인들이 굶주림에 처할 상황이었다. 백악관에는 불만에 찬 시민들의 항의 전보가 빗발쳤다. '대통령이 왜 가만히 있느냐?', '누가 이 나라를 통치하느냐?', '헌법이 보장한 권력이 있는데 왜 소수의 이익집단에 휘둘리고만 있느냐?', '말은 그만하고 행동에 나서라!', '담대하게 나서라!', '제발 터프해져라!'라는 내용들이었다.

다음날 아침 트루먼은 비상 국무회의를 소집했다. 각료들에게서 철도파업 타개책을 들으려는 회의가 아니었다. 밤새 생각해낸 '대통령의 해결책'을 각료들에게 통보하고 순조로운 이행을 지시하기 위해 소집한 회의였다. 트루먼은 굳은 표정으로 앉아있는 각료들에게 "파업 노조원들을 육군에 징집하기로 결정했다."고 밝혔다. 잠시 침묵이 흘렀으나 법무장관이 "노조원 징집은 대통령의 헌법적 권한을 넘어서는 조치일 수 있다."고 말해 그 침묵은 깨졌다. 트루먼은 법무장관의 지적에 대해 "우선 군대부터 보내놓고 그 다음에 법률적 문제를 검토하자. 파업 중단이 급선무다."라고 말한 것으로 알려졌다.

트루먼은 이날 밤 10시 마이크 앞에 앉아 전 국민에게 자신의 결정을 알렸다. "나는 오늘 밤 미국 시민들에게 우리가 새로운 위기에 처했음을 알리려 합니다."라고 시작된 대국민담화는 "적군의 기습으로 시작된 진주만 위기와는 달리 이번 위기는 미국 시민의 안녕과 복지보다 자신들의 이익을 우선하려는 우리 내부의 몇 사람들로 인해 촉발됐습니다."라는 말로 이어졌다. 트루먼은 "나는 노동자들의 친구이지만 특정인 2명이 미국 경제를 마비시키고 나아가 미국을 파멸시킬 수 있다는 건 상상도 하지 못했습니다."라고 말한 후 "내일 오후 4시까지 파업 노동자들이 일터로 복귀하지 않을 경우 육군 투입 등 모든 수단을 동원해 파업을 종식시키겠습니다."라고 최후통첩을 했다.

5월 24일 오후 4시, 트루먼은 의회에서 파업 노동자들을 징집하겠다는 마지막 수단을 공개했다. 의회연설을 위해 백악관을 출발해야할 시각이었던 오후 3시 35분까지도 파업이 종식될 기미는 보이지 않았다. 4시에 의회 언단에 선 트루먼은 "지난 이틀간 미국은 철도노조의 볼모로 잡혀 있었습니다. 철도노조는 미국의 공업과 농업, 상업은 물론 일반 국민들의 생활을 위협하고 있습니다. 이 파업이 계속되면 어느 누구도 견뎌내지 못합니다. 의회는 정부와 손잡고 파업 종식에 나서야 합니다. 최대한 빨리 이 일을 시작해야 합니다."라고 말했다.

이어 트루먼은 한층 더 엄숙한 표정으로 "대통령에게 파업 참가자들을 군대에 강제 징집시킬 수 있는 권한을 부여하는 임시특별법 제정을 요청합니다."고 자신의 결단을 밝혔다. 바로 그 순간 상원 사무처장이 트루먼에게 다가와 백악관 참모진이 보내온 쪽지를 전달했다. '협상 타결. 대통령이 제시한 중재안을 노조가 수용.'이라는 짧은 글귀가 적힌 쪽지였다. 의원들과 방청석의 시민 모두가 동시에 일어나 오랫동안 환호와 함께 기립박수를 보냈다. 드라마틱한 순간이었지만 트루먼의 엄숙한 표정은 연설이 끝날 때까지 크게 변하지 않았다. 트루먼의 단호함은 이로 인해 더욱 빛났다.[67]

트루먼은 일반 사람들이 생각해온 것처럼 무기력한 대통령이 아니며, 부적절한 대통령이 아님을 보여주는데 성공했다. 판돈이 쌓인 포커판과 비교할 일은 아니지만 국가적 위기에서 "The buck stops here!"를 외칠 수 있는 대통령임을 스스로 입증한 것이다. 언론도 이때는 찬사를 보냈다. 《필라델피아 레코드》는 "트루먼은 미국 대통령에게 던져진 가장 큰 시련을 훌륭히 이겨냈다."고 썼다. 《뉴욕타임스》는 "단호함이 필요할 때 그것을 보여준 트루먼은 알려진 것처럼 평범한 사람이 아니다. 트루먼은 때가 오면 일어날 줄 아는 사람."이라고 논평했다.

　트루먼은 1946년 가을 중간선거 직후 석탄노조 위원장 루이스를 굴복시킴으로 강성 노조에 재갈을 물렸다. 지난 4월 파업으로 트루먼을 곤경에 몰아넣었던 루이스는 다시 파업을 준비하고 있었다. 루이스의 오만불손함에 치를 떨었던 트루먼은 이번에는 루이스를 끝장내겠다고 마음먹었다. 기회는 좋았다. 국민들이 루이스를 경원한 것이 트루먼에게는 힘이 됐다. 국민들은 석탄노조원들의 이익을 위해서라면 나라에 해가 되는 일도 불사한다는 루이스의 태도와 함께 거칠고 뻔뻔스러우며 무례한 그의 성격에 질려 있었다. 파업과 공장 폐쇄를 중지하는 법안에 찬성하는 국민이 절반이 넘을 정도였다. 국민들은 파업 관리를 미국의 가장 큰 과제로 꼽았다.

　트루먼은 정부 관리 시설에 대한 파업을 금지하고 있는 법률에 근거, 석탄노조에 대한 파업금지 강제명령을 법원에 신청하도록 했다. 전쟁은 끝났지만 탄광은 아직도 정부가 관리하는 시설로, 관련 법규에 파업 금지 대상으로 규정되어 있었다. 법원은 이 신청을 받아들여 루이스에게 파업금지 명령을 내렸지만 루이스는 법원 판결을 무시하고 파업에 들어갔다. 법원은 석탄노조와 루이스를 모독죄로 법정에 세운 후 석탄노조에 300만 달러라는 당시로서는 어마어마한 액수의 벌금형을 선고했다. 루이스에게도 1만 달러의 벌금이 부과됐다. 루이스는 대법원 판결을 기다려보겠다며 파업을 철회했다.

흑인 인권 보호

트루먼이 흑인 민권 개선에 중요한 이정표를 마련한 대통령이라는 건 잘 알려지지 않았다. 아마도 "나에게는 꿈이 있습니다."라는 마틴 루터 킹(Martin Luther King Jr.) 목사의 유명한 연설과 워싱턴 행진(1963년), 로자 파크스(Rosa Parks)의 시내버스 흑백좌석분리제도 폐지 운동(1955년) 등 민권운동에 중요한 변혁을 가져온 사건들이 1953년 트루먼 퇴임 이후에 일어났기 때문에 흑인 인권 개선에 대한 트루먼의 기여가 덜 빛나게 된 것으로 보인다.

인종차별이 심했던 미주리주 출신인 트루먼이 민권보장을 강력히 촉구하게 된 배경에 대해서도 궁금증을 가진 사람들이 많다. 어릴 때 하인으로 부리던 흑인 가족과 함께 살았던 트루먼은 나이가 들어서도 흑인들을 '깜둥이(Nigger)라고 불렀고 흑인들을 바보나 멍텅구리로 묘사하는 조크도 즐겼다. 베스와 연애할 땐 "사람은 누구나 다른 사람에게 선할 수 있을 것 같아. 그게 흑인만 아니라면 말이야."라고 말한 적도 있다.

그러나 트루먼은 상원의원 재선에 도전했을 때 선거연설에서 흑인에 대한 형제애를 강조하는 등 당시의 대다수 정치인들보다는 비교적 일찍부터 민권문제에 깊은 관심을 보였으며, 대통령이 되어서는 더 적극적으로, 더 구체적으로 이 문제에 대해 접근했다. 트루먼이 흑인 인권을 과감히 역설하고 나선 것은 영국의 저명한 저널리스트이자 역사

학자인 폴 존슨(Paul Johnson)의 말처럼 '흑백문제를 인종 차원에서가 아니라 정의의 차원에서 접근했기 때문'으로 보인다. 폴 존슨은 트루먼보다 먼저 미주리에서 태어났던 마크 트웨인(Mark Twain)이 '허클베리 핀의 모험'에서 보여준 흑인에 대한 자세를 분석한 글에서 마크 트웨인은 링컨과 마찬가지로 인종에 집착하지 않고 정의에 집착했다고 썼다.[68] 지나친 유추일지 모르겠으나 링컨이나 마트 트웨인, 트루먼은 "신이 인종을 평등한 게 창조한 것은 맞아. 하지만 난 흑인은 별로 좋아하지 않아."라고 생각했다는 것이다.

트루먼은 1946년 7월 한 퇴역 육군 소령의 편지를 받았다. 이 편지에는 제2차 세계대전에 참전했다가 갓 제대해 미시시피주의 고향에 돌아온 지 며칠 지나지 않은 한 젊은 흑인이 백인 시장과 보안관에 의해 부인과 함께 아무 이유 없이 버스에서 끌려내려 무자비하게 구타당한 후 끝내 숨진 사건이 발생했는데도 범인들에 대해서는 아무런 조치가 취해지지 않고 있다는 고발이 담겨 있었다. 트루먼은 곧 법무부 장관에게 '민권조사위원회'를 구성해 흑인 민권 전반에 대한 실태 조사 및 대책 수립을 지시한다. 백악관 참모들과 민주당 지도자들은 트루먼의 이런 조치는 남부 백인들을 자극하는 정치적 자살행위로 귀결될 것이라고 걱정했으나 트루먼은 아랑곳하지 않고 밀어붙였다.

트루먼은 이 위원회가 작성한 보고서를 읽어본 후 47년 6월 미국 최대의 흑인단체인 NAACP 연례총회에 미국 대통령으로는 처음으로 참석해 "모든 미 국민에게 민권을 안벽히 누릴 지유기 보장되어야 합니다."라는 내용의 연설로 흑인 민권 향상을 촉구했다. "아직도 많은 미국 국민이 인종적 모욕에 고통을 겪고 있으며, 집단적으로 행해지는 신체적 위협에서 비롯된 공포에 떨고 있습니다. 모든 악의 근원인 편견과 편협한 사고가 여전히 존재하고 있으며, 미국의 양심과 법률은 민권보장을 강제하고 있지만 공포로부터의 자유와 개인의 권리는 아직 확보되지 않았습니다. 우리는 더 기다릴 수 없으며, 우리 이후의 세대가 이 잘못을 바로잡도록 기다릴 수는 없습니다. 지금 바로 나서야 합니다. 린치(흑인에 대한 백인들의 집단폭행) 금지와 인두세 폐지(이 세금을 내야만 투표권을 행사할 수 있는데 대부분의 흑인들은 감당하기 힘든 액수였다.)에 대한 연방 차원의 조치가 있어야 하며, 교육과 취업에서의 불평등, 인종과 피부색에 따른 계급적 차별도 폐지되어야 합니다."라는 이 연설은 수십 년 전 링컨의 노예해방 선언 이후 흑인민권에 대한 가장 강력한 연설이었다.

트루먼은 이어 48년 1월에 발표한 국정연설(Union Address)에서도 민권보장을 역설했으며, 3주 뒤에는 미국 대통령으로서는 최초로 의회에 '민권에 관한 대통령 교서'를 보내 "연방정부는 개인의 자유와 평등권을 보장할 의무가 있음"을 강조하고 린치 금지, 선거권 보호, 남부 7개 주의 인두세 폐지, 평등고용실천위원회 구성, 열차와 버스 및 항공기 여행에서의 차별 금지, 군대 내에서의 흑백분리 즉각 중단 등의 조치가 필요하다고 역설했다.

트루먼이 이처럼 흑인인권 향상을 촉구하고 나서자 대다수 흑인들의 지위가 여전히 노예나 다름없던 남부에서 대대적인 반발이 발생했다. 트루먼이 지적한 남부 7개주의 민주당 소속 하원의원 52명은 트루먼이 제안한 민권법에 반대할 뿐 아니라 이 법에 찬성하는 사람이 다음 대통령 선거에 출마하는 것도 반대한다고 공개적으로 표명했다. 결국 남부 7개주 민주당 정치인들은 48년 대선을 불과 수개월 앞두고 민주당을 뛰쳐나가 남부민주당(Dixiecrat)을 만들어 민주당 대통령 후보인 트루먼을 큰 곤경에 처하게 만들었다. 이런 측면에서는 트루먼의 흑인 민권보장 촉구가 정치적 부담이 되었다고 할 수 있지만, 48년 대선에서 민주당이 공화당보다 흑인 표를 더 많이 얻었다는 점에서 전략적으로 훌륭한 선택이었다는 평도 있었다.

트루먼의 흑인 민권보장 촉구는 소련과의 경쟁에서 촉발된 어쩔 수 없는 선택이라는 분석도 있다. 소련을 비판할 때 소련의 가혹한 인권탄압을 비판 목록에서 빼놓지 않았던 트루먼으로서는 미국에서 자행되고 있는 흑인들에 대한 인권유린을 눈감을 수 없었다는 것이다. 소련에 대한 미국의 도덕적 우위가 타당성을 가지려면 흑인 인권을 향상시켜야 한다고 생각했다는 주장이다. 나아가, 미국과 소련이 만일 전쟁을 벌이게 된다면 흑인 병사들의 역할과 기여가 필요하기 때문에 흑인들을 유화하기 위해 민권보장에 나섰다는 설도 있다. 트루먼이 흑인들에 대한 차별을 이야기할 때 군 내에서의 인종차별과, 제대 후 고향에 돌아와서도 백인들의 집단폭행에 시달려 사망하거나 부상당한 흑인들이 예를 들면서 "전장에서 목숨을 걸고 미국의 자유와 민주주의를 지켜준 사람들을 집단폭행하는 야만은 사라져야 한다."고 역설한 것이 그런 증거라는 주장이다.

어쨌든 트루먼의 주장은 그 영향이 컸다. 민주당에서 분당한 남부민주당 대통령 후보로 48년 대선에 출마했던 스트럼 서몬드(Strom J. Thurmond) 전 사우스캐롤라이나 주지사는 기자들이 "루즈벨트가 흑인 인권을 보호해야 한다고 주장할 때는 가만있다가 트루먼이 나서니까 당을 뛰쳐나간 이유가 뭐냐?"고 묻자 "트루먼은 한다면 꼭 하는 사람이기 때문"이라고 말했다. 이런 기록에서도 트루먼의 결단력이 확인된다.

트루먼 독트린

트루먼은 소련을 싫어했다. 소련이 싫었던 게 아니라 인권을 말살하고 민주주의와 자본주의를 부정하는 체제는 무엇이든 싫어했다. 상원의원일 때 "소련과 독일이 싸워 서로 많이 죽였으면 좋겠다. 그러나 어느 쪽도 승리하지 않고 둘 다 지면 더 좋겠다."고 말했을 정도였다. 트루먼의 소련 혐오는 "한 명의 죽음은 비극이나 백만 명의 죽음은 통계일 뿐(One man's death is a tragedy, but a million is statistics)"이라던 소련 공산주의와 스탈린의 잔혹함이 알려진 이후부터는 더욱 심해졌다.

트루먼 독트린은 1947년 3월 12일 상하원 합동회의에서 발표됐다. 트루먼은 이 연설에서 당시 그리스와 터키에서 진행되고 있던 위기는 단순한 지역적 위기가 아니라 자유주의와 전체주의 사이의 보다 큰 경쟁의 일부로 규정했다. 트루먼은 "현재 세계 대부분의 국가는 자유가 보장된 민주주의와 자유를 억압하는 공산주의 두 가지 삶의 방식 중 하나를 선택해야만 하게 됐다."고 전제하고 "자유를 억압하는 소수의 무장 세력이나 국가 전복을 시도하는 외부의 압력에 맞서 싸우려는 사람들을 지원하는 것이 미국의 정책이 되어야 한다."고 선언했다. 트루먼은 이어 그리스와 터키에 대한 4억 달러 지원 계획을 의회가 시급히 승인해줄 것을 요청했다. 의회는 지금 당장 지원하지 않으면 그리스와 터키는 물론 서유럽과 중동지역까지 위험해진다는 트루먼의 호소를 받아들여 그리스와 터키에 대한 지원을 승인했다.

트루먼 독트린은 상하원 합동연설 보름 전인 1947년 2월 27일 주영 미국대사관에서 날아온 한 통의 급전에서 구체화됐다. 당시 국무부장관은 조지 마셜 전 육군참모총장이었다. 당일 오후 트루먼에게 보고된 이 급전은 '영국이 재정적 어려움으로 그리스와 터키에 대한 재정적, 군사적 지원을 더 이상 할 수 없어 3월 31일부로 그리스 주둔 영국군 4만 명을 철수하며, 그리스에 대한 일체의 경제 원조를 중단한다.'는 내용이었다.

전쟁을 치르면서 경제가 극도로 피폐해진 영국이 해외 주둔군과 대외원조를 오래 유지하지 못하리란 건 예견된 일이었으나 막상 현실로 닥치자 영국의 공백을 어떻게 메울 것인가가 미국 정부의 절대적 관심사가 될 수밖에 없었다. 정부군이 영국의 지원을 받아 공산 게릴

라와 힘겨운 싸움을 벌이고 있던 그리스는 영국군이 철수하면 고스란히 소련의 손아귀에 들어갈 수밖에 없는 상황이었다. 터키 역시 서방의 장기 원조가 시급히 집행되지 않으면 독자 생존이 절대적으로 불가능한 것으로 분석되고 있었다. 그리스에서 철수한 영국군이 중동에서도 철수할 것은 명약관화한 일이었다. 소련이 터키와 그리스를 장악할 경우 흑해 연안과 중동 일대도 소련 손에 떨어질 확률이 거의 100%였다. 동유럽은 이미 소련의 지배를 받고 있었으며 프랑스와 이탈리아에서도 공산당이 세력을 넓히고 있어 서유럽도 어떻게 될지 알 수 없던 때였다.

트루먼의 지시로 그리스 지원방안을 검토한 국무부장관 마셜과 차관 애치슨(Dean Acheson)은 2억5천만 달러가 당장 필요하다고 결론 내렸다. 트루먼도 이에 동의했으나 소련의 팽창을 막으려면 더 근본적인 대책이 있어야 한다고 생각했다. 마셜과 애치슨도 같은 생각이었다. 소련의 팽창에 대한 우려와 대비책은 사실 이보다 1년 전 처칠(Winston Churchill) 전 영국수상이 그 유명한 '철의 장막' 발언과 주 소련 미국대사관 참사관 조지 케넌(George F. Kennan)이 이른바 '긴 전문(Long Telegram)'을 통해 각각 촉구한 바 있다. 처칠은 46년 3월 미주리 주의 한 대학에서 명예박사 학위를 받는 자리에서 "발틱해 스테틴에서 아드리아해 트리에스테까지 철의 장막이 대륙을 가로질러 드리워져 있다."고 말한 후 "소련의 팽창을 영미 군사동맹으로 억제해야 한다."고 주장했다. 처칠의 이 발언에 약 한 달 앞서 스탈린은 "공산주의와 자본주의는 양립할 수 없으므로 소련은 새로운 전쟁에 대비해야 한다."며 방위물자 생산량을 세 배 늘리고 소비재 생산은 감축하는 내용의 5개년 계획을 발표한 바 있다. 처칠은 스탈린의 이 계획을 공산주의를 무력으로 수출하겠다는 것으로 받아들였다. 이를 막기 위해서는 영국과 미국의 공동 대비가 필요하다는 게 처칠의 생각이었다. 조지 케넌은 '긴 전문'에서 "스탈린의 연설은 권력 강화를 위해 대외적인 두려움을 조장하려는 정치적 목적이 있다."고 전제하고 "미국은 소련이 내부 모순으로 붕괴되기를 기다리는 한편 공산주의를 팽창시키고, 민주적 제도를 붕괴시키려는 소련의 시도를 적극적으로 저지해야 한다."고 주장했다. 트루먼은 처칠의 생각에 동조했으며, 케넌의 보고서를 대소정책의 기본 자료로 활용했다.

트루먼 독트린은 침공 받지 않는 한 중립을 지킨다는 미국의 전통적 고립주의 외교정책을 적극적인 개입정책으로 변경하고 소련과는 냉전체제로 돌입하는 계기가 됐다. 영국, 프랑스, 서독, 이탈리아 등 서유럽 국가들의 경제 부흥을 위해 120억 달러라는 어마어마한 금액을 투입하는 마셜플랜과 소련의 베를린 봉쇄에 맞서 약 1년간 매일 천 대의 수송기를 동원해 2천 톤에서 8천 톤에 이르는 생필품과 식량, 석유와 석탄을 보급하는 베를린 공수작전도 이러한 맥락에서 결정됐다. 미국의 한국전쟁과 베트남전쟁 참전 결정도 마찬가지다. 소련은 냉전체제에서 유발된 미국과의 체제경쟁, 군비경쟁을 이기지 못하고 1991년 결국 몰락하게 된다. 트루먼 독트린에 대한 비판이 없는 것은 아니다. 예를 들어 "시간이 지나면서 미국의 대외정책을 극단적으로 단순화된 냉전의 틀 속에 가두어버리는 결과를 초래했으며 다양한 이해관계를 가지고 있는 국제공산주의에 대한 유연한 정책 혹은 데탕트를 추구하는 것을 어렵게 만들었다."는 비판이 그것이다.[69] 트루먼도 트루먼 독트린을 그냥 밀어붙인 것은 아니었다. 상하원 합동 연설에 앞서 최종적으로 연설문을 검토하던 트루먼은 그리스에 대한 재정 지원이 미국이 유럽의 정치에 본격 개입하게 되는 계기가 된다는 점 등을 심사숙고했다. 참모들도 이 연설이 트루먼의 정치 경력에 매우 중요한 연설이 될 것으로 보았다. 그러나 트루먼은 어떤 사안에 대해 80%밖에 모를 때 나머지 20% 때문에 자신의 결정을 미루지는 않는 성격이었다. 트루먼은 틀린 결정이라도 결정을 안 내리는 것보다는 낫다고 믿는 사람이었다. 팽창을 추구하는 스탈린의 소련은 트루먼에게 자유세계에 대한 엄중한 위협이었다. 트루먼이 세계사를 뒤바꾸는 결단을 내리지 않을 수 없는 상황이었던 것이다.

팔레스타인 분할과 이스라엘 승인

팔레스타인 분할 지지와 이스라엘을 독립국가로 승인한 결정도 역사의 흐름을 바꾼 중대한 결정이었다. 트루먼이 1945년 대통령에 취임한 지 얼마 지나지 않아 당시 국무장관 스테티니어스(Edward

Stettinius)는 대통령에게 팔레스타인 문제는 미국의 국익에 매우 중요하므로 매우 신중히 그리고 장기적인 과제로 다뤄야 한다고 보고했다. 당시 팔레스타인은 국제연맹의 위임을 받은 영국이 관할하고 있었으나 제2차 세계대전이 끝나자 영국은 그리스에서와 마찬가지로 재정문제로 이 지역에서 손을 뗄 생각이었다. 유엔이 팔레스타인 문제를 결정하게 해야 한다는 게 영국의 생각이었다. 팔레스타인 문제의 핵심은 성경에 이스라엘이 있었던 곳으로 표시된 팔레스타인을 남북으로 분할, 북쪽에는 유대인 국가를 수립하고, 남쪽에는 당시 이 지역에 거주하고 있던 아랍인들의 국가를 세운다는 것이었다. 영국은 유대인 지도자 하임 바이츠만(Chaim Weizmann)이 이 방식 — 시오니즘(Zionism) — 을 제안하자 받아들인다. 영국은 제1차 세계대전 중 터키와의 전쟁에서 유대인들의 도움을 받아 터키를 굴복시키고 팔레스타인을 포함한 이 지역을 터키로부터 획득, 지배하고 있었다. 영국이 팔레스타인 분할 문제를 매듭짓지 못한 채 제2차 세계대전이 발발했으며, 전쟁이 끝나자 바이츠만의 방식을 지지하던 유대인 — 시온주의자 — 들은 영국 대신 새로운 강대국으로 떠오른 미국에게 팔레스타인 분할을 지원해줄 것을 요구하고 나섰다.

그러나 팔레스타인 분할은 생각처럼 쉬운 문제가 아니었다. 트루먼이 직면했던 수많은 과제 가운데 가장 고려해야 할 변수가 많았던 분야가 팔레스타인 문제였다. 트루먼은 심정적으로 팔레스타인 분할을 지지하고 있었으나 국무부는 반대했다. 분할을 지지하면 아랍 국가들과 등지게 되고, 궁극적으로는 이 지역에서 생산되는 석유에 대한 통제권을 상실한다는 게 국무부의 고민이었다. 또한 국무부는 분할 후 팔레스타인에서 전쟁이 벌어질 경우 아랍 국가들은 소련에 지원을 요청할 것이며 이는 이 지역에 소련이 개입할 빌미가 된다고 보았다. 국무부는 팔레스타인을 분할해 즉각 유대인 국가와 아랍인 국가를 수립토록 할 것이 아니라 분할은 하되 유엔이 신탁통치하는 방안을 찬성했다.

트루먼은 유대인들에게 심정적으로 동정했다. 전후 많은 미국인들의 생각처럼 유대인은 나치 독일의 홀로코스트 피해자라는 인도주의적 관점이 유대인에 대한 트루먼의 입장에 영향을 미쳤다. 미국인들 가운데는 나치 독일의 무자비한 대학살에서 살아남은 유대인들에게 무언가 '정의로운' 일을 해줘야 한다고 생각한 사람이 많았다. 트루먼도 그런 미국인 중 한 명이었다. 트루먼은 상원의원일 때 1943년 시카고에서 열린 대규모 유대인 집회에서 "나치에서 생존한 유대인들에게 인류가 할 수 있는 모든 일을 해줘야 한다."고 역설한 적도 있다. 대통령이 된 후엔 수용소에서 저질러진 나치의 만행에 대한 보고를 받으면서 분노와 슬픔을 견디지 못해 보고를 중단시키기도 했다. 트루먼이 아랍의 석유를 고려해야 한다는 국무부의 의견에 "팔레스타인 문제는 석유가 아니라 정의의 관점에서 다룰 것"이라며 화를 낸 배경에는 이런 경험이 있었다.

더 현실적인 문제는 곧 다가올 48년 대선을 위해 유대인들의 지지와 정치자금을 확보해야 한다는 것이었다. 유대계 유권자들의 표도 얻어야 했지만 유대인들의 처지를 동정하는 보통 미국인들의 지지를 얻는 것도 중요했다. 유대인을 지지하지 않아 이들의 표까지 공화당으로 넘어가는 상황은 피해야 했다. 트루먼은 "유대계 유권자들은 수백만 명이지만 아랍계 유권자는 그렇지 않다."고도 말했다.

1947년 한 해 동안 백악관에는 10만 통이 넘는 편지와 전보가 쏟아졌다. 미국이 팔레스타인 분할을 적극적으로 지지해야 한다는 내용이었다. 유대인 시온주의자들이 직접 보낸 것도 있고, 이들을 지지하는 보통 미국인들이 보낸 것도 있었다. 천편일률적인 편지가 너무 많이 쏟아지자 트루먼은 한 친지에게 "이제 시온주의자들의 편지가 넌더리난다. 저 편지 뭉치들에 성냥을 확 그어 던져버리고 싶다."라고 말한 것으로 전해졌다. 시온주의자들은 주정부와 지방 정치인들에게도 지지를 호소하고 압력을 넣었다. 그 결과 33개 주에서 팔레스타인 분할을 찬성한다는 결의안이 나왔으며, 40개주 주지사와 54명의 상원의원 및 250명의 하원의원들도 분할에 찬성해달라는 청원서에 서명하게 된다. 또 트루먼을 찾아온 미국 시온주의 지도자들은 자신들의 주장을 내세우면서 트루먼의 책상을 내려치거나 큰 목소리로 트루먼을 면박하기도 했다. 트루먼은 "미국의 시온주의자들은 자기네가 원하는 걸 반대하는 사람들은 모두 적대시하고 있다."고 개탄하고, "저들 역시 권력을 잡으면 자신들이 당한 것처럼 다른 사람들을 잔인하고 비인도적으로 다룰 것"이라고 우려했다. '유대인을 동정하지만 이건 아니잖은가'라는 생각을 갖게 된 것이다. 트루먼은 이런 일들로 인해 시온주의 지도자들을 직접 만나는 건 피했으나 분할에 대한 지지를 철회하지는 않았다.

1947년 11월 말, 유엔은 팔레스타인 분할을 결정했다. 미국이 주도적 역할을 했으며 소련도 분할에 지지했다. 영국은 유엔 결정에 따라 팔레스타인에 대한 모든 책임을 6개월 뒤인 1948년 5월말에 유엔에 이양하겠다고 밝혔다. "히틀러가 저지른 만행의 대가를 왜 우리 아랍인들이 지불해야 하느냐"며 오래전부터 분할 안을 반대해온 이집트 등 아랍 국가들은 "이제 전쟁밖에 남은 게 없다."며 분노를 불태웠다. 국무부는 트루먼에게 팔레스타인에 들어설 유대인 국가를 보호하려면 10만 명의 병력이 있어야 한다는 보고서를 내는 한편 더 이상 분할을 지원하는 행동을 하지 말 것을 건의했다. 마셜 국무부 장관은 "유엔이 불을 끌 능력도 없으면서 중동에서 불장난을 하고 있다."고 엄중하게 말했다. 군인 출신인 마셜 역시 이곳에서 분쟁이 일어나면 석유를 누가 차지하느냐가 승패를 결정하는 결정적 요인이라고 본 것이다. 트루먼이 발족을 승인해 막 태어난 CIA도 분할이 제대로 되지 않을 것이므로 팔레스타인 정책을 재고해야 한다고 밝혔다.

그러나 트루먼은 1948년 5월 시온주의자들이 팔레스타인에 이스라엘을 수립했다고 선포하자 바로 다음날 대통령 자격으로 이스라엘을 승인한다고 밝혔다. 이스라엘이 독립을 선포하기 전 트루먼은 하임 바이츠만을 백악관에서 만나 팔레스타인 현지의 시온주의자들의 생각을 들었다. 원래 시온주의자들을 만나지 않기로 했지만 젊었을 때 남성용품점을 동업했던 유대인 에디 제이콥슨이 간청하자 바이츠만을 만나준 것이다. 45분간의 면담에서 바이츠만은 "팔레스타인의 사막지대를 우리가 맡으면 옥토가 될 것이나, 아랍인들이 차지하면 언제나 황무지로 남아있을 것"이라고도 설득했다. 바이츠만의 이 말 때문만은 아니었겠지만 어쨌든 팔레스타인 문제는 일단락됐다. 트루먼은 국무부 등에 미리 알리지 않고 언론에 먼저 승인을 발표했다는 등의 이유로 계속 이 문제로 시달린다. 트루먼이 이스라엘 승인을 발표한 당일 이집트를 위시한 아랍 국가들은 이스라엘에 선전포고를 했다. 중동이 세계에서 가장 위험한 화약고가 되었다.

12 '소통'으로 이긴 선거-재선 도전과 승리

트루먼이 평생 내린 결정 가운데 가장 용감한 결정은 1948년 대통령 선거 출마였다. 선거 훨씬 전부터 선거 직전까지 치러진 모든 여론조사는 트루먼의 패배를 예상했다. 트루먼의 지지도는 바닥을 치고 있었으며, 공화당 후보로 유력한 인물들을 상대로 한 가상 선거에서도 항상 패배했다. 지지율은 1940년 상원의원 재선에 도전했을 때보다도 낮았다. 당선 가능성이 워낙 희박해 최측근들조차 출마를 만류했으며 심지어는 백악관에서 함께 살던 트루먼의 장모도 사위가 낙선할 거라고 생각했다. 그러나 트루먼은 반드시 출마해야 하며, 출마하면 반드시 승리하겠다고 단언하고 출마를 선언, 승리를 거둔다. 위대한 역전승, 용기 있는 사람만이 거둘 수 있는 승리였다.

반드시 출마해야 한다는 생각은 자신의 정치적 이념이었던 뉴딜 정책을 계속 추진해야 한다는 믿음에서 비롯됐다. 트루먼은 회고록에서 "1948년 대통령 선거에 나서겠다는 개인적 야망은 없었으며 첫 임기(루즈벨트의 잔여임기)를 마치면 백악관을 떠나도 된다는 생각이었다. 그러나 지난 15년간의 민주당 정권이 미국 역사상 가장 성공적인 정권이었지만 아직은 마무리해야 할 과제가 많이 남아있어 출마하지 않을 수 없었다."고 썼다. 트루먼이 남은 과제라고 말한 것은 뉴딜정책의 완성이었다. 트루먼은 제1차 세계대전 직후 미국을 엄습했던 대공황의 공포가 제2차 세계대전 이후에는 되풀이 되지 않도록 하려면 전쟁으로 주춤했던 뉴딜정책의 정신을 부활시켜야 한다고 확신했다. 그것은 서민 삶의 질을 높이는 것이었다. 트루먼은 공화당이 집권하면 이 목표 자체가 사라질 수도 있다고 걱정했다. 트루먼은 공화당은 서민들의 삶을 모르는 정당이며, 부자들의 주머니가 넘치면 그 넘친 부가 아래로 흘러내려 노동자 농민들의 삶두 자연스레 좋아진다는 '낙수효과(落水效果, Trickling Down Effect)'만 믿는 정당이라고 주장했다.[70] 아울러 '작은 정부가 좋은 정부'라는 공화당의 금과옥조도 망상이라고 치부했다.

48년 초 고종누이에게 보낸 편지에서 "대통령 선거에 다시 출마, 소련과 중국 그리고 미국의 특권 기득권층을 억제하려 한다."고 썼던 것처럼 유럽과 아시아에서 점증하는 공산권의 위협에 맞서기 위한 것도 재출마의 이유였다. 트루먼은 자유와 민주주의의 가치를 절대적으로 신봉했기에 동유럽을 거쳐 지중해 연안까지 세력을 확장하려는 스탈린 등 소련 공산주의 지도자들을 혐오하지 않을 수 없었다. 반공주의가 동－서 간의 긴장을 높인다는 진보주의자들의 비판은 뒷전이었다.

개인적으로는 선거에서 뽑힌 대통령이 되고 싶다는 욕심도 있었다. 루즈벨트의 급서로 얼결에 대통령 자리를 물려받은 '자질 부족 대통령'이라는 평가를 국민의 직접적인 심판을 통해 벗어던지고, 워싱턴 정가의 뿌리 깊은 엘리트주의를 자신의 힘으로 부숴버리려고 했다. 맞을수록 투지가 강해지는 트루먼다운 생각이었다. 정치에 입문했을 때부터 자질과 능력에 비해 책임이 무거운 자리를 맡았다는 비판과 비난을 정직과 성실이 뒷받침된 단호한 결단으로 정면 돌파해온 트루먼에게 48년 대선은 마지막이자 일생일대의 도전이었다.

트루먼이 반드시 승리할 수 있다고 단언한 것은 자신의 패배를 확실시한 모든 여론조사가 진정한 민의를 반영하고 있지 않다고 믿었기 때문이다. 실제로 대선 당시 미국의 신문과 라디오 등 모든 매스미디어의 90%가 트루먼에 비판적이었다. 트루먼은 이들 미디어들의 기사나 칼럼 및 해설은 편파적일뿐 아니라 거짓으로 차 있으며 그 배후는 공화당과 기업 등 기득권층이라고 확신했다. 트루먼은 기득권 세력은 언론매체의 기사를 통해 자신을 직접 공격하고 있을 뿐 아니라 광고를 통해서도 자신과 민주당 정부의 각종 경제정책을 일방적 시각으로 공격, 국민의 판단을 오도하고 있다고 보았다. 트루먼은 대통령으로서 자신이 그동안 무엇을 추구했고, 무엇을 추구할 것인가를 국민들에게 사실 그대로 알릴 수 있다면 오도된 여론을 뒤집어 선거를 필승으로 끝낼 수 있다고 확신했다.

1. 악재에 둘러싸인 대통령

1948년 대선을 앞둔 트루먼은 악재에 둘러싸여서 당선 가능성은 지극히 낮았다. 아니 당선 가능성을 따지기 전에 민주당의 대통령 후보로 지명되는 것조차 어려워 보였다. 악재는 한두 가지가 아니었다. 종전 직후 경제가 급격히 나빠지고 있는 가운데 내각과 민주당이 분열했으며, 그 결과 1946년 중간선거에서 공화당이 압승을 거뒀다. 반공주의 천명에도 불구하고 소련의 팽창에 제대로 대응하지 못하고 있다는 공화당 등 일각의 비판과 우려는 국민들 사이에 트루먼의 지도력에 대한 의심을 불러일으켰다. 여소야대의 정국으로 트루먼의 중요한 개혁정책은 번번이 장애에 부딪쳤다. 트루먼은 중간선거 결과로 구성된 80대 의회를 "아무것도 하지 않는 의회"라고 비난했지만 지지도 회복에는 도움이 되지 않았다.

트루먼은 제2차 세계대전이 막바지에 접어들고 승리가 다가오자 무엇보다 경제가 위기를 맞을 것을 우려했다. 우선 실업이 문제였다.

군수물자 생산이 중단 혹은 감축됨에 따라 엄청난 수의 실업자 발생이 불가피했다. 보잉사에서 2만천 명이 해고됐으며 포드자동차는 5만 명을 내보냈다. 전쟁터에서 돌아올 수백만 명의 군인들도 대책이 없는 한 실업자 대열에 들어설 판이었다. 거기다 거의 전 산업 노동자들이 전시 임금통제 폐지를 요구하면서 파업을 벌였으며 기업들은 전시 가격통제를 철폐하라고 압력을 넣고 있었다. 최대의 자동차 업체인 제너럴모터스 노동자 17만5천 명의 파업은 석 달 동안 계속됐다. 전쟁으로 인해 소홀히 했던 각종 소비재 생산도 증가시켜야 했다. 전시 호황으로 인해 가구당 수입은 늘어났지만 살 수 있는 물건이 없었다. 주택, 자동차, 냉장고 등 내구재는 물론 농산품도 크게 부족했다. 시카고에서만 10만 명의 제대군인들이 들어가 살 집이 없어 폐기처분한 전차 속에서 살아야 했다.

이런 암울한 상황이 얽히면서 모두가 대공황으로 이어진 제1차 세계대전 직후의 경기침체를 떠올렸다. 모든 미국인들에게 농민들은 농지를 떠나야 했으며, 노동자들은 일터가 사라지는 아픔을 겪었던 그때의 기억이 아직도 생생하게 남아 있었다. 트루먼 역시 전후 불황으로 남성용품점이 망하고, 그때 진 빚 때문에 고생했던 기억에서 벗어나지 못하고 있었다. 트루먼은 그런 불황을 막으려면 모두가 협동하고 자신의 이익만 추구하는 이기주의에서 벗어나야 한다고 생각했다. 그러나 트루먼의 이런 생각은 실현되지 못했다.

트루먼은 일본의 항복 직후 의회에 21개항의 경제 관련 개혁조치를 취해줄 것을 촉구했다. 실업보상금 인상, 최저임금 인상, 고용촉구위원회 설치, 세제개혁, 농민들을 위한 곡물보험제도 도입, 기업에 대한 정부 통제 1년 연장, 주택건설을 위한 연방 보조금 신설 등이 골자였다. 트루먼의 의도는 즉각 공화당은 물론 민주당 내 보수세력의 반대에 직면했다. 이들은 트루먼의 정책이 너무 진보적이고 사회주의적 색채가 너무 강하다고 보았다. 루즈벨트의 뉴딜정책에 반대했던 보수세력은 루즈벨트의 사망으로 뉴딜도 끝났다고 생각하고 있었다. 그러나 트루먼이 루즈벨트의 뉴딜보다 더 뉴딜적인 개혁 정책을 들고 나오자 놀라지 않을 수 없었다. 노회한 루즈벨트라면 이처럼 한꺼번에 모든 것을 개혁하려고 나서지 않고 하나씩 차례로 들고 나왔을 터인데 '운이 좋아' 대통령이 된 미주리 주 촌뜨기 트루먼이 무더기 개혁에 찬성해달라고 한 것도 마음에 들지 않았다.

얼마 후 트루먼이 국민건강보험을 도입할 것을 촉구했을 때 이들의 반발은 더욱 거세졌다. 이 제도는 급여에서 보험금을 미리 공제하는 것이 골자로 보수주의자들의 사전에는 절대 포함될 수 없는 '강제적' 보험이었다. 트루먼은 이 제도가 실행되면 국민 누구나 지불 능력과 상관없이 필요할 때 치료를 받을 수 있다고 설득했지만 보수주의자들은 극렬히 반대했다. 공화당과 민주당 보수 세력은 트루먼을 주저앉히기 위해 사실상의 연합작전에 들어갔다. 실업보상금 인상안이 먼저 부결됐으며 나머지 실업 관련 법안과 국민건강보험도 같은 처지가 됐다.

트루먼은 자신의 개혁안이 의회에서 거듭 무산되었음에도 불구하고 인기를 떨어트릴 수밖에 없는 정책을 계속 추진했다. '일반군사훈련(Universal Military Trainning)' 계획이 대표적이다. 동유럽과 흑해 주변으로 세력을 확대하려는 소련의 움직임이 갈수록 뚜렷해지자 트루먼은 신체 및 정신적 장애자 등 일부를 제외한 모든 남성들에게 단기간의 군사훈련을 의무화해 이에 대비코자 했다. 트루먼은 "평화는 선의와 선행만으로 유지되지 않는다. 강력한 힘이 뒷받침되어야 한다."면서 국민 설득에 나섰지만 국민들은 받아들이지 않았다. 오히려 전쟁이 끝난 시점에서 징집된 사람들에 대한 동원령이나 빨리 해제하라는 게 당시의 국민 정서였다. 사실 동원해제야말로 종전 후 트루먼의 번민을 깊게 한 가장 큰 과제의 하나였다. 종전 당시 미군 숫자는 천2백만 명이었다. 참전자들과 가족들을 위해서라면 한 명이라도 더 많은 군인에 대해 한시라도 일찍 동원을 해제해야 했지만 과연 미군이 줄어든 상태에서 소련의 팽창을 제어하고, 점령지 독일과 일본을 효과적으로 통치할 수 있을 것인지를 놓고 트루먼은 쉽게 결단을 내리지 못했다. 물론 집으로 돌아온 제대군인들에게 일자리를 줘야 한다는 경제정책적 문제도 있었다.

트루먼이 내각을 장악하지 못하고 있다는 인상을 준 것도 여론에 나쁜 영향을 끼쳤다. 국무장관 번스와 상무장관 월러스가 트루먼에게 대들면서 비롯된 일이다. 트루먼이 아니었더라면 둘 중 한 사람이 지금 트루먼 자리에 있을 수 있었던 사람들이다. 다른 건 차치하더라도 정치적 경력에서 트루먼을 훨씬 앞섰던 이들은 자신들이 트루먼을 따르는 게 아니라 이끌어가야 한다고 생각했을 만한 사람들이었다. 트루먼도 이들이 언제나 자신들의 판단력이 대통령의 판단력보다 뛰어나다고 생각하고 있다는 인상을 갖고 있었다.

번스가 먼저 일을 저질렀다. 1945년 12월말, 모스크바에서 미소 외교장관회담을 마치고 돌아오는 비행기에서 번스는 찰리 로스 대통령 홍보보좌관에게 라디오 방송 시간을 잡아달라고 요청했다. 번스는 라디오를 통해 회담 성과를 국민들에게 직접 발표한 후 대통령에게 보고하겠다고 말했다. 번스가 왜 그런 생각을 했는지는 모르지만 대통령인 트루먼을 무시한 것은 명백했다. 찰리 로스에게서 이 이야기를 들은 트루먼은 공항에 도착한 번스에게 먼저 회담 결과를 나에게 보고한 후 무슨 내용을 어디까지 라디오를 통해 국민들에게 공개할 것인가를 논의하자고 통보, 번스에 대한 '군기잡기'에 나선다.

월러스는 12월 국무회의에서 "현재 미국에 몇 개의 원자폭탄이 있는지 모르며, 알고 싶지도 않다."는 트루먼의 말에 "원자폭탄 보유 현황은 대통령이 반드시 알고 있어야 하는 사안"이라고 면박을 주었다. 예의를 갖춘 발언이었지만 너무 날카로운 지적이어서 트루먼은 "정확한 걸 모른다는 뜻이지 아주 모른다는 게 아니다."고 말할 수밖에 없었다. 루즈벨트 사망 후 대표적 뉴딜주의자로 꼽혔던 월러스가 트루먼을 면박한 것은 당내 골수 뉴딜주의자, 즉 진보주의자들도 트루먼의 지도력에 회의를 품기 시작했음을 알려주는 신호였다.

이보다 앞서, 11월엔 귀국해 있던 주중 미국대사인 패트릭 헐리(Patrick Hurley)가 갑자기 사임하겠다고 발표해 트루먼의 속을 뒤집어놓았다. 헐리는 자신의 생각과는 달리 국무성이 일방적으로 중국 공산당 편을 들고 있기 때문에 사임하기로 했다고 밝혔다. 하지만 불과 한 시간 전에 헐리에게서 중국 문제는 완전히 장악하고 있으며, 가급적 일찍 귀임하겠다는 말을 들었던 트루먼으로서는 기가 막힌 일이었다.

언론은 트루먼을 비난하는 것에서 더 나아가 조롱조로 다루었다. 대표적 보수 언론이었던 《시카고 트리뷴》은 트루먼이 노조, 기업, 진보주의자, 보수주의자, 외교라고 이름 붙인 동네깡패들에게 둘러싸여 매를 맞는 불쌍한 모범생 꼬마로 희화한 만평을 실었다. 역시 보수적 잡지였던 《아메리칸 머큐리》는 "기본적으로 우유부단하며, 언제나 좌고우면하면서 논쟁의 양쪽 당사자들의 눈치나 보는 트루먼은 실망스런 존재이다. 이런 점에서 트루먼은 누구나 미국 대통령이 될 수 있다는 미국의 위대한 신화를 증명한 건 사실이다."라고 혹평했다. 《새터데이 이브닝 뉴스》는 트루먼 행정부를 "특색이 없다는 게 특색"이라고 비꼬았다. 이런 조롱에 비하면 "트루먼이 머리가 모자라는 보좌진을 거느리고 있는 게 문제"라는 당대의 논객 월터 리프먼(Walter

Lippmann)의 칼럼은 매우 점잖은 것이었다.

1946년 2월에 실시된 여론조사에서 독일 항복 직후 87%였던 트루먼에 대한 지지도가 63%로 하락한 건 당연한 결과였다. 이런 추세는 가을 중간선거 때까지 계속됐다. 중간선거가 한 달도 안 남은 10월 첫 주의 트루먼 지지도는 40%대로 떨어졌으며 그 다음엔 32%로 하락했다. 공화당은 트루먼의 모든 것을 공격했다. 보수 언론들의 공격도 가열됐다. 《시카고 선》은 트루먼이 눈이 튀어나온 채 기진맥진한 모습으로 머리가 아프다는 모습으로 한 손을 머리 위에 올려놓고 "다음엔 뭔 일이 일어날까?"라며 자문하는 만평을 실었다. 《타임》은 "세계는 트루먼 때문에 골치를 앓을 것"이라고 썼다. 남부 지역을 근거로 하는 민주당 보수 세력도 트루먼을 흔들었고, 월러스 등 뉴딜주의자들도 트루먼에게서 완전히 등을 돌렸다. 월러스 못지않은 골수 뉴딜주의자였던 해럴드 익스(Harold Icks) 전 내무부장관은 공공연히 트루먼을 '바보'라고 불렀다. 현직 대통령이 이처럼 노골적으로 풍자와 조롱의 대상이 되고 모독을 받게 되자 트루먼의 정책과 노선을 옹호했던 민주당 정치인들조차 트루먼이 선거운동 지원에 나서는 걸 기피했다. 유세에서 트루먼보다는 루즈벨트의 업적을 언급하는 것이 득표에 도움이 된다고 생각하는 사람들도 있었다.

이 같은 상황에서 치러진 가을 중간선거에서 트루먼과 민주당의 패배는 누구나 예견할 수 있는 것이었다. 선거 결과 공화당은 하원 246석, 상원 51석을 얻어 각가 118석과 45석을 얻은 민주당을 눌러 대공황 이후 처음으로 승리를 거뒀다. 80대 의회는 여소야대 정국으로 출범했다. 트루먼의 개혁정책 앞에 놓인 장벽은 전보다 훨씬 커지고 두꺼워졌다.

2. 당신들은 민심을 모른다 - 정면 돌파

'절이 싫으면 중이 떠나야지.'라는 속담은 결단을 내릴 때 흔히 사용된다. '같이 못 하겠으니 나가라.'라고 하고 싶을 때 쓰기도 하고, '같이 못 하겠으니 나가겠다.'라고 통고할 때 쓰기도 한다. 대통령 후보 지명을 위한 48년 7월의 민주당 전당대회가 다가오면서 트루먼은 "부엌이 뜨거우면 뛰쳐나가라(If you can't stand the heat, you better get out of the kitchen)"라는 미주리 속담을 자주 입에 올렸다. 자신을 뒤흔드는 민주당 내 반대세력에게 보내는 통고였다. "당신네들 도움 없이 나 혼자 해보겠다."는 정면 돌파의 결단을 그렇게 표명한 것이었다.

당내 반대 세력은 크게 두 갈래였다. 하나는 흑인민권법에 반대한 남부의 민주당 보수파였고, 다른 하나는 노동조합까지 탄압(?)하는 트루먼의 정책이 루즈벨트가 주창한 뉴딜과는 거리가 먼 것이라고 몰아붙인 소위 '정통 뉴딜주의자'들이었다. 루즈벨트 대통령의 둘째 아들 지미 루즈벨트는 48년 초 자신의 근거지인 캘리포니아 LA에서 열린 민주당 모임에 참석, 트루먼 지지자들의 연설을 방해하고 트루먼 대신 전쟁 영웅 아이젠하워를 민주당 후보로 옹립해야 한다고 촉구한 것을 시작으로 반 트루먼 운동에 나섰다. 아이젠하워는 국민들 사이에 인기가 워낙 높아 후보 지명 경쟁에 나선다면 트루먼의 패배는 너무나 분명했다. 트루먼 역시 아이젠하워가 대통령이 되면 국민통합과 개혁정책 추진에 도움이 되리라고 보고 직간접적으로 그의 의중을 두어 번 타진해보았으나 정치에는 뜻이 없다는 말만 들은 바 있다. (아이젠하워는 1952년 대선을 앞두고도 어느 당의 후보로도 나서지 않겠다고 말하다가 마지막에 공화당 후보 지명전에 나서 대통령에 당선된다. 트루먼은 아이젠하워의 이런 행보를 보고 그를 더 이상 믿지 않게 되며 이후 두 사람 사이엔 깊은 불신과 증오감이 쌓이게 된다.)

지미 루즈벨트는 아이젠하워가 대통령 후보 지명전 출마를 거부했음에도 불구하고 전당대회 불과 이틀 전날까지도 캘리포니아 민주당 간부들을 설득, 전당대회에 참석할 민주당 대의원 천5백여 명에게 이이젠히위를 지지히리는 전보를 보내도록 히는 등 반 트루먼 운동을 포기하지 않았다. 뉴욕에서 활동하던 지미의 형 프랭크린 루즈벨트 주니어도 뉴욕의 진보주의자들을 대상으로 동생과 같은 행보를 보였다. (이들의 어머니, 엘리노어 루즈벨트 역시 처음엔 트루먼의 재선 출마를 탐탁지 않게 생각하다 트루먼 지지로 돌아선 후 아들들을 설득하려 했으나 실패했다.)

아이젠하워 옹립에 실패한 트루먼 반대세력 일부는 결국 민주당을 뛰쳐나가 '진보당'이라는 새로운 정당을 만들어 트루먼 내각에서 해임된 헨리 월러스를 대통령 후보로 지명하고 트루먼에게 맞선다. 남

토마스 듀이

부 보수파 역시 분당을 감행하고 '남부민주당'을 창당하고 인종차별로 이름을 떨쳤던 사우스캐롤라이나 주지사 스트롬 서먼드를 대통령 후보로 지명한다. 트루먼은 이들을 '부엌이 뜨거워 뛰쳐나간 자'들로 치부했다.

반대 세력이 분당해 나가면서 트루먼은 압도적 지지로 민주당 대통령 후보로 지명됐지만 민주당의 사기는 극도로 저하된 상태였다. 트루먼 본인 외에 누구도 트루먼이 11월 본선에서 공화당의 토마스 듀이(Thomas Dewey) 후보를 이길 수 있을 것이라고 예상하지 않았다.

트루먼보다 열여덟 살이나 젊은 토마스 듀이는 검사로서 톰 팬더개스트와 같은 부패한 정치보스들을 처단하면서 정치적 이력을 쌓아왔으며, 유권자가 가장 많은 주인 뉴욕 주의 주지사를 지낸 화려한 스펙의 경쟁자였다. 듀이는 4년 전 대선에도 공화당 후보로 출마해 루즈벨트에게 근소한 차이로 패배했었다. 그러한 듀이가 민주당도 장악하지 못한 무능한 트루먼에게 질 리가 없다는 게 절대적 예측이었다. 선거는 하나마나한 것이라고 쓴 신문들도 있었다. 사실 트루먼은 여론조사에서 듀이를 이겨본 적이 한 번도 없었다. 대통령 후보로 지명되기 전에도 밀렸고, 선거전 중간과 선거 직전 여론조사에서도 언제나 듀이에게 큰 차이로 지고 있었다. 한 유명 여론조사기관은 선거 두 달 전에 "더 이상의 여론조사는 무의미하다. 듀이의 승리가 뒤집어지는 기적은 일어나지 않는다."며 여론조사 중단을 선언하기도 했다. 가장 영향력 있는 여론조사 기관인 갤럽도 2주일 전에 여론조사를 중단했다. 워싱턴 정치인들은 트루먼이 있는 자리에서도 차기 듀이 내각에 대한 하마평을 쏟아냈다. 당 내외에서 트루먼이 레임덕이 됐다는 수군거림이 그치지 않았다.

마가렛 트루먼은 아버지에 대한 전기『해리 트루먼(Harry Truman)』에서 "아버지는 35년간의 정치 경력에서, 평생 계속해 온 역사 공부에서 '공격'이야말로 모든 선거 승리의 기본 요소임을 잘 알고 있었다."고 썼다.[71] 마가렛의 말처럼 트루먼은 공화당과 듀이에 대한 끊임없는 공격으로 승리하게 된다.

대통령 후보지명 수락연설부터 공격적이었다. 단상에 나선 트루먼은 당원들의 흥분이 가라앉을 때까지 한참 기다린 후 힘찬 목소리로 연설을 시작했다. "나는 가을 선거에서 반드시 공화당을 꺾을 것입니다. 공화당도 내가 이기는 걸 좋아하게 될 것입니다. 여러분들은 내가 이렇게 말한 것을 반드시 기억해주시기 바랍니다."라는 첫 마디는 공화당에 대한 계산된 공격이었다. 오랫동안 당 내외 누구에게서도 농담으로라도 승리를 점치는 말을 들은 적이 없던 대의원들은 트루먼의 확고한 자신감과 거칠고 공격적인 발언에 박수와 환호를 보낼 수밖에 없었다. 트루먼은 이어 20분간에 걸쳐 자신과 민주당이 이길 수밖에 없는 이유를 당원들에게 설명했다. 공화당이 장악한 80대 의회가 민생을 돌보는 데 실패한 이유와 루즈벨트 이후 15년간 민주당 정권이 서민가정과 노동자, 농민들의 삶의 질을 얼마나 개선했는가에 대한 설명은 곧 바로 공화당에 대한 공격이자 당원들의 투지를 불태우고 사라졌던 자신감을 불러일으키는 불쏘시개였다. 트루먼이 연설 말미에 12일 뒤인 7월 26일까지 '물가상승 억제에 관한 법안과 주택건설촉진을 위한 법안 통과'를 의회에 촉구한 것은 공화당에 대한 공격의 절정이었다. 트루먼은 80대 의회를 장악한 공화당은 자신과 민주당을 흔들기 위해 서민생활 안정에 꼭 필요한 양 법안 통과를 미루고 있다며, 통과시키려고 마음먹으면 12일이면 충분하다고 연설했다.

트루먼은 이미 48년 1월 초 의회에서 행한 국정연설(Union Address)에서 사방에 쌓인 악재를 공격적인 자세로 정면 돌파하기로 한 의지와 전략을 확실히 드러냈다. 트루먼은 이 연설에서 건강보험 도입, 주택공급 확대, 교육지원비 증액, 농촌 지원, 자원 절약, 최저임금 60% 인상, 물가인상에 따른 저소득층 세금 경감 등 일련의 개혁 법안의 입법을 의회에 재차 요구했다. 모두 공화당 등 보수파들이 반대하는 것들이었으며, 건강보험 도입은 이미 의회에서 한 차례 부결된 적이 있었다. 물론 공화당은 트루먼의 정책은 받아들일 수 없는 것이라고 즉각 반대하고 나섰다. 학자들이 나서고 언론이 가세하면서 개혁이 대통령 선거전에서 가장 중요한 쟁점으로 부상했다. 트루먼이 국정연설에서 "우리의 첫 번째 과제는 모든 미 국민들에게 가장 기본적인 인권을 보장하는 것"이라며 흑인인권보장의 중요성을 역설하고 이에 대한 대통령 교서를 곧 의회로 보낼 것이라고 밝혀 남부 민주당 보수 세력을 물 끓듯 들끓게 한 것은 앞에서 본 바와 같다. 트루먼은 이런 공격적인 자세로 민주당이 공화당에 몇 표 차이로 질 것인가만 관심이었던, 즉 쟁점이 없었던 선거에서 선거 쟁점을 만드는 데 성공했으며 선거 운동 기간 중에도 이 쟁점을 계속 물고 늘어진다. 공화당을 자신의 싸움터로 불러내는 데 성공한 것이었다.

유권자들과의 직접적인 '소통'은 '공격'과 함께 트루먼 선거운동의 기본 전략이었다. 9월 들어 선거전이 본격화되자 트루먼은 그 유명한 '간이역 유세(Whistle Stop Campaign)'로 본격적인 판세 뒤집기에 나선다. 트루먼은 전당대회가 열리기 전인 6월에 기차로 워싱턴과 캘리포니아를 왕복하면서 간이역 유세 전략이 자신의 정견을 유권자들에게 더 깊이 있게 전달하고, 공화당을 공격하는데 훨씬 더 효과적임을 확인한 바 있다. 2주 동안 18개 주에 걸쳐 9,500마일에 걸친 이 여행에서 트루먼은 300만 명 이상을 상대로 73번이나 연설을 했다. 연설을 하면 할수록 트루먼은 국민들과의 소통은 직접적일수록, 그리고 그 기회가 더 많을수록 더 큰 지지로 연결된다는 확신을 얻었다.

캘리포니아 왕복 여행은 UC 버클리(캘리포니아 버클리 주립대학)에서 명예박사학위를 받기 위한 것이었다. 트루먼과 보좌진들은 40여 명의 수행 기자들과 함께 대통령 전용열차인 '퍼디낸드 마젤란(Ferdiand Mazelan)호'를 타고 워싱턴을 출발, 북부 지역을 거쳐 캘리포니아에 갔다가 돌아올 때는 남부와 중부 지역을 거쳐 돌아오는 여정으로 여행 계획을 짰다. 사방이 꽉 막힌 워싱턴과 백악관을 떠나 미국의 구석구석을 구경하고 사람들 사는 모습도 보면서 머리를 식히겠다는 여행 목적을 놓고 당 내외에서 "위급한 시기에 한가하게 여행을 한다는" 비판이 일기도 했지만 결과적으로 트루먼의 재선에 큰 도움이 된 여행이었다.

대통령 전용열차가 선 곳에는 대도시든 아주 작은 시골 간이역이든 많은 사람들이 미리 나와 기다리고 있었다. 간이역에는 기껏해야 천 명 정도가 모여 있었지만 그 지역 기준으로는 마을 사람 전부 나온 것이나 다름없었다. 대통령 얼굴이나 한 번 보자는 시골사람들이었다. 트루먼은 이른 새벽이건 한밤중이건 기차가 서면 반드시 밖으로 나와 모여 있던 사람들에게 미소를 띤 얼굴과 함께 손을 흔들면서 나타나 시간이 허락하는 대로 즉흥 연설을 했다. 민주당 출신 지역 정치인들이 인사 차 기차에 오르면 한 명도 빠짐없이 악수하고 등을 두드리며 청중들에게 소개해 서로가 정치적 동반자임을 과시했다. 한 번은 밤중에 어느 작은 마을 간이역에 도착했다. 한밤중인데도 수

백 명이 기다리고 있다는 말을 들은 트루먼은 파자마와 가운 차림으로 기차 밖에 나와 "깜빡 잠이 들어 미안하오. 여러분들이 내가 어떤 모습인지 궁금해할 것 같아 입은 그

트루먼이 1948년 콜로라도 덴버 부근의 간이역 유세장에서 한 소녀와 이야기를 나누고 있다.

대로 나왔다오. 잠옷 입고 밤중에 어디 가냐고요? 암, 버클리로 학위 받으러 가는 길이라오."라는 농담으로 시작된 짧은 연설을 마치고 떠나기도 했다. 물론 시카고나 시애틀, 로스앤젤레스 같은 대도시에서는 수만 명이 모인 운동장에서 연설했다.

　트루먼의 여설은 언제 어디서 하느냐에 따라 시작은 달랐지만 결론은 거의 같았다. "80대 국회는 아무 것도 한 것이 없다. 꼭 필요한 개혁인데도 발목을 잡고 있다. 10분이면 통과될 개혁 법안을 아무 이유 없이 몇 달째 깔아뭉개고 있는 게 80대 국회다."라고 의회를 비판한 후 "여러분이 지난 중간선거에서 너무나 많이 기권한 바람에 의회가 저 꼴이 된 것이오, 공화당 판이 됐단 말이오. 자, 여러분! 다음 선거에서는 어떻게 할 겁니까? 의회를 저대로 내버려둘 거요?"라는 식이었다. 청중들 사이에서는 박수가 쏟아지고 발을 구르는 소리가 이어

졌다.

여행이 계속될수록 청중은 늘어나고 반응도 더 열광적이었다. 트루먼은 "자, 여러분! 우리 미국을 저 소수 특권층 집안 출신 사람들에게 맡기겠소, 아니면 여러분과 같은 보통 미국 국민들에게 맡기겠소?"라고 묻곤 했는데 흥분한 청중들은 주먹을 높이 들고 흔들면서 "해리, 전부 지옥에나 보내버려!'Give'em Hell, Harry!'"라며 큰 소리로 열광했다. 이후 'Give'em Harry!'는 트루먼 선거운동에서 빠지지 않는 구호가 되었다. 트루먼은 청중들이 보인 열화 같은 반응의 의미를 깊이 생각했다. 어쩌면 일반 미국인들의 저런 반응이 다음 대선을 판가름할 것이며, 선거유세에서도 이런 반응을 이끌어내면 승리가 가능하리라는 생각에 이르렀다. 워싱턴을 떠난 지 두 주일 만에 백악관에 돌아온 트루먼의 얼굴은 햇볕에 타 콧등이 벗겨지고 입술은 갈라졌지만 떠날 때보다 훨씬 더 활기가 넘치고 있었다. (간이역 유세는 트루먼의 등록상표처럼 알려졌지만 사실 이름을 붙여준 것은 공화당이었다. 공화당의 중진이었던 로버트 태프트 상원의원은 트루먼이 간이역 연설로 붐을 일으키기 시작하자 "시골 간이역에서 촌스러운 말로 국회의 권위를 깎아내리고 있다."고 트루먼을 비난했다. 이 말을 들은 트루먼은 다음부터 멈춘 곳마다 "여러분! 공화당은 여러분이 모인 이곳을 시골 간이역이라는 말로 여러분과 나를 무시하고 있습니다. 이게 공화당입니다."라는 식으로 공화당 공격에 이용했다.)

3. 뒤바뀐 챔피언과 도전자 - 대역전승

11월의 선거 결과를 미리 말하자면, 트루먼의 대역전승이었다. 트루먼은 28개 주에서 303명의 선거인단을 얻어 16개 주에서 189명을 얻은 듀이를 눌렀다. 일반 유권자 득표수는 트루먼 2,410만 표, 듀이 2,197만 표로 210만 표 차이였다. 트루먼을 빼고는 누구도 예상하지 못한 압도적 승리였다. 남부민주당의 서몬드는 남부 4개 주에서 고작 39명의 선거인단 표를 획득했으며, 진보당의 월러스는 한 곳에서도 이기지 못했다.

트루먼이 판세를 뒤집고 승리할 수 있었던 요인은 무엇인가? 무엇이 불가능했던 것을 가능한 것으로 바꾸었는가? 무엇보다 간이역 유세를 통해 유권자들과 직접적인 '소통'의 기회를 늘린 것이 트루먼 승리의 가장 큰 요인이었다. 간이역 유세에는 크게 두 가지 이점이 있었다. 첫째는 유세에 모인 청중의 규모가 작아 연설 내용이 방해받지 않고 제대로 전달될 수 있었다는 점이다. 수만 명의 청중이 모인 집회에서는 박수 소리, 환호성, 잡담에 파묻혀 연설이 제대로 전달될 수 없었다. 둘째는 간이역 유세에서는 소련문제, 중국문제 등 외교문제는 물론 국내 정치에 대해 정교한 언급을 하지 않아도 되었다는 점이다. 그냥 80대 국회를 평범한 말투로 공격하고 비판하면 되었기에 짧은 시간에 유세를 마치고 다른 지역에서 더 많은 유권자들을 만날 수 있었던 것이다.

간이역 유세를 마치고 워싱턴으로 돌아온 트루먼 가족

　듀이도 기차로 유세 여행을 다녔지만 여행의 거리와 연설 횟수, 연설 내용에서는 크게 차이가 났다. 9월 17일부터 33일간 계속된 간이역 유세에서 지구 한 바퀴와 맞먹는 3만2천 마일을 다니면서 356번 연설을 하고 천5백만 명을 상대로 유세를 펼친 트루먼에 비해 듀이의 여행은 이보다 훨씬 짧았으며, 멈춘 곳도 당연히 적었다.

　연설 방법과 연설 내용에서도 큰 차이가 있었다. 트루먼의 연설은 교과서에 실릴 만큼 명연설도 아니었고, 연설 내용도 6월의 캘리포니아 여행 때와 대동소이했다. 연설 앞부분 절반은 도착한 지역의 풍

광과 역사, 인물들에 대한 일상적인 이야기를 펼친 후 나머지 절반에서는 공화당과 보수 세력, 기득권층에 대한 공격으로 청중들의 호응을 이끌어냈다. 때로는 젊을 때 농사를 지었던 경험을 그대로 털어놓기도 했으며, 사업에서 실패한 이야기도 펼쳐 놓았다.

간이역 유세 연설은 언제나 즉흥 연설이었다. 처음 대통령이 됐을 때 트루먼은 대통령의 발언은 역사에 기록되는 것이라는 생각에 (실수를 피하려고) 미리 준비한 원고를 읽는 것으로 연설을 대신했다. 이런 방식으로 실수는 피할 수 있었으나 청중들의 반응을 이끌어낼 수는 없었다. 목소리가 좋은 것도 아닌데다 낭독할 때면 유달리 단조롭고 생기 없는 어조 때문이었다. 트루먼이 연설문 읽기를 포기하고 즉흥 연설로 청중들과 소통하기로 한 것은 48년 4월에 있었던 전미신문편집자회의 초청 연설이 계기였다. 이날도 미리 준비한 원고를 전국의 내로라하는 언론인들 앞에서 열심히 읽었지만 다른 때와 마찬가지로 형식적인 박수만 받았을 뿐이었다. 그러나 언론인들의 반응은 트루먼이 원고를 다 읽은 후 테이블로 돌아가지 않고 평소의 목소리와 톤으로 국내외 정세에 대한 자신의 생각을 털어놓자 금세 달라졌다. 격해야 할 때는 격하고, 침착해야 할 곳에서는 금세 침착해지면서 자신의 생각을 진솔하게 토로하는 트루먼의 연설에 언론인들은 박수와 찬탄을 연이어 쏟아냈다. 이 즉흥 연설은 트루먼이 알려진 것보다 훨씬 많이 읽고 깊이 생각하는 정치인임을 알리는 계기도 되었다.

준비한 연설보다 즉흥 연설에 청중들이 더 크게 호응하는 걸 본 트루먼은 이때부터 짧은 연설은 아무 준비 없이, 긴 연설은 요점만 메모해서 단상에 섰다. 그럼에도 연설 도중 말을 잇지 못하거나 어색하거나 생뚱맞은 표현으로 앞뒤 안 맞는 연설을 한 적은 없었다. 오히려 그는 자유자재로 유머와 위트를 섞어 청중들을 '들었다 났다' 했다. 예를 들면 이런 식이었다. 주택이 부족해 서민들의 주거 문제가 심각해진 것을 두고 공화당에게 책임이 있다고 맹폭격을 퍼붓고 나서는 "자 여러분들! 이번 선거에서 나를 찍으시오. 그러면 여러분이나 나나 서로 집 걱정은 안 해도 되지 않겠소? 여러분은 이사 갈 집이 생길 것이고 나는 백악관을 안 나와도 되니까 말이오."라고 연설을 마무리했다. 또 농촌 지역에서는 "내가 젊을 때 농사를 지었는데, 밭고랑 똑바로 갈기는 내가 일등이었소. 그런데 문제는 경기에 나온 사람과 심판이 한 사람밖에 없었다는 거요. 우리 어머니가 그 심판이었소."라고 말해 농민들이 웃음을 터뜨리게 했다.

트루먼이 어디서나 처음부터 환영받은 것은 아니다. 전통적인 공화당 강세 지역이나 인종차별이 뿌리 깊은 지역에서는 야유와 휘파람이 먼저 트루먼을 맞았다. 이런 곳에서도 트루먼은 태연히 연단에 서서 야유가 계속되도록 기다리다가 "자, 나도 한 마디 좀 해봅시다."면서 청중들의 기대와 현지 실정에 맞춘 이야기로 연설을 시작, 청중들의 마음을 열었다. 부근에 군수공장이 있는 곳이라면 "내가 트루먼 위원회를 해보면서 안 건데, 전쟁 때 저 공장에서 제대로 일을 해주었기에 우리가 전쟁에서 이긴 것 아니겠소? 다 여러분 덕인 걸 잘 압니다."고 하거나, 그런 이야깃거리조차 없는 곳에선 "우리 할아버지가 젊을 때 할머니랑 눈이 맞았는데 장모될 분이 반대해서 도망을 쳐 살림을 차린 거 아시오? 그런데 그 처가 쪽이 11대 타일러 대통령 집안이었소. 내 몸에는 대통령 집안의 피가 흐른단 말이오."라는 식으로 이야기를 풀어나갔다. 텍사스 같은 인종차별 지역에서는 정면으로 인종차별에 맞섰다. 유세장에 나타난 흑인들과 악수를 하면서 흑인들에게도 백인과 똑같은 권리가 있다고 말해 그렇지 않아도 험했던 분위기를 더 긴장시켰는가 하면, 운동장 같은 곳에서 유세를 할 때는 당시 관행을 무시하고 흑백을 구분하지 않고 자리에 앉히거나 무료로 입장시켰다.

인간적 따뜻함도 트루먼 유세 연설의 장점이었다. "당신들 사정을 내가 잘 아오. 나도 당신들과 같은 서민 출신이라오. 나도 잘못한 게 없지 않지만 공화당 잘못이 더 큰 것 아니오? 물론 전번 중간선거에서 공화당을 찍거나 기권한 여러분들 잘못도 있기 하지만 말이오. 그러니 다음엔 나를 밀어주시오. 한 번 잘 해보리다."라는 트루먼의 평범한 서민적 말투는 대학교수 같은 말투의 듀이 연설보다 훨씬 더 청중들을 감동시킬 수 있었다. 트루먼이 유머와 위트로 생동감 넘치는 즉흥 연설로 한 발 한 발 유권자들의 마음을 열어갈 때 듀이는 사전에 준비한 원고를 읽고 있었으며 내용도 지루하고 판에 박힌 이야기로 가득했다.

인간적 따뜻함은 연설 내용에서만 아니라 청중들, 즉 유권자들을 대하는 태도에서도 드러났다. 트루먼은 새벽이건 밤중이건 간이역에 도착하면 짧게라도 연설을 하고 다음 행선지로 떠났다. 연설을 마친 후엔 반드시 "우리 식구들 한 번 만나보시겠소?"라고 물어본 후 부인을 불러내 "미즈 트루먼입니다. 우리 집에선 나를 마음대로 부리는 대장이지요!"라고 소개했으며, 딸 마가렛을 소개할 때는 "우리 집 대장을 마음대로 부리는 진짜 대장이랍니다."고 말하고는 세 사람이 서로 손을 꼭 잡아주는 가족적인 모습을 보였다. 하지만 듀이는 군중이 기다리는데도 그대로 지나친 곳이 많았으며 부인을 그런 식으로 소개하지도 않았다. 어떨 때 듀이 부인은 간이역에 도착했는데도 차창의 커튼을 내려놓아 얼굴을 보러온 사람들을 실망시키기도 했다. 콧수염을 기른 듀이의 모습은 '검사다웠으며' 귀족적이었다. 언론인 데이비드 할버스탬(David Halberstam)은 "얼음처럼 쌀쌀맞은 듀이의 모습은 직관적이고 따뜻한 인간미가 요구되는 대통령 후보에게 마이너스로 작용했다."고 분석했다.[72]

돈은 이번에도 부족했다. 듀이의 승리가 확실해 보인다는 마당에 모금이 제대로 될 리 없었다. 미국 최대 부호의 한 명이었으며, 그 동안의 선거에서 민주당의 돈줄 역할을 마다하지 않아온 조지프 케네디는 트루먼을 외면했다. 조지프 케네디는 유럽과 아시아에서 소련의 팽창을 적극적으로 저지하려는 트루먼의 외교정책에 찬성하지 않았을 뿐 아니라 1944년 대선 때 루즈벨트를 욕하다 트루먼에게 망신을 당한 경험도 있었다. 상원의원 연임 선거 때 트루먼에게 재정적으로 큰 도움을 주었던 버나드 바루크 등 다른 부자들도 트루먼을 위한 선거자금 기부에 인색했다. 트루먼이 지나치게 노동자와 농민 편을 든다고 생각한 탓이다. 이런 이유로 선거 캠프의 재정위원장 자리도 오랫동안 채우지 못하다 첫 유세 여행 사흘 전에야 겨우 임명할 수 있었다. 자동차 도시 디트로이트의 노동자들을 상대로 한 옥외 연설은 생중계될 예정이었으나 방송사가 갑자기 선금 5만 달러를 요구하는 바람에 취소될 뻔했다. 철도회사에 지불해야 할 돈이 없어 기차가 제시간에 출발하지 못한 적이 8번이나 되었다. 이중 한 번은 겨우 1,500달러가 모자랐다. 이럴 때는 캠프의 모든 사람이 사방에 연락해 급히 만든 돈으로 중계료를 주고 열차를 출발시켰다. 라디오방송국은 계약 시간이 1초라도 지나면 트루먼의 연설이 채 끝나지 않았어도 중계를 끊어버렸다. 라디오로 트루먼 연설을 듣고 있던 사람들인 서민들은 이런 일이 여러 번 일어나자 트루먼이 '있는 사람들'에게서 푸대접을 받고 있다고 생각하고 돈을 보내왔다. 자금 부족으로 연설이 끊긴 것이 오히려 트루먼 캠프에 도움이 되자 어떤 사람들은 참모들이 일부러 그런 상황을 연출했을 것이라고 말하기도 했다.

트루먼에 대한 지지도는 선거일이 가까워지면서 약간씩 오르기 시작했다. 수행 기자단의 보도 때문이었다. 트루먼이 승리할 것이라는 내용은 없었지만 어쨌든 트루먼의 행적은 부각되었다. 서민의 삶

트루먼이 1948년 선거운동 중 플로리다의 키웨스트 대통령 별장에서 기자회견을 하고 있다.

의 질 향상을 강조하는 연설 내용과 함께 서민들의 말투로 서민인 청
중들과 그들의 눈높이에서 아무런 격의 없이 소통하는 트루먼의 모
습이 조금이나마 (심지어는 왜곡된 상태로라도) 매일 보도된 것은 트루먼
지지도를 상승시키는데 도움이 되었다. 트루먼의 유세를 두고 "스스
로를 광대로 만들면서 선거판을 희화화하고 있다. 구경나온 사람과
투표하는 사람은 다르다."는 공화당 정치인들의 비판과 지적도 유세장
에 사람들을 끌어 모으는 원인이 되었다. 어쨌든 트루먼 유세장에서
는 웃을 수 있다는 생각에 '한 번 구경나온' 사람들이 점점 늘어난 것

이다. 청중들의 폭발적인 반응에 64세의 트루먼은 지칠 겨를조차 없었다. 오히려 유세장의 인파에서 기를 얻은 듯 더 팔팔한 모습으로 다음 행보를 이어갔다. 유세 일정을 절반 정도 소화한 10월 5일 트루먼은 동생에게 보낸 편지에서 "오늘까지 140군데서 멈추고 147번 연설을 했지. 악수한 사람은 3만 명쯤 될 것 같아. 그래서 내일은 더 신나게 떠날 수 있을 것 같군."이라고 썼다.[73] 상승세를 타긴 했지만 여론조사에서 트루먼 지지도가 듀이를 앞선 적은 한 번도 없었다. 갤럽의 마지막 여론조사에서도 듀이에게 49.5% 대 44.5%로 뒤지는 것으로 나타났다. 《뉴욕타임스》는 선거 바로 전날 듀이가 345명의 선거인단을 획득, 압승할 것이라고 보도했다.

듀이가 여론조사만 믿고 소극적인 선거운동으로 일관한 것도 물론 패배의 원인이었다. 트루먼은 여론을 뒤집기 위해 처음부터 끝까지, 때로는 선동적인 표현으로 공격적인 유세를 펼쳤는데 듀이는 이기고 있을 때는 점잖게 있는 것이 상책이라는 참모들의 건의를 받아들여 조용조용한 유세를 펼쳤다. 트루먼이 공화당을 특권층, 월스트리트의 자본가들 배만 불리려는 정당, 탐욕에 끝이 없는 정당이라며 적나라한 공세를 퍼부어도 듀이는 대부분의 유세에서 '미국의 통합'만 강조하는 연설로 대응했다. 트루먼이 국내 경제문제와 민권문제, 소련의 팽창주의에 맞선 미국과 미국 시민의 역할을 강조하면서 전선을 확대하는데도 듀이는 개별 이슈에 대해 일일이 대응하지 않겠다는 소극적 방식으로 일관했다. 공화당 일각에서는 트루먼이 입을 열 때마다 한 방씩 내질러야 한다고 코치했지만 듀이는 듣지 않았다. 한 마디로 트루먼은 공격적이었고 듀이는 방어적이었다. 도전자였던 듀이는 자기가 대통령이고 트루먼이 대권에 도전한 신출내기이며 민주당이 야당인 것처럼 행동한 것이다.[74] 선거일이 다가오면서 격차가 좁혀지고 있다는 보고가 올라와도 듀이는 착각에서 벗어나지 않았다.

그러나 밑바닥 민심은 이미 역전되고 있었다. 그걸 아는 사람은 트루먼뿐이었지만! 모든 여론조사가 자신의 패배를 당연시하고, 핵심 참모들조차 이제 판세를 뒤집기는 도저히 불가능하다고 생각하고 있던 10월 13일, 트루먼은 한 측근을 불러 수첩을 펴고 자필로 메모한 것을 보여주었다. 자신이 340명의 선거인단을 얻고 듀이는 108명, 남부민주당의 서몬드는 42명을 얻는데 그친다는 예측이 적혀있는 메모였다. 그 동안 유세를 마칠 때마다 나타난 청중들의 반응을 토대로 아무도 몰래 혼자 작성해 온 판세 분석이었다. 메모에는 주별로 획득하게 될 선거인단 숫자도 나와 있었다. 11월 2일 실제 투표에서는 트루먼이 303명, 듀이는 189명, 서몬드는 39명의 선거인단을 얻었다. 모두가 진다는 사람들 사이에서 이긴다고 말하는 것도 어려운 판에 트루먼은 자신의 승리를 확신했을 뿐 아니라 획득 선거인단 수도 실제와 근접한 수치로 예상한 것이다. 주별 선거인단 획득 예측도 80%가 적중했다. 마가렛은 이 메모를 언론에 공개하자는 참모의 건의에 "아버지는 '이런 분위기에서 이런 자료를 내면 또 한 번 언론의 놀림감이 된다.'며 받아들이지 않았다."고 전하고 있다.[75] 기자들이 "선거 결과가 어떻게 될 것 같습니까? 자신 있습니까?"라고 물을 때마다 "이보게, 예측은 자네들이 하는 거 아니야? 그러려고 날 따라다니는 사람들이 …. 정 쓸 게 없으면 그저 트루먼은 판세에 대해 노코멘트였다. 그러나 여전히 낙관적이었다고 쓰지들 그래. 그러면 되지 뭐…"라고 말하곤 화제를 다른 곳으로 돌렸다.

듀이의 자신감은 선거 당일 저녁까지도 지속됐다. 듀이는 투표를 마치고 숙소로 돌아가 잠시 쉰 후 결과를 기다리지도 않고 당선 연설문 작성에 들어갔다. 아침 10시에 인디펜던스에서 투표를 한 트루먼은 "어떻게 될 것 같습니까?"는 기자들의 질문에 "승리할 수밖에 없을 것 같네."라고 대답했으며 "결과를 끝까지 지켜볼 건가요?"라는 질문에는 "아니. 잠이나 자야겠네. 결과는 내일 아침에나 나올 텐데…"라고 답했다. 실제 트루먼은 오후가 되자 기자들을 피해 경호원 한 명만 데리고 인디펜던스 부근 온천 호텔로 잠적했다.

개표 초반 유권자가 많은 뉴욕 주와 펜실베이니아 주에서 듀이가 앞서자 백악관 경호실장은 듀이의 숙소로 경호원 5명을 보내 '당선자' 경호를 지시했다. 듀이의 우세는 금방 끝났다. 밤 9시쯤부터 트루먼이 열세를 뒤집고 앞서나갔다. 밤 9시는 듀이가 당선 연설문을 발표할 것이라고 언론에 알려진 시각이었다. 온천 호텔에서 목욕을 마치고 나온 트루먼은 개표 상황 중계방송에 잠깐 귀를 기울였다. "트루먼이 전체 득표에서는 앞서고 있으니 결국 듀이가 다음 미국의 대통령이

1948년 대선에서 승리한 트루먼이 자신이 패배했다고 1면에 오보를 한 시카고 트리뷴을 들어 보이면서 파안대소를 하고 있다.

될 것이 확실합니다."라는 이상한 해설이 나오고 있었다. 승부의 추가 트루먼 쪽으로 크게 기울어진 채 개표가 진행되고 있는데도 이 방송은 듀이가 승리할 것이라는 전망을 계속했다. 트루먼은 그냥 씩 웃더니 침대로 들어가 깊이 잠들었다. 듀이 숙소에 파견됐던 백악관 경호원들도 철수했다. 다음날 새벽 트루먼의 승리가 확정됐다. 듀이의 득표율은 45.1%로 루즈벨트에 맞섰던 지난번 대선 때인 48.1%보다 낮았다. 트루먼의 분투에 힘입어 민주당은 상하원 선거에서도 이겨 다수당의 지위를 회복했다. 트루먼의 승리는 위대한 것이었다.

트루먼 공격에 앞장서온 대표적 보수 신문인 《시카고 트리뷴》은 선거 바로 다음날 아침 1면에 '듀이가 트루먼을 꺾었다!(Dewy defeated Truman!)'는 제목을 통단으로 달았다. 미국 언론사상 최대의 오보가 탄생한 순간이었다. 《워싱턴 포스트》는 트루먼이 워싱턴으로 돌아온 날 사옥 바깥에 "대통령 각하, 까마귀 고기를 먹으라면 먹겠습니다." 라고 적힌 현수막을 내걸었다.[76] 그동안 잘못된 보도에 대한 사과의 표시였다.

당시 듀이의 당선을 확신하고 2주일 전에 여론조사를 중단했던 갤럽은 '보수적인 조사방식'이 문제였다고 밝혔다. 선거전 초반에 분명히 열세였던 트루먼이 종반으로 접어들면서 조금씩 치고나왔는데도 이를 여론조사에 반영하지 않은 것이 실수라는 반성이었다. 갤럽은 선거 2주 전에 조사를 중단한 것도 문제였다고 밝혔다. 누구를 지지할지 아직 결정하지 않은 부동층이 1944년 선거 때보다 배나 많은 15%나 됐는데도 이들 모두를 기권하는 사람들로 간주하고, 투표를 해도 두 후보자가 반반씩 표를 나눠 갖는다고 성급하게 판단한 것이 잘못이라는 분석이었다. 실제 선거에서 트루먼이 얻은 부동표는 듀이의 2배나 됐다.

나중에 트루먼은 승리를 확신한 이유가 뭐냐는 질문에 "나는 정치인 이니오? 정치인이리면 사람들의 생각을 이해하고 구분힐 수 있단 말이오. (그래서) 내가 승리를 확신한 것이오."라고 말했다.

4. "언론은 원래 그런 거야"

언론은 선거운동 기간 내내 트루먼의 승리를 예측하지 못했다. 《뉴스위크》편집진이 선거 3주 전 유명 정치부 기자 50명에게 트루먼과 듀이 중 누가 이길 것인가를 물어보았다. 놀랍게도 50명 전원이 듀이가 승리한다고 대답했다. 응답자 중에는 선거전 초반부터 트루먼을 따라 다닌 기자들이 많았음에도 그런 결과가 나왔다. 참모들이 뉴스위크의 이 보도를 보고 침울해 하자 트루먼은 쾌활한 목소리로 "기자들, 만날 틀리잖아? 이번에도 마찬가지야. 우리 할 일이나 하자고."라며 분위기를 바꾸었다.

기자들이 제대로 쓸 기회가 없었던 게 아니다. 데이비드 할버스탬은 다음과 같은 기록을 남겼다. "9월 중순 유력 일간지 《뉴욕 헤럴드 트리뷴》칼럼니스트 조지 알솝(George Alsop)은 두 가지 사건을 목격했다. 하나는 트루먼이 아이오아 주에 모인 7만5천 명의 관중 앞에서 날카롭고 정곡을 찌르는 연설을 하는 모습이었다. 다른 하나는 비슷한 시기에 듀이가 드레이크(Drake) 대학에서 겨우 8천 명의 관중 앞에 서서 연설하고 아이오와 주에서도 많은 지지를 얻지 못하는 모습이었다. 유세 현장의 분위기에 예민한 기자라면 이런 대조적인 모습에서 판세 변화를 읽어냈을 것이다. 그러나 알솝은 아무것도 눈치 채지 못하고 기사를 이렇게 썼다. '아이오와 주에서 두 후보가 각각 다른 날 선거 유세를 펼쳤는데 트루먼은 누가 봐도 진부한 이야기만 늘어놓았고 사람들은 그의 유세에 전혀 반응을 보이지 않았다. 하지만 듀이의 연설은 그야말로 장관을 이루었다. 마지막에 큰 박수를 이끌어낼 정도로 설득력 있는 언변을 선보였다. 그의 연설에는 자신감이 넘쳤다. 두 후보의 유세는 도저히 비교할 수 없을 정도였다. 사람들은 분명히 고집 센 노동자 출신의 대통령이 딱하다는 생각을 했을 것이다.'"[77] 할 버스탬은 "기자들이 서로 같은 의견을 베껴서 보도하기 급급해 바로 코앞에서 벌어지는 상황을 제대로 직시하지 못했다. 실은 이들 신문사 때문에 트루먼의 당선이 온 나라를 깜짝 놀라게 하는 대사건이 된 것이다."고 분석했다.

매컬로우의 다음 기록이 할버스탬의 분석을 뒷받침할 수 있을 것 같다. "언론의 관심은 듀이가 더 많이 받았다. 현직인 트루먼의 유세에는 취재기자 44명, 사진 기자 5명 등 49명이 수행했으나 듀이의 열차에는 두 배나 많은 98명의 기자가 타고 있었다. 듀이의 수행 기자들은 당시로는 최대 최고의 홍보서비스를 받았다. 듀이의 연설 원고는 24시간 전에 기자단에게 배포됐으며, 듀이의 동정과 특정 사안에 대한 코멘트는 즉각 기자들에게 전해졌다. 이런 서비스는 트루먼 진영에서는 아예 기대할 수 없는 것들이었다. 트루먼의 연설은 즉흥적인 것들이었고, 트루먼의 유머 넘치는 코멘트와 일회성 이벤트, 그리고 현장에서 생겨나는 에피소드는 트루먼을 따라 기차 밖에 현장에 나가봐야 보도할 수 있는 것들이었다. 밤중에 도착하면 에너지 넘치는 트루먼을 좇아 어두운 데서 이리저리 뛰다가 발을 헛디뎌 낭패를 본 기자들도 없지 않았다. 에어컨이 빵빵하게 돌아가는 기자실에서 24시간 거의 언제나 커피와 샌드위치 서비스를 받을 수 있던 듀이의 수행 기자들은 이런 고생을 할 필요가 없었다."

《워싱턴 포스트》가 사옥에 현수막을 내걸고 트루먼에게 사과한 데 이어 《뉴욕타임스》는 지면을 통해 트루먼에게 사과를 했다. 훗날 20세기 후반의 뛰어난 칼럼니스트로 꼽히게 될 제임스 레스턴(James Reston)은 "우리의 잘못은 여론 조사자들의 눈을 통해서만 트루먼을 평가했다는 점이다. 우리는 유권자의 눈으로 트루먼을 보려 하지 않았다."고 말한 후 《뉴욕타임스》 편집간부들에게 담당 기자로서 오보를 냈으며 결과적으로 회사의 명예를 실추시킨 자신의 잘못을 사과하는 편지를 보냈다. 《뉴욕타임스》 편집간부들은 이 편지를 지면에 그대로 실었다. "우리는 듀이의 실패 분석에 앞서 우리의 실패를 먼저 분석해야 한다. (…) 우리가 잘못을 일찍 시인할수록 우리의 입장은 더 좋아질 것이다."는 내용이었다.[78] (레스턴은 트루먼이 340명의 선거인단을 얻어 결국 이길 것이라고 적어놓은 메모를 자기에게 보여주었으나 무시해버렸다고 말했다. 트루먼이 이 메모를 언론에 공개하자는 참모의 건의를 단칼에 거부한 것은 레스턴이 무시했기 때문이라는 추측도 가능하다.)

그렇다면 트루먼은 언론을 어떻게 생각하고 있었을까? 마가렛 트루먼이 대통령의 리더십에 관한 아버지의 어록과 메모를 정리해 펴낸 『결정이 내려지는 곳(Where the Buck Stops)』에서 트루먼의 언론관을 살펴볼 수 있다. 한 마디로 "언론은 원래 그런 것이기 때문에 일을 바르게 하려는 공직자는 언론의 공격에 일희일비해서는 안 된다."는 것이다. 이 책에 나타난 트루먼의 언론관을 요약하면 다음과 같다.

"조지 워싱턴도 재임 당시 언론에게서 악의적인 공격을 많이 당했다. 의회도서관에서 당시 신문을 살피면 금방 알 수 있는 사실이다. 나는 워싱턴이 대통령을 두 번만 하고 물러난 중요한 이유의 하나가 언론의 악의적 보도 때문이라고 생각한다. 또 다른 위대한 대통령이었던 에이브러햄 링컨도 재임 당시에는 위대한 사람으로 인정받지 못했다. 오늘날 위대한 연설로 꼽히는 '게티스버그 연설'은 당시 전국지들은 아예 취급하지 않았다. 심지어 《시카고 트리뷴》은 이 연설을 당일 행사의 '부록'으로 여기면서 링컨의 복장이 점잖지 못했다느니 조롱조로 보도했다. 이는 사건이 벌어진 시점에서 언론이 얼마나 빗나갈 수 있는가를 보여주는 좋은 사례이다. 워싱턴과 링컨이 언론의 공격을 받은 것은 그들이 대통령이었기 때문이다. 언론은 권력을 가진 사람이 누구든 습관적으로 그런 공격을 퍼붓는다.

워싱턴이나 제퍼슨 등 건국의 아버지들은 언론에 종사하는 '똑똑한 멍청이들'의 비판과 공격이 아무리 혹독해도 두려워하지 않았다. 언론의 눈치를 보기 시작하면 아무것도 이룰 수 없었기 때문이다. 내가 이런 말을 하는 건 오늘날도 마찬가지여서다. 어떤 국회의원이 카메라 앞에서 포즈나 취하고, 지역구의 유권자들이 자신을 어떻게 생각할 것인가에만 신경을 쓰면 아무것도 이룰 수 없다. 공직자라면 지역구가 아니라 미국 전체, 나아가 세계 전체를 봐야 한다. 미국 독립 당시 정치인들은 자신들이 무엇을 하고 있는지에 대해 공개적으로 토론하고 그 토론에서 최선을 이끌어냈다. 그들의 목적은 일을 하는 것이었지, 언론에 잘 보이려는 것은 아니었다.

나는 언론의 자유가 중요하다고 생각한다. 그러나 몇 가지 측면에서 언론이 자유를 누리지 못하고 있다고 생각한다. 미국의 초기 언론은 편집자가 언론-신문을 소유하면서 자신의 의견을 지면에 직접 집필, 정부의 부당한 정책을 비판했다. 의견이 다른 편집자들은 지면을 통해 서로 싸웠다. 지금도 소도시 언론은 이런 모습인데 나는 이게 더 자유로운 언론의 모습이라고 생각한다. 왜냐하면 지금 대도시 신문은 예전처럼 편집자의 신문이 아니라 발행인의 신문이기 때문이다. 발행인의 신문은 광고수입을 늘리기 위해 발행부수 확장에만 신경을 쓰고 있다. 또한 모든 편집정책은 상업적 기준으로 결정된다. 예전처럼 편집인이 편집 정책을 결정하는 신문은 시골 소도시에서나 볼 수 있을 뿐이다. 대도시 신문 발행인들은 심지어는 특정 사안에 대해 찬반 양쪽 칼럼니스트를 모두 고용하고 있어서 누구의 이익을 대변코자 하는지 알 수 없을 때가 많다. 발행인이 신문의 방향과 논조를 결정하는 시대이며, 그들은 오직 광고주를 만족시키거나 신문을 더 많이 팔 수 있도록 편집 방향을 정하고 있다.

　발행인들이 신문을 더 팔기 위해 가장 많이 사용하는 방법 중 하나가 대통령을 공격하는 것이다. 대통령이 잘못한 것이 없어도 대통령을 공격하게 한다. 그래서 언론의 공격을 받지 않은 대통령이 거의 없는 것이다. 대통령을 끌어내리려고 비판의 벽돌을 집어던지면 사람들은 신문을 사서 읽게 되고 그러면 더 많은 광고기 유치된다. 이것이 발행인들의 기본 전략이다. 그들은 언제나 국민 편이라고 주장하지만 사실은 자신을 후원하는 사람들 편이며 보통 그것은 광고주들이다. 우리에게 진짜 자유 언론이 없다고 말하는 이유는 바로 이 점 때문이다.

　그러나 워싱턴이나 링컨의 경우에서 볼 수 있듯이 대통령은 언론의 공격을 받아도 잃을 것이 없다. 책임을 질 자리에 있는 사람들은 편집인들이 자신에게 무슨 말을 할 것인지에 대해 관심을 둘 수가 없다. 언론의 눈치를 보면 정작 해야 할 일에 착수하지 못하며, 착수하더라도 끝까지 갈 수 없다. (…) 대도시 신문의 발행인들은 언론을 통제하고 있으며, 친구 및 광고주들과 편을 이뤄 자신들의 기준으로 정한 것들만 국민들이 알아야 하는 뉴스라며 보도하고 있다. 다시 말해 진짜 뉴스는 공급하지 않고 있다. 진짜 뉴스를 공급하는 신문도 없지 않지만 이들조차 정치에 얽히면 선전 선동 수단으로 전락한다. 대도시 신문들은 자신들이 독자들을 이끌어간다고 생각하지만 독자들은 그렇게 끌려가지 않는다. 독자들이 진실로 신문을 믿지 않기 때문이다. 나는 신문이 내 가족에 대한 험담만 늘어놓지 않는다면 신문이 나에 대해 무슨 말을 써도 개의치 않았다." [79]

13 / 퍼스트레이디 베스

해리 트루먼이 전임자 프랭클린 루즈벨트와 크게 달랐던 것처럼 베스도 루즈벨트의 부인 엘리노어와 많이 달랐다. 엘리노어는 퍼스트레이디 역할을 즐겼지만 베스는 아니었다. 남편처럼 19세기 뉴욕 최상류층 집안에서 태어난 엘리노어는 자신의 정치적 이상을 성취하기 위해 퍼스트레이디라는 이점을 최대한 이용하면서 남편 못지않게 활발한 대외 활동을 했으나 베스는 퍼스트레이디의 기본적 활동 외에는 가급적 기피했다. 미국 언론인 케이티 마튼(Kati Marton)은 20세기 미국 대통령 부인 12명의 삶과 남편에 대한 역할을 분석한 저서 『숨은 권력자(Hidden Power)』에서 백악관의 안주인이 엘리노어에서 베스로 바뀐 것을 두고 "미국은 가장 공적인 퍼스트레이디와 작별을 고하

베스 트루먼 공식 초상화

바로 그날 가장 사적인 퍼스트레이디를 맞이했다."고 표현했다.[80]

　"대중 앞에서 여성이 할 일은 남편 옆에 조신하게 앉아 모자가 삐뚤어지지 않았는지 확인하는 것"이라는 게 베스의 믿음이었다.[81] 남편이 대통령이 된 후에는 언론의 주목을 받는 것을 더욱 부담스러워했다. 남편의 정치 활동으로 인해 가족의 삶이 대중 앞에 드러나는 것을 싫어했으며 언제나 아내와 어머니 역할에 충실하려 했다. 퍼스트레이디가 된 사흘 후, 루즈벨트의 장례식장에서 기자들이 자신의 일거수일투족을 낱낱이 살피자 "평생 이렇게 살아야 하는 건가?"라며 한숨을 쉬었던 베스가 기자회견을 싫어한 건 당연했다. 백악관 생활 초기 베스는 어쩌다 회견을 해야 할 때면 서면으로 사전 질문을 받았다. 그렇게 열린 기자회견에서도 "노"라고만 대답할 때가 자주 있었으며 "그런 것까지 내가 말할 필요가 있나요?"라고 퉁명스럽게 대꾸하기도 했다. 매주 정례 기자회견을 했던 엘리노어가 백악관을 떠나면서 베스에게 이 관행은 유지해주면 좋겠다고 정중히 권고했지만 베스는 듣지 않았다. 베스는 엘리노어의 개혁적 이상과 이를 추구하는 에너지는 존경해야 하지만 모방은 존경과 다른 것이라고 보았다. 베스가 정례 주간 기자회견을 하지 않겠다고 발표하자 퍼스트레이디 취재를 담당했던 기자들(모두 여기자들)이 벌떼처럼 뭉쳐서 공격했지만 베스의 태도는 달라지지 않았다. 트루먼이 임기 내내 언론과 좋은 관계를 유지하지 못한 건 베스의 이런 태도도 하나의 요인이었을 것이다.

'여성의 조신함'을 강조했다고 해서 베스가 트루먼의 정치적 활동을 외면하고 살았던 건 아니다. 오히려 트루먼이 중요한 결단을 내릴 때는 반드시 의견을 구했을 정도로 깊이 의지한 정치적 동반자였다. 트루먼이 잭슨 카운티 동부지역 판사일 때부터 대통령이 된 후까지 베스는 남편의 든든한 정치 참모 역할을 했다. 오랫동안 그런 역할을 할 수 있도록 스스로 준비해왔기에 기자들이 현안에 대해 물으면 "쟁점이 무엇인지 안다. 그러나 그 문제에 대해 코멘트는 하지 않겠다. 그건 남편의 일이다."라고 자신 있게 대답할 수 있었다. 베스는 트루먼이 잭슨 카운티 판사일 때는 주요 신문을 모두 꼼꼼히 읽고 스크랩해서 남편이 지역의 정치적 동향의 흐름을 놓치지 않도록 했으며 상원의원 부인이 된 후에는 의회에서 발간하는 일일 의정보고서를 빠짐없이 읽어 남편은 물론 다른 상원의원들이 무엇에 어떤 관심을 가지고 있으며, 어떤 정책을 어떤 입법으로 추진하려는지 파악하고 있었다. 대통령이 된 후 트루먼은 함께 있을 때면 베스와 얼굴을 맞대고, 그가 출장 중이거나 베스가 인디펜던스로 내려가 서로 떨어져 있을 때는 편지로 당면한 주요 현안에 대해 고충을 털어놓았다. 신문과 의정보고서, 트루먼의 현안 설명과 이에 대한 둘 사이의 토론을 통해 베스는 웬만한 국내외 이슈는 다 파악하고 있었다. 훗날 백악관을 떠난 후 베스는 자신이 정치를 사랑했으며, 25년간 정치 속에서 살아왔다고 말한 적이 있지만 퍼스트레이디 당시에는 그런 사실을 다른 사람이 아는 것을 싫어했다. 행여 자신이 트루먼을 조종하고 있다는 인상을 주게 될 것을 두려워했다. 트루먼과 베스의 고교 동기동창으로 트루먼의 홍보보좌관으로 오래 일했던 찰리 로스는 "사람을 보는 눈은 베스가 트루먼보다 훨씬 좋았다. 베스는 트루먼의 주변에 모이는 사람들의 자질과 충성심을 정확히 꿰뚫어 보았다."고 말했다.[82] 베스가 트루먼의 인사에도 관여했다는 이야기이며, 대체로 베스가 추천한 인물들의 능력이 뛰어났다는 말이다.

베스가 처음 백악관에 들어왔을 때 백악관은 무너지기 일보 전이었다. 오랫동안 수선을 하지 않아 쥐가 돌아다닐 정도였으며, 대통령 침실은 지붕이 내려앉아 철봉으로 떠받쳐 놓고 있었다. 엘리베이터도 수시로 고장 나 대통령 가족이 갇혀 있을 때도 있었다. 의회에서 수선에 필요한 예산을 배정했건만 외부 활동을 더 좋아했던 엘리노어는 백악관을 손 볼 틈이 없었다. 내부도 12년간 거의 그대로 내려둬 벽지와 페인트는 변색된 지 오래였으며, 빗물 자국으로 얼룩진 곳도 많았다. 고가구와 현대식 가구가 뒤섞인 채 아무렇게나 자리 잡고 있어 안주인의 취향을 짐작할 수 없었다. 베스는 엘리노어가 백악관을 떠나자마자 대대적인 청소에 이어 벽지를 바꾼 후 국립미술관에서 빌려온 몇 점의 그림으로 장식을 했다. 그러나 노후화가 워낙 심각해 대통령 가족에게 언제 무슨 일이 벌어질지 모를 지경이었다. 백악관은 1947년부터 대대적인 보수에 들어가 트루먼 부부는 다시 '블레어하우스'로 거처를 옮겼다. 트루먼이 재신에 성공한 1948년 12월 말에야 백악관 보수가 끝났다.

대중의 관심을 끄는 데는 관심이 없었던 베스는 백악관 직원 등 매일 보는 사람들에게는 트루먼처럼 따뜻하고 친절했다. 바깥에서는 뚱한 모습이었지만 백악관 안에서는 유쾌한 표정으로 직원들을 대했다. 백악관에 에어컨이 들어오기 전에는 여름이면 무더위로 지칠까봐 직원들의 일을 중단시켰으며 날씨가 그렇게 덥지 않은 날에는 오래 일을 했으니 이제는 쉬라고 지시했다. (에어컨은 1946년에 설치됐다.) 크리스마스 때는 직원들에게 일일이 손으로 감사 카드를 써서 보냈는데, 이전부터 백악관에 있었던 한 직원은 퍼스트레이디에게서 감사 카드를 받은 것은 처음이라고 말했다. 퍼스트레이디가 주최하는 백악관 파티의 주빈으로 초청되는 건 당시에도 큰 영광이었다. 어느 날 베스는 자신을 충직하게 보좌해온 비서 — 이전부터 백악관에서 여러 명의 퍼스트레이디를 보좌해왔던 여성 — 에게 "백악관 참모 한 사람을 주빈으로 초청, 오찬 파티를 열려고 하니 준비를 해줬으면 좋겠다."고 지시했다. 오랫동안 백악관에서 근무해오면서 대통령 내외가 보좌관이나 비서를 위해 파티를 여는 것은 한 번도 본 적이 없던 이 비서는 '대통령의 친구인 찰리 로스 홍보보좌관 정도면 그런 접대를 받을 만하겠지.'라고 생각하면서 "주빈이 누구죠?"라고 물었다. 베스는 "바로 당신이 파티의 주빈이에요."고 대답했다. 이 비서관은 며칠 후 그동안 시중만 들어왔던 워싱턴 정·재계의 유명 인사들에 둘러싸여 주빈으로

트루먼 발코니에서 베스가 책을 읽고 있다. 맞은편은 트루먼. 원래 백악관에는 발코니가 없었으나 리모델링을 할 때 트루먼이 발코니 설치를 강력히 요청해 생겨났으며, 이후 트루먼 발코니로 불리고 있다.

파티에 참석했다. 베스는 아랫사람이라도 신세를 졌다고 생각하면 갚을 줄 알았다.

베스의 백악관 생활은 검소함의 연속이었다. 이 역시 엘리노어와 달랐던 점이다. 1945년 당시 미국 대통령의 연봉은 7만5천 달러였다. 상원의원 때 만4천5백 달러(베스가 상원의원 사무실 직원으로 받은 2천4백 달러를 포함해), 부통령 때 2만 달러보다 월등히 많은 액수였지만 절반을 세금으로 떼고 나머지로 가족 3명이 먹고 입고 손님들을 맞이야 했다. 백악관 한 달 식품비로 7천 달러나 지출했던 엘리노어는 돈이 모자라면 집안 돈으로 충당했지만 베스는 허리띠를 졸라 매는 수밖에 없었다. 식품비 지출을 2천 달러로 줄였으며, 가계부를 직접 쓰면서 다른 비용도 크게 줄였다.[83] 주로 대중 의류점에서 옷을 사서 입었던 베스는 어느 날 잘 알고 지내던 은행가 부인을 따라 워싱턴의 상류층이 드나드는 고급 양장점에 갔다가 직원이 이 옷 저 옷을 꺼내 입어보라고 하자 "아무 것도 권하지 마라. 여기 어떤 옷도 내가 살 수 있는 건 하나도 없다."고 손사래를 쳤다.

이런 베스의 절약으로 첫 해에 4천2백 달러를 저축하고 국채에 투자했다. 베스의 형편이 좀 나아진 것은 트루먼이 1949년 연임에 성공한 후 대통령 연봉이 두 배로 오른 다음부터였다. (듀이가 당선될 것으로 확신했던 공화당은 49년도 예산에 대통령 취임식 비용을 크게 늘려놓은 것과 함께 대통령 연봉도 두 배 인상해두었다.) 1953년 퇴임 후 이렇다 할 수입이 없었던 트루먼 부부에게 저축했던 돈이 크게 보탬이 되었다.

14 호랑이 등에 탄 대통령

1949년 1월 워싱턴의 분위기는 한껏 들떠 있었다. 정권 재창출에 성공한 트루먼과 민주당이 일찍이 없던 화려한 취임식을 준비하고 있었기 때문이었다. 트루먼은 두 차례의 세계대전에서 승리함으로 세계 최강국이 된 미국의 모습을 과시하고자 했다. 오랫동안 제대로 된 볼거리가 없었던 워싱턴에 축제 분위기를 만들 필요도 있었다. 1932년 이후 4번이나 대통령에 당선된 루즈벨트는 대공황과 전쟁 탓에 취임식을 화려하게 거행할 형편은 아니었다. 취임식이 열린 1월 20일 워싱턴의 날씨는 쌀쌀한 편이었으나 하늘엔 구름 한 점 없어서 화려하고 성대한 취임식을 하기엔 완벽한 날씨였다. 예산도 풍부했다. 지난 회기에서 다수당이었던 공화당은 8만 달러라는 당시로서는 엄청난 액수를 취임식 예산으로 책정해두었다. 듀이든 누구든 공화당 후보가 트루먼을 꺾을 것으로 확신했기에 16년만의 정권탈환을 보란 듯이 자축하고 싶었던 것이다.

트루먼의 연임을 축하하기 위한 크고 작은 파티와 무도회, 음악회가 연이어 열리는 바람에 워싱턴은 취임식 며칠 전부터 축제 분위기였으며 미국 전역에서 밀려든 축하 인파로 호텔은 오래 전에 동이 나고 교통 혼잡이 계속됐다. 취임식을 지켜본 사람의 숫자는 사상 최대였다. 워싱턴에서 직접 지켜본 사람도 사상 최대였지만 처음 TV로 중계된 덕에 일찍이 없던 숫자의 미국인들이 대통령의 취임선서와 취임연설을 직접 들을 수 있었다. 취임식이 끝난 후 시작된 축하 퍼레이드의 행렬은 무려 7마일이나 뻗어 있었으며 끝날 때까지 세 시간이나 걸렸다. 퍼레이드가 열리기 전엔 700대의 비행기가 워싱턴 상공에서 축하 비행을 했다. 그 가운데에 36대의 B-36 수송기 편대도 있었다. 베를린 공수에 투입된 것과 같은 기종이었다. 그것보다 중요한 건 무려 2,000마일 떨어진 텍사스의 공군기지에서 논스톱으로 워싱턴까지 날아올 수 있는 대형 수송기를 이처럼 대량으로 보유할 수 있는 나라는 미국이 유일했다는 점이었다. 이 무렵 미 국민들의 트루먼 지지율은 70%를 넘어섰다.[84]

그러나 여기까지였다. 높았던 지지율은 금세 곤두박질을 시작했으며 트루먼은 임기 4년 내내 제대로 힘도 써보지 못한 채 씁쓸하고 초라하게 백악관에서 퇴장하게 된다. 이른바 '적색 공포', 즉 중국이 공산당에게 넘어가고 소련과 국제 공산주의가 미국을 위협하게 된 것은 백악관과 행정부, 입법부에서 암약하는 다수의 공산주의자들 때문이라는 일부 공화당 정치인들의 왜곡과 선동이 워싱턴 정가를 뒤덮은 것이 큰 이유였다. 1947년 소련이 원자폭탄을 개발할 수 있었던 것은 미국 정부 내 스파이가 관련 비밀을 넘겨줬기 때문이라는 소문까지 돌면서 적색 공포는 워싱턴을 벗어나 전 미국으로 확산돼 공산주의에 대한 국민들의 공포를 깊고 넓게 확산시켰다.

81대 국회에서 다수당이 된 민주당 역시 이런 분위기에 휩쓸린 데다 분파주의에 사로잡혀 트루먼의 대내외 정책을 뒷받침하지 못했다. 트루먼의 미주리 주 친구이자 프랑스 전선에 함께 참전했던 백악관 고위 보좌진 한 명은 부패 스캔들에 휘말려 그렇지 않아도 힘든 트루먼의 입지를 더욱 어렵게 만들었다. 트루먼과 모든 정치적 개인적 고민을 나눠왔던 홍보보좌관 찰리 로스가 이 와중에 심장마비로 업무 중 별세해 트루먼이 큰 충격을 받은 것도 이 무렵이다.

상하 두 권으로 된 트루먼 회고록 하권 첫 페이지는 "대통령은 호랑이 등에 탄 사람과 같다. 계속 타고 가거나, 떨어져서 호랑이에게 잡아먹히거나 둘 중 하나이다.(Within the first few months, I discovered that being a President is like riding a tiger. A man has to keep on riding or be swallowed. The fantastically crowded nine months of 1945 taught me that a President either is constantly on top of events or, if he hesitates, events will soon be on top of him.)"라는 문장으로 시작된다. 트루먼은 호랑이 등에서 떨

어지고 있었으며 끝내는 '국민'이라는 그 호랑이에게 잡아먹히게 된다. 그 결정적 계기는 한국전쟁이었다. 트루먼이 회고록에서 호랑이라고 지칭한 것은 회고록 원문에서 보듯 '업무events'였다. "과중한 업무에 치이면 대통령직을 잘 수행할 수 없게 된다."고 쓴 것인데, 트루먼이 국민을 호랑이라고 생각하지 않은 것은 아니다. 2015년 1월 김종필 전 국무총리는 조선일보와의 인터뷰에서 1961년 5·16 혁명 후 자의반 타의반의 외유를 떠났을 때 "미주리 주 인디펜던스의 트루먼 기념도서관에서 트루먼 대통령을 만난 일이 있다. 세계를 움직이는 미국 대통령을 해본 사람으로서 작은 나라에서 봉사하는 나 같은 사람에게 들려줄 교훈이 많을 테니 얘기해 달라고 했다. 그는 교훈은 무슨 교훈이냐고 한참 웃더니, '국민을 호랑이로 알라, 맹수로 알라고 밝혔다.'"고 언급했다. 김 전 총리는 이어 "호랑이는 아무리 사육사라 해도 자기 발을 밟거나 비위에 거슬리면 왕 하고 물어버린다. 그게 국민이다. 내가 국민을 위해서 이렇게 했으니 날 알아주겠지 생각하는 정치인이 있다면 그건 미련한 거다. 국민이 호랑이라는 걸 알아야 한다. 트루먼은 아무리 잘해줘도 비위 거슬리면 사육사를 물어 죽이는 호랑이처럼 국민도 대통령과 정치인을 쫓아낸다고 했다."고 덧붙였다.[85]

246

1. 한국전쟁과 맥아더 해임

트루먼은 1950년 6월 25일 새벽 한국에서 전면전이 일어나자 북한이 소련의 사주를 받아 일으킨 것으로 즉각 판단하고 미군 투입을 결정했다. 제2차 세계대전 막바지에 일본의 조속한 항복을 받아내고, 미군의 희생을 최소한으로 줄이기 위해 소련의 대일전(對日戰) 참전을 여러 차례 강력히 촉구해 한반도의 38선 이북을 소련이 점령하도록 한 것이 불과 수년 만에 새로운 전쟁 발발이라는 결과로 나타난 것이다. 트루먼은 한국전 참전 결정을 "대통령으로서 내린 가장 중요한 결정"이라고 자주 회고했다. 트루먼은 한국에서 소련 공산주의의 확산을 막지 못한다면 동남아시아와 유럽 및 중동지역에서도 비슷한 사태가 벌어질 것이라고 판단했다. 소련은 북한을 앞세운 공산주의의 남한 침공에 미국이 어떻게 나올 것인지 시험하고 있으며, 만일 미국이 새로운 전쟁을 두려워해 한국전쟁에 개입하지 않는다면 다른 지역에는 더 쉽게 진출하거나 침공할 것이라고 생각했다. 북한의 남한 침공은 국지적 문제가 아니라 소련이 팽창 야심을 본격적으로 드러낸 것이라고 보았다. 트루먼은 소련의 야심을 막지 않으면 자유 민주주의가 무너지고 인권을 억압하는 전체주의와 공산주의가 세계의 대부분을 지배하는 어두운 세상이 될 것이라고 생각했다.

트루먼의 미군 투입 계획은 국가적 국민적 지지를 받았다. 하원은 징병법을 1년 더 연장하는데 압도적으로 찬성했으며, 공화당 상원의원들도 미국인은 누구든 당적을 불문하고 대통령의 결정을 전폭적으로 후원해야 한다고 주장했다. 언론과 국민들도 마찬가지였다. 《워싱턴 포스트》는 사설에서 "트루먼의 리더십은 오늘날 세계가 절박하게 필요로 하는 것"이라고 찬사를 보냈다. 지지자 대열에는 공화당 대통령 후보였던 듀이와 당대의 논객이었던 월터 리프먼과 전쟁 영웅 아이젠하워도 있었다. "미국이 지금 확고한 모습을 보이지 않으면 앞으로 더 많은 나라가 한국처럼 된다."는 아이젠하워의 지지발언은 트루먼의 인식과 똑 같았다. 백악관에는 참전을 지지하는 국민들의 편지와 전보, 전화가 답지했다.

미군이 중심이 된 유엔군은 개전 약 3달 만인 9월 15일 인천상륙작전을 성공시켜 북한군을 38선 훨씬 북쪽으로 패주시켰다. 인천상륙작전을 성공시킨 유엔군 총사령관 맥아더 원수는 미군으로 하여금 북한군을 뒤쫓게 하면서 10월 중순 트루먼에게 "늦어도 11월 하순 추수감사절 전후에는 전쟁이 끝날 것이며, 크리스마스에는 미국이 귀환할 수 있을 것."이라고 장담했다. 미군의 38선 이북 진군은 북한군 분쇄를 군사목표로 정한 데 따른 것이었다.

미군이 38선 이북으로 진격해도 소련이나 중공이 한국전쟁에 참전하지 않을 것이라는 맥아더의 전세 판단이 이 결정을 뒷받침했다. 조금만 더 밀어붙이면 소련이 장악한 북한을 자유세계가 탈환할 수 있는 마당에 북진을 주저할 필요가 없었으며, 다 이긴 전쟁을 어정쩡하게 중도에 그만둘 경우 왜 이 전쟁에 개입했느냐는 비판을 면하기

맥아더 장군이 마운트 맥킨리함상에서 인천상륙작전 전개를 지켜보고 있다.

위해서라도 미군은 북진을 해야 했다. 실제 미 국민 64%는 북한군을 38선 이북으로 쫓아내고 북한이 항복할 때까지 전쟁을 계속해야 한다고 여론조사에서 답했다. 정치인들과 언론인들도 미군의 북한 진격을 지지한 건 물론이다. 11월 중간선거를 앞둔 트루먼의 의중에 맥아더의 성공이 자신의 정치적 이익이 될 거라는 계산도 없지 않았다.[86]

하지만 곧 중공군이 개입하면서 미군이 밀리고 희생자가 크게 늘어나자 미 국민들은 트루먼을 무능하고 무력한 지도자라고 다시 비난하기 시작한다. 급증한 전비를 감당하느라 물가가 급등하는 등 국내 경제 사정이 악화한 것도 트루먼에 대한 비난에 기름을 부었다. 또 트루먼이 성악가로 데뷔한 딸 마가렛의 독창회를 형편없이 깎아내린 《워싱턴 포스트》의 음악담당기자에게 "당신이 날 보게 되면 눈알이 터지고 불알을 걷어차일 줄 알아라."라는 독설로 가득한 편지를 보낸 것도 국민들을 분노케 했다. 수많은 미국 젊은이들을 전쟁터에 보내 생명을 잃게 한 대통령이 할 행동은 아니라는 비판은 점잖은 것이었다. 이 무렵 트루먼의 한 측근이 냉장고 한 대를 베스에게 보냈다. 그는 "받아도 될 만한 사람에게서 여러 대의 냉장고를 받아 그 중 한 대를 보내도 될 만한 사람에게 보낸 것"이라고 말했지만 '받아도 될 만한 사람'이 정부의 특혜자금을 받은 적이 있다는 사실이 밝혀지면서 트루먼은 큰 곤경에 처하게 됐다. 베스가 받은 냉장고는 고장 난 것이어서 쓰지도 못하고 반품을 시켰다. 이런 혼란 속에서 11월 1일에는 푸에르토리코 사람 2명이 푸에르토리코 독립을 위해 블레어 하우스에 침입해 트루먼을 암살하려다 경호원 한 명이 죽고 2명이 부상하는 사건이 일어났다. 트루먼은 2층에서 낮잠을 자고 있었는데 범인들은 2층에 올라가려다 경호원과 총격전 끝에 한 명이 죽고 한 명은 체포됐다.

이런 일들로 참전 미군의 사기는 물론 본국의 미국인들의 사기도 저하되고 있었다. 사람들은 한국전쟁을 위시하여 여러 가지 크고 작은 악재에 시달린 트루먼이 마침내 제 정신을 잃었다고 생각했다. 공화당의 매카시(Joseph McCarthy) 상원의원은 트루먼을 탄핵해야 한다고까지 말했다. 매카시는 아무런 근거 없이 정적들을 공산주의자라거나 소련의 스파이라고 지적함으로 '적색 공포'를 불러온 장본인이었다. 매카시는 백악관과 국무부에 소련 스파이가 들끓고 있는데도 트루먼이 아무런 행동을 취하지 않고 있어 한국에서 보는 것처럼 소련 공산주의가 세계적으로 기승을 부리게 된 것이라며 트루먼을 탄핵해야 한다고 주장했다. 매카시의 근거 없는 모략 선동과 인신공격이 극심해지자 트루먼의 참모들은 여자를 유난히 밝히는 매카시가 유부녀들과 정을 통하고 있음을 자료로 만들어 언론에 흘리면 입을 다물게 할 수 있을 것이라고 말했다. 이에 대해 트루먼은 "미국 대통령에게 넝마바구니를 메고 넝마주이들과 어울리라고 해서는 안 된다. 대통령이라 할지라도 스컹크 부근에 다가가면 악취를 맡을 수밖에 없다. 거짓말쟁이를 다루는 유일한 무기는 진실이다."라고 하며 거부했다.

트루먼에 대한 미 국민의 비난은 맥아더를 유엔군 사령관에서 해임한 1951년 4월에 정점에 달했다. 미군이 중공군의 공세에 밀리면서 전선은 다시 남하하여 밀고 밀리는 전투가 계속되면서 38선 부근에서 교착됐다. 트루먼은 한 달 전 3월 말 미군은 다시 38선을 넘어 북진할 의도가 없으며 전쟁을 중국으로 확대할 의도도 없음을 분명히

1950년 10월 14일 남태평양 웨이크아일랜드에서 만난 트루먼과 맥아더. 트루먼은 맥아더가 인천상륙작전을 성공시킨 후 북한군을 38선 이북 멀리까지 패주시키자 웨이크아일랜드로 날아와 맥아더를 격려했다. 맥아더는 이 자리에서 트루먼에게 크리스마스 전까지는 전쟁을 마무리하겠다고 장담했다.

했다. 즉 남북한 공히 전쟁 발발 이전의 경계선 뒤로 돌아가 전처럼 각각의 정부를 꾸려가도록 휴전을 했으면 한다는 생각이었다. 그러나 맥아더는 트루먼의 이런 생각을 사실상 패배를 인정하는 것이라고 생각하고 반기를 들었다. 맥아더는 3월 24일 "아군의 우수한 전력을 토대로 거둔 승리보다 우리의 새로운 적인 중국이라는 공산주의 국가가 현대전을 감당하는데 꼭 필요한 기본 군수품을 충분히 생산할 산업기반조차 없다는 사실을 안 것이 더 의미심장하다. 그들은 대단한

252

군사력을 갖추기라도 한 것처럼 허세를 부렸지만 결국 사실을 들키고 만 것이다."라며 중국 수뇌부를 조롱하는 공식 성명을 발표했다. 맥아더는 이 성명에서 또 "중국은 기본적인 공군력이나 해군력을 유지하고 가동할 힘도 없다. 게다가 지상전에서 승리하는데 필수적인 탱크나 각종 중화기 및 원활한 부대 이동을 위해 필요한 근대 과학의 발명품도 거의 갖추지 못한 상태다."라고 꼬집었다. 맥아더의 이 성명은 중국 측을 격분시켜 휴전협상을 위한 미국의 노력을 물거품으로 만들었다.[87] 마가렛 트루먼은 맥아더의 공개성명을 보고받은 아버지가 훗날 "그 후로는 단 한 차례도 중국에 연락을 취할 수가 없었어. 한순간에 맥아더가 휴전 제의를 무색하게 만든 거야. 당장이라도 달려가서 맥아더를 바다에 밀어 넣고 싶었지."라고 말했다고 기록했다.[88]

이후에도 맥아더는 트루먼의 정책에 어긋나는 발언과 행동을 계속하다 결국 1951년 유엔군 총사령관직에서 파면된다. 트루먼은 전쟁 도중에 총사령관을 바꾸는 것, 더군다나 국민들의 인기가 하늘을 찌를 듯했던 전쟁 영웅 맥아더를 파면하는 것이 정치적으로 큰 손해를 가져올 것을 알았지만 전쟁을 일찍 끝내기 위해서는 파면 외에는 다른 방법이 없다고 보았다. 당시 국민들의 트루먼 지지도는 26%에 지나지 않았으나 맥아더는 69%의 지지를 받고 있었다. 그러나 트루먼은 맥아더의 행동은 정부의 군 통제권은 물론이고 민주주의 사회의 중심부까지 흔들어 놓을 위험이 크다고 생각했다. 훗날 트루먼은 "맥아더의 잘못은 자신이 일개 육군 장교라는 것, 그리고 자신의 상관을 바로 대통령이라는 사실을 망각한 것"이라고 말했다.

트루먼이 깊이 고민하지 않고 맥아더를 덮어놓고 파면한 것은 아니다. 우선 맥아더 해임을 결단할 때 남북전쟁 당시 링컨도 비슷한 결단을 내렸던 사실을 참고했다. 링컨은 당시 포토맥지역 육군지휘관이었던 맥클레런 장군이 본분을 넘어 대통령의 명령을 이행하지 않을 뿐 아니라 아무 때나 정치에 간섭하고 심지어는 자신을 무시하는 발언을 내놓고 하는 것을 참고 보다가 결국은 해임했다. 그로부터 90년이 지난 시점에서 링컨은 위대한 대통령으로 추앙받고 있으며 맥클레런은 가장 몹쓸 짓을 한 군인으로 간주되고 있는 역사적 선례를 참고해 맥아더 파면이라는 과감한 결정을 내릴 수 있었던 것이다. 트루먼은 또 맥아더가 명령에 직접적으로 불복한 사례를 모두 모으도록 지시했으며 이런 자료들을 참고하고 내각과 백악관, 군부의 의견을 수렴해 이 결정을 내렸다. 그러나 맥아더 파면에 내각과 합동참모본부 장군들이 만장일치로 찬성했다는 사실을 알릴 수 있도록 파면 서류에 모두 서명을 남기자는 참모들 의견에 트루먼은 "미국 대통령으로서 혼자 결정하겠다. 이 짐을 누구와 나눠지려 한다는 인상을 주고 싶지는 않다. 진실은 이삼일이면 밝혀지기 마련이다. 하지만 오늘밤만은 이것이 내가 내린 결정, 즉 나 혼자 결정한 사항임을 강조하고 싶다."고 말했다.[89]

예상대로 맥아더 파면은 그나마 남아 있던 트루먼의 지지기반을 통째로 흔들었다. 전쟁이 길어지는 것에 염증을 내고, 확전을 반대하던 미국인들이 확전을 주장하는 맥아더를 쳐낸 트루먼을 비판하는 모순이 벌어졌다. 미 국민의 66%가 맥아더 파면을 반대하는 것으로 나타났으며, 백악관에는 파면에 항의하는 전보가 25만 통이나 쏟아졌다. 전보 중에는 "왜 그때 푸에르토리코 사람들이 트루먼을 못 죽였는지 아쉽다."라는 폭언도 있었다. 트루먼 인형 화형식도 열렸다. 공화당 의원들은 트루먼을 탄핵하자고 나섰다. 언론도 이 대열에서 빠지지 않았다. "인기가 많은 사람이 그보다 훨씬 인기가 없는 사람에 의해 파면되는 것은 극히 드문 일이다."고 보도한 《타임》이 대표적이다. 맥아더는 귀국길에 말 그대로 국민적인 환영을 받았다. 하와이와 샌프란시스코를 거쳐 마지막으로 뉴욕에서 퍼레이드를 벌였을 때는 아이젠하워가 제2차 세계대전을 마치고 귀국했을 때 환영 나온 인파의 두 배 수준인 700만 명이나 거리로 쏟아져 나왔다.

그러나 맥아더에 대한 미 국민들의 인기는 얼마 가지 않아 환상이었던 것으로 드러났다. 몇 주일 뒤 의회가 파면의 정당성을 따지기 위해 개최한 청문회에서 맥아더는 자신이 주장했던 한국전 전략에 대해 논리적, 정책적 근거를 제시하지 못했으며 책임전가에 급급한 모습을 보였다. 42일 간 계속된 청문회에서 보여준 맥아더의 쩔쩔매는 모습은 보도를 통해 낱낱이 국민들에게 전해졌다. 그 후 맥아더에 대해 전과 같이 열렬한 지지를 언급하는 사람은 크게 줄어들었다. 트루먼이 내다보았듯 '진실'이 밝혀지기까지는 오랜 시간이 걸리지 않았다. 맥아더는 귀국 직후 의회에서 연설하면서 "노병은 죽지 않고 사라진 뿐이다."라는 영국 군가 한 구절을 인용했는데 퍼렐은 "죽은 것은 젊은 사병들이다. 노병은 연금을 받으면서 (편안한) 노후를 보냈다."는 말로 맥아더를 통렬히 비판했다.[90] 미국과 중국은 트루먼이 퇴임한 6개월 후인 1953년 7월 휴전협정에 조인했다. 미군 약 3만7천 명이 한국전쟁에서 전사했다. 이중 절반이 맥아더가 트루먼의 휴전협상 계획에 반기를 들었던 1951년 3월 이후에 사망했다. 남북한의 경계선도 트루먼이 생각했던 38선 부근에서 결정됐다. 퍼렐의 맥아더 비판은 아마도 이런 것이었을 것이다. "맥아더의 항명으로 달라진 것은 아무것도 없었다. 전쟁이 길어지면서 2만 명 가까운 젊은 생명이 추가로 희생된 것 말고는!" 퍼렐의 비판이 합당하다면, 같은 시기에 발생한 우리 군인과 민간인들의 희생에 대해서도 같은 비판이 가능할 것이다.[91]

2. 무산된 사회경제개혁

트루먼은 1945년 대통령직에 처음 취임했을 때 추진하다 포기했던 사회경제개혁 정책을 2기 정권에서 '패어딜(Fair Deal)'이라는 이름으로 다시 추진하려 했으나 적색 공포와 한국전쟁으로 인해 유야무야되고 말았다. 패어딜의 요체는 '빈부격차를 줄이고 인종이나 성에 관계없이 누구나 공정한 기회를 가질 수 있도록 해야 한다.'는 것이었다. 루즈벨트가 뉴딜정책으로 1929년부터 시작된 대공황을 종식시켰지만 제2차 세계대전으로 인해 뉴딜은 사실상 폐기되었기 때문에 새로운 경제정책으로서도 패어딜이 필요하다는 것이 트루먼의 생각이었다. 미국의 민주주의와 자본주의를 지켜온 자영업자와 소농, 소규모 기업인들을 전쟁을 거치면서 더욱 큰 부를 쌓은 탐욕적인 자본가와 대기업, 금융가들에게서 보호할 필요가 있다고 믿은 것이다.

트루먼은 재선에 성공한 직후인 1948년 11월 의회에 모든 미국인은 '공정한 취업 기회', '공정한 교육 기회', '공정한 의료제도', '공정한 기업경쟁제도'를 누려야 한다고 역설하고 '저소득 농가에 대한 사회보장제도 도입', '노동 관련법 정비', '세제 개혁' 등 사회 경제적 약자를 위한 16개 항의 조치를 촉구했다. 한마디로 패어딜은 없는 사람들, 약한 사람들에게 필요한 것은 물고기가 아니라 물고기 잡는 법이며, 물고기를 잡을 그물과 낚시와 배를 제공해야 한다는 것이었다. 트루먼은 국제관계에서도 패어딜을 주장했다. 소련의 팽창주의를 억제하려면 후진국에 많은 원조가 필요하지만 그 원조는 식품과 연료 등 물자만을 공급해서는 안 되고 기술과 지식을 나눠줘야 한다고 역설했다. 피원조국이 기술과 지식으로 물자를 스스로 생산하도록 하는 것이 중요하다고 본 것이다.

트루먼은 이듬해 1월에도 신년 국정연설에서 자신의 사회경제개혁 정책을 '패어딜-공정한 정책'이라고 명명하면서 재차 의회 압박에 나섰다. 이 중 몇 가지는 입법에 성공했으나 대부분의 중요한 정책은 전쟁 속에 파묻혀버렸다.

국민들의 복지를 위해 정부가 개입해야 한다는 패어딜의 기본 정신은 정부의 개입과 간섭은 적을수록 좋다는 공화당의 '작은 정부론'과 부딪힐 수밖에 없었다. 또 전통적으로 친기업적이었던 공화당이 기업을 규제코자 하는 패어딜을 받아들일 수도 없었다. 다수당이 된 민주당은 분파주의로 인해 트루먼을 전적으로 밀어주지 못했다. 민주당의 분파주의는 보수와 진보, 농촌과 도시, 남부와 북부 등 의원들의 정치 성향 및 출신 지역에 따라 다양하게 표출됐으며, 사안에 따라 이합집산을 거듭했다. 대선 때 트루먼에게 맞섰던 남부 출신 민주당 다선 의원들이 상하원의 주요 상임위원장을 맡은 것도 트루먼의 개혁정책에 불리하게 작용했다. 이들은 트루먼에게 협조하기보다는 공화당과 협업해 트루먼의 정책에 어깃장을 놓기 일쑤였다. 사회주의적이었던 패어딜에 찬성할 경우 매카시에 의해 공산주의자라는 낙인이 찍힐 것을 두려워했던 것도 민주당 의원들이 패어딜 지지에 주저한 이유였다. 트루먼의 사회경제개혁은 얼마 가지 않아 주저앉을 수밖에 없었다.

3. 나락

1951년 11월 철강업계의 노사분쟁이 다시 시작됐다. 이로 인해 한국전쟁과 맥아더 해임, 매카시 선풍 등 크고 많은 악재에 지쳐있던 트루먼의 심신은 결정적으로 약화됐다. 철강노조는 시간당 35센트의 임금 인상을 요구하면서 연말까지 받아들여지지 않으면 파업에 돌입하기로 결의했다. 한국전쟁으로 인해 사상 유례없는 양의 철강을 생산하면서 막대한 이익을 챙긴 철강업체들이 1950년 이후 한 번도 임금을 올리지 않았다는 이유에서였다. 철강업체 못지않은 이익을 낸 자동차업계와 전력생산업체는 이미 임금을 인상한 바 있었다.

트루먼은 파업 예정일이 다가오도록 노사협상에 진전이 없자 12월 22일 이 문제를 '임금안정위원회'에 회부했다. 트루먼이 서두른 것은 철강노조가 파업을 하면 무기 및 탄약 생산에 차질이 생겨 한국전쟁 전비를 상승시키는 것은 물론 전쟁 수행 자체에 문제가 생길 것을 걱정했기 때문이다. 갓 출범한 북서양조약기구(NATO)에 대한 무기 공급도 차질이 예상됐다. 또 철강가격 인상이 여타 물가에도 파급되어 인플레 압력을 가중시키는 것도 염려했다.

철강노조는 위원회의 중재안을 기다려 이듬해 4월 8일까지 파업 돌입을 연기했다. 임금안정위가 마침내 내놓은 시간당 26센트 인상안을 노조는 즉각 받아들였으나 사측은 철강 가격을 톤당 12달러 인상해주지 않을 경우 받아들이지 않겠다고 나섰다. 임금안정위는 다시 중재안 준비에 들어가 톤당 4.5달러의 가격 인상을 트루먼에게 건의, 트루먼도 이 선에서 타결될 것을 기대했다. 그러나 철강업계가 여전히 받아들이지 않자 트루먼은 52년 4월 9일부터 전국 88개 철강공장을 정부가 접수, 생산토록 하는 초강수를 뒀다.

곧바로 맥아더를 해임했을 때와 유사한 정도의 비난이 일었다. 트루먼이 히틀러나 제정러시아 황제와 같은 행태를 보였다는 야유도 있었다. 그러나 더 큰 문제는 정부의 철강공장 접수를 둘러싼 위헌 논쟁이었다. 트루먼은 자신의 조치가 비상사태에 대비한 것인 만큼 입법으로 뒷받침하려 했지만 의회는 받아들이지 않았다. 오히려 의원 일부는 정부 접수를 과잉 대응이라고 간주하고 청문회 개최와 함께 트루먼 탄핵을 주장했다. 언론은 이번에도 트루먼을 편들지 않았다. '왜 트루먼은 일만 저지르는지 모르겠다.'는 것이 전반적인 논조였다.

철강업계는 연방 법원에 공장 접수를 철회하라는 소송을 냈으며 법원은 접수가 불법이라고 판결했다. "파업으로 큰 손실이 예상된다 해도 행정 권력의 무제한적인 남용이 가져올 손실보다는 작을 것"이라는 게 판결 이유였다. 트루먼은 자신의 충정이 오해된 것을 받아들일 수 없었다. 왜 자기의 결정이 틀렸다고 하는지 도저히 이해할 수 없었다. 소회를 밝혀 달라는 기자들의 요구에 트루먼은 "독재자가 될 생각은 전혀 없으며, 그저 나라가 제대로 돌아가기만을 바랄 뿐"이라고 대답했다.

곧이어 이 문제 심리에 들어간 연방대법원도 트루먼의 조치를 위헌으로 판결했다. 사실 트루먼은 철강공장 접수를 결정하기 전에 자신이 연방대법원장으로 임명한 프레드 빈슨(Fred Vinson)에게 위헌적 요소가 있는지 물어보았으며, 문제가 없을 것이라는 대답을 들었다. 빈슨은 나아가 만일 이 문제가 대법원으로 넘어오면 다른 대법관을 자신이 설득할 수 있을 것이라고도 말한 바 있다. 그러나 결과적으로 6대 3으로 위헌 판정한 대법관에는 빈슨도 있었다. 대법원 판결 결과를 들은 트루먼의 얼굴은 하얗게 질렸으며 손까지 떨려 한 동안 서류에 결재 서명도 할 수 없는 지경이 됐다. 이 무렵부터 트루먼은 자신감을 잃어가는 모습을 보이기 시작했다. 며칠 후 트루먼은 바이러스에 감염돼 대통령 특별 병실이 있는 월터 리드 육군병원에 사흘 간 입원해 치료를 받았다. 68세가 되도록 트루먼이 병으로 누운 것은 처음이다.

철강노조는 대법원이 판결을 내린 직후 파업에 돌입했다. 6주간 계속된 파업은 철강업 사상 최장이자 가장 큰 손실을 끼친 파업으로 기록됐다. 업계는 2천백만 톤의 생산차질, 노동자는 4억 달러의 임금 손실을 감수해야 했다. 군수물자 생산은 당초 계획의 3분의 1로 줄었다. "어떤 적군도 한 번에 미국에 이런 손해를 가져온 적은 없었다."는 탄식도 들렸다.

철강노조 파업은 시간당 임금 21센트 인상, 톤당 5.2달러 철강 가격 인상으로 타결되었다. 트루먼이 1년 전에 제시한 시간당 26센트, 톤당 4.6달러 인상안과 별 차이 없는 타협안이었다.

4. "아이쿠 아이크!" – 아이젠하워의 '배신'

트루먼은 1953년 1월 퇴임했다. 52년 대선에서는 공화당 후보로 출마한 아이젠하워가 민주당 후보 애들라이 스티븐슨(Adlai Stevenson)을 압도적 표 차이로 이겼다. 트루먼은 한때 자신이 다시 출마하는 것도 생각해보았으나 포기했다. 당선 가능성도 고려했으며, 그만둘 경우 한국전쟁에 어떤 영향을 미칠지도 생각했다. 또 베스가 백악관 생활을 지겨워한다는 것도 고려했다. 베스는 트루먼의 사랑의 대상이었고 정치에서도 중요한 역할을 했지만 워싱턴에 사는 것은 끔찍하게 싫어해 1년의 절반은 백악관, 나머지 절반은 인디펜던스에 보내고 있었다.[92] 트루먼 역시 베스와 떨어져 있는 걸 끔찍이 힘들어한 데다 과중한 업무와 갈수록 거칠어지는 정치적 공방에 시달려 처음부터 '거대한 하얀 감옥(Great White Jail)'이라고 생각했던 백악관에서 벗어나기로 했다.

1951년 여름부터 자신의 후임에 대해 생각했던 트루먼은 대법원장 빈슨을 불러 출마 의사를 물어보았다. 지지도가 떨어지긴 했지만 현직 대통령이 지원하면 후보 지명은 어렵지 않다는 것은 둘 다 알고 있었다. 그러나 빈슨은 정치적 활동을 해본 적이 오래됐으며, 현직 대법원장이 대선에 나서면 사법부가 정치에 휩쓸리게 될 우려가 있다는 이유를 들어 거절했다.

트루먼은 아이크(Ike, 아이젠하워의 애칭)가 공화당으로 출마할 줄 전혀 몰랐다. 빈슨이 출마를 거듭 거부하자 트루먼은 여전히 국민적 영웅으로 남아있던 아이크를 다시 밀어볼 생각이었다. 민주당 정권 아래서 승진에 승진을 거듭해 마침내 유럽에서 연합군 총사령관을 맡았던 아이크가 민주당 후보로 나서는 건 당연하다고 믿었던 트루먼은 11월 백악관에서 당시 나토군 사령관이었던 아이크를 만나 민주당 후보로 나서겠다면 전적으로 지원하겠다고 밝혔다. 48년 대선 때 이미 민주당 후보로 나서달라는 트루먼의 제안을 거부한 적이 있던 아이크는 이번에도 거부했다. 트루먼은 포기하지 않고 12월 18일 편지를 보내 다시 설득에 나섰다. 이 편지에서 트루먼은 "나는 이제 미주리로 돌아가서 상원의원이나 해볼 생각이다. 공화당 고립주의자들이 백악관에 들어오는 건 막고 싶다. 당신의 의중이 무엇인지 알려주면 좋겠다."라고 썼다. 아이크는 1월 1일 "나도 은퇴한 후 고향으로 돌아갔으면 좋겠다. 나는 대통령직을 원하지 않는다. 내가 정치에 뛰어든다면 아주 먼 훗날의 이야기일 것이니 지금은 무시해도 좋다."는 답신을 친필로 써서 보냈다.

아이크가 트루먼을 속였다는 것은 불과 6일 뒤 드러난다. 공화당 일부 정치인들이 1월 6일 '아이젠하워 대통령 후보 추대위원회'를 발족시킨다고 발표하자 아이크는 바로 다음날 나토군 본부가 있던 브뤼셀에서 나와 파리에서 기자회견을 열고 "공화당의 후보 지명을 받아들일 용의가 있다."고 발표하고 먼 훗날의 일이라던 정치 입문을 선언한다.

아이젠하워

7월 공화당 전당대회에서 무난히 대통령 후보로 지명된 아이크는 11월 선거에서 '아이 라이크 아이크!(I like Ike! 나는 아이크가 좋아!)'라는 단순 명료한 구호를 내걸고 역시 무난히 미국 34대 대통령에 당선된다.

트루먼은 공화당이 집권해 자신이 이룩해 놓은 업적 — 당장은 국민의 지지가 낮지만 — 을 허물어버릴 것을 막기 위해, 또 자신에게 "아이쿠 아이크!"란 말을 수시로 내뱉게 한 아이크의 '배신'을 응징하기 위해 다시 간이역 유세에 나서 1만9,000마일을 다니면서 220회의 연설로 아이크와 공화당을 비난하고 스티븐슨을 지원했지만 허사였다. 트루먼의 연설 가운데는 이런 것도 있었다. "공화당에는 모든 제너럴(General)이 다 있다. 제너럴 모터스(General Motors, 미국 최대의 자동차 회사) 제너럴 일렉트릭(General Electric, 미국 최대의 전력회사) 제너럴 푸드(General Food, 미국 최대의 식품회사)와 제너럴 맥아더(General McCathur, 맥아더 장군)를 챙기더니 이번에는 제너럴 아이젠하워도 가져갔다. 우리 민주당에도 제너럴이 하나 있긴 하다. 그건 제너럴 웰패어(General Welfare, 보편적 복지)이다. 우리가 추구하는 복지는 장군들의 복지가 아니라 일등병, 상등병들의 복지이다!!"

트루먼의 공세에 맞서 아이크는 한 개의 K와 두 개의 C를 잊지 마라는 뜻인 'K1C2'라는 또 다른 단순한 구호를 앞세워 트루먼과 민주당을 공격했다. K는 한국전쟁(Korean War)을, C는 공산주의(Communism)와 부패(Corruption)를 의미했다.

대통령 당선자 신분으로 한국전장을 둘러보고 있는 아이젠하워. 옆의 한국인 장성은 정일권 전 국무총리와 백선엽 장군)

트루먼과 아이크의 반목은 오랫동안 계속됐다. 취임식 날 아이크는 관례에 따라 백악관으로 전임자를 태우러 왔으나 차에서 내리지도 않았고 인사도 제대로 하지 않았다. 취임식이 열리는 의사당까지 가는 동안 두 사람은 아무 대화도 하지 않다가 아이크가 먼저 입을 열었다. "나는 49년에 있었던 당신 취임식에 가지 않았다. 내가 단상에 서면 당신보다 박수를 더 받을 것 같아서 그랬다."는 것이었다. 트루먼도 지지 않았다. "내가 (대통령으로서) 참석을 명령했다면 오지 않을 수 없었을 텐데.”라고 퉁명스럽게 받아쳤다. 실제로 49년 취임식에 참석했던 아이크가 왜 가지 않았다고 말한 건지 이유는 알려지지 않았다. 1954년 아이크가 캔자스시티에 연설 차 와있다는 소식을 들은 트루먼은 ‘우리 동네에 오신 대통령’에게 환영 인사를 하려고 호텔에 직접 전화를 했으나 닿지도 않았을 뿐 아니라 답례 전화도 받지 못했다. 나중에 아이크 쪽 사람들은 “누가 트루먼의 전화를 받았는지 모르겠으나 장난 전화인 줄 알고 그랬을 것”이라고 설명했지만 트루먼은 이후 아이크에게 어떤 연락도 하지 않았다. 아이크도 재임 중 트루먼을 한 번도 백악관으로 부르지 않았다. 형식적으로라도 전임 대통령을 한 번은 초청해 정치적 조언을 듣는 척하는 것이 관례였음에도 아이크는 트루먼에 대해서는 이 관례를 외면했다. 이후 10년간 전화로라도 대화를 나누지 않았던 둘이 얼굴을 맞대고 대화를 다시 나눈 것은 1963년 1월 암살당한 케네디의 장례식장에서였다.

15 '시민' 트루먼-퇴임 후

아이젠하워에게 대통령직을 넘기고 인디펜던스로 내려온 트루먼은 전에 살던 처가를 거처로 정했다. 그랜드뷰의 농장은 여동생이 살고 있어서 돌아갈 수 없었다. 다른 집을 사자니 돈이 없었다. 퇴임 후 트루먼의 수입은 육군연금 월 112.56달러가 전부였다. 당시는 전직 대통령에 대한 예우라는 것이 전혀 없었다. 사무실과 비서 및 운전기사 고용은 꿈도 꿀 수 없었다. 부통령 때부터 그림자처럼 따라붙었던 경호원들도 퇴임 당일 워싱턴 역을 떠나는 순간 사라졌다. (전직 대통령에 대한 경호서비스가 도입된 건 케네디 암살 이후부터다.) 트루먼 부부는 대통령 시절 받은 연봉 일부를 아껴 국채에 투자했던 돈을 찾아 생활해야 했다. 퇴임 직전 워싱턴의 한 은행에서 대출을 받았지만 그 액수는 알려지지 않았다.[93] 그럼에도 트루먼은 이름을 팔아 생활비를 벌 생각은 없었다. 여러 기업과 기관에서 명목상 재임해주기만 해도 10만 달러 이상의 연봉을 주겠다는 제의를 받았으나 모두 거부했다. 트루먼은 그저 "나는 다시 평범한 시민으로 되돌아 온 사람"이라고 말할 뿐이었다. 일본의 토요타자동차가 미일 관계 개선의 상징으로 트루먼에게 신형 자동차를 제공하려 했지만 이 역시 거부했다. 트루먼은 은퇴한 대통령이 품위 있게 사는 법을 보여주었고 미국인들은 이런 모습에서 그의 인간됨을 다시 느꼈다.

고향에 돌아온 트루먼은 회고록 집필과 트루먼 도서관 건립 등 두 가지 사업에 몰두했다. 두 가지 모두 역사의 중요성을 믿고, 역사를 존중하면서 역사(기록)를 남기기에 게을리 하지 않은 트루먼의 성격이 드러나는 사업이었다. 회고록 출간 작업은 1953년 한 출판사와 60만 달러에 판권 계약을 한 뒤 캔자스시티 연방청사의 한 사무실에서 전문 집필자와 함께 시작됐으나 쉽게 진척되지 않았다. 트루먼이 "회고록은 이야기(Story)가 아니라 역사(History)가 되어야 한다."고 주장하면서 문체나 구성의 아름다움에 앞서 자신의 '회고'가 정확한 지를 당시 각료들과 백악관 참모들, 동료였던 정치인들에게 수차례 검토를 시키면서 확인했기 때문이다. 작업이 지지부진해지면서 전문 집필자도 여러 차례 바뀌었다. 그 결과 트루먼 회고록은 "역대 대통령들 대다수가 피하려고 했던 일, 즉 대통령 재임 시 있었던 일을 상세하게

트루먼 도서관 전경

남겼다."는 점에서는 찬사를 받았으나 트루먼 본인은 물론 당대 주요
인물에 대해 "생생하고 역동적인 면모를 보여주지 못하고 있어 공문
서 같다."는 평가를 받기도 했다.[94] 이런 평가는 트루먼이 회고록에서
이야기가 아니라 역사 기록에 치중했기 때문이라고 봐야 할 것이다.
실제 58장으로 구성된 상하권 두 권의 회고록 중 트루먼의 인간적인 모습이 그나마 드러나 있는 부분은 성장기를 기록한 제9장뿐이다.

도서관 건립은 "미국인들에게 미국의 대통령직이 어떤 것인지를 알리기 위한 목적"으로 추진되었다. 기부금과 강연료 등 175만 달러의 예산으로 1955년 트루먼의 생일에 착공, 1957년 7월 6일 완공된 이 도서관에는 대통령 재임 때의 보고서, 연설문, 메모와 편지 등 350만 건의 자료가 1,500개의 파일박스에 보관되어있다. 또 베스에게 보낸 편지 1,300통과 마가렛에게 보낸 편지 100통 등 1,400통의 가족 서신도 함께 보관하고 있다. 그러나 불행히도 베스가 트루먼에게 보낸 편지는 1955년 베스가 거의 모두 태워버려 별로 남아있지 않다. 트루먼은 베스가 편지를 태우는 걸 보고 "그걸 왜 태우는 거요? 모두 역사가 될 귀중한 자료인데?"라고 제지했으나 베스는 "역사이기 때문에 태운다."며 편지를 벽난로에 계속 집어넣었다. 마가렛은 "어머니가 편지를 태운 것은 아버지의 정치적 결단에 영향을 미쳤다는 흔적을 남기지 않기 위해서였을 것"이라고 주장했다.[95]

또한 트루먼은 의회를 설득해 모든 대통령의 문서를 마이크로필름으로 보관하도록 만들었다. 역사와 기록에 대한 트루먼의 이 같은 집착 덕에 도서관에 방대한 자료가 보관될 수 있었으며, 훗날 트루먼 연구가들과 전기 작가들의 저술이 대부분 트루먼에게 호의적인 결론으로 끝난 것도 도서관에 소장된 진솔하고 풍부한 사료 덕분이었을 것이다. 실제 미국 대통령 시리즈 중 트루먼 편을 쓴 로버트 달렉 (Robert Dallek)은 트루먼이 사후에 높은 재평가를 받게 된 것은 트루면의 서민성 외에 매컬로우의 트루먼 전기 같은 서적이 트루먼에 대한 미국인들의 부정적 관념을 바꿨기 때문이라고 썼다.[96] 매컬로우의 트루먼 전기 역시 트루먼 도서관 자료에 크게 의지했음은 물론이다.

트루먼은 매일 아침 5시쯤 일어나 사설 경호원 겸 운전사와 30분 정도 산책을 한 후 15분 정도 신문을 읽고 아침을 먹은 후 편지에 답을 보내거나 찾아온 손님을 맞았다. 점심 후엔 꼭 낮잠을 잤다. 공식 일정이 없으면 D포병중대의 옛 친구들과 포커를 하면서 시간을 보냈다. 포커는 젊을 때부터 트루먼의 유일한 오락이었는데, 솜씨가 나쁜 편은 아니었다. 트루먼은 "종이로 하는 일 중에 내가 제일 잘 하는 게 포커"라며 너스레를 떨었다. 포츠담회담에서 교분을 쌓은 처칠이 '철의 장막' 연설을 하러 미국에 와서 트루먼과 함께 워싱턴에서 연설장소인 미주리 주 풀턴으로 기차를 타고 가다가 트루먼과 트루먼의 미주리 주 친구들이 포커를 하는 걸 보고 나도 한 번 해보자고 끼어들었다. '영국 귀족' 처칠은 미주리 주 '타짜'들의 상대가 될 수 없었다. 처칠이 계속 잃자 트루먼의 친구들이 '억지로 잃어준 끝에' 처칠이 체면을 회복했던 적도 있다. 트루먼은 술을 취할 정도로 마시지는 않았지만 매일 버번위스키 한 잔은 마시는 버릇이 있었다. 루즈벨트가 급서한 날에도 상원의 한 사무실에서 막 버번 잔을 들고 있다가 '급히 백악관으로 들어오라.'는 전화를 받았다.

도서관이 완공된 후에는 자동차로 3분 거리인 도서관으로 '출근'

학생들에게 미국의 정치를 설명하는 트루먼. 1960년

했다. 도서관에서는 하루 20-30통의 편지 답장을 구술한 후 방문객을 맞거나 강당에서 단체로 답사 온 고등학생들을 상대로 강연도 하고 질의응답을 하면서 보냈다. 그는 항상 웃으면서 대답했지만 원자탄에 대한 질문만은 예외였다. 이때 트루먼의 표정은 엄격하고 진지하기 그지없었다. 직원들이 없을 때는 가이드로 나서 방문자들에게 도서관을 직접 안내했다. 이런 소탈함과 겸손함에 미국 사람들은 갈수록 반하지 않을 수 없었다. 동네 이발소에서 머리를 자르고, 지점 앞마당

잔디를 깎다가 알아봐주는 사람들에게 미소와 함께 손을 흔들면서 가식 없는 말투로 말을 건네는 트루먼의 모습 또한 사람들을 반하게 했다.

트루먼 부부는 워싱턴을 떠난 지 약 반 년 뒤인 53년 7월 베스와 워싱턴으로 자동차 여행을 떠났다. 운전대는 트루먼이 잡았으며 비서나 경호원 친구도 없이 부부 둘만 떠난 여행이었다. 3주간 예정의 여행에서 트루먼 부부는 아는 사람이 있는 곳이면 그 집에서, 없으면 값싼 모텔에서 자고 길거리 여행자 식당에서 밥을 먹었다. 워싱턴에서는 초청자 부담으로 고급 호텔에서 자고 만찬파티에 초대돼 호사를 누렸지만 소박하고 검소한 여행이었다. 트루먼은 부부만의 한가한 여행을 기대했으나 사람들에 둘러싸여 사인을 해주고 사진을 찍는 등 번잡할 때가 많았다. 교통경찰에게 걸린 것은 돌아올 때 피츠버그 부근 작은 도시에서였다. 교통량이 많은 길에서 노인인데다 길도 모르는 트루먼의 차가 왼쪽 차선에서 천천히 진행하는 바람에 뒤차들이 꼬리를 물며 정체가 일어나자 교통경찰에게 적발된 것이었다. 트루먼의 차를 오른쪽 차선으로 유도해낸 경찰관은 법규를 위반한 서행 차량 운전자가 트루먼인 것을 알고 깜짝 놀라지 않을 수 없었다. 트루먼은 주의만 받고 가던 길을 갔는데, 나중에 이 사실을 안 친구들에게는 "나를 알아본 그 경찰이 악수나 하려고 차를 서라고 한 줄 알았다."고 말했다. 트루먼은 영국 옥스퍼드대학에서 명예박사학위를 받았다. 영국에 가는 길에 프랑스 등 유럽 몇 나라를 여행했는데, 트루먼은 제1차 세계대전과 포츠담회담 당시에 이어 세 번째 외유였지만 베스는 첫 해외여행이었다.

그렇다고 트루먼이 은퇴한 전직 대통령으로서 유유자적한 생활만 즐긴 것은 아니다. 정치적 본능과 투쟁적 기질은 트루먼으로 하여금 현실 정치에서 완전히 손을 떼지 못하게 했다. '원로 정치인'이라는 말도 듣기 싫어했다. 자신이 예측했던 대로 아이젠하워가 너무 보수적이며, 대기업만 편들고 있다고 본 트루먼은 1956년 대선에서 다시 민주당 후보로 지명된 애들라이 스티븐슨을 위해 72세의 나이에도 불구하고 20개 주를 순회하면서 지지 유세에 나섰다. 트루먼은 스티븐슨이 "이기려는 정신, 싸우려는 정신이 부족하다."며 처음엔 애버렐 해리먼(Averell Harriman) 뉴욕 주지사를 후보로 밀었으나 스티븐슨이 지명되자 그의 당선에 발 벗고 나선 것이었다. 유세 도중 피츠버그에서 연임에 도전한 아이젠하워와 같은 호텔에 묵었으나 둘이 마주치지는 않은 것으로 전해진다. 선거 결과는 다시 스티븐슨의 패배였다. 트루먼은 민주당의 패배는 시민의 당이 되기를 포기했기 때문이며, 원래의 민주당으로 되돌아가기 전에는 절대 어떤 선거에서도 이기지 못할 것이라고 생각했다.

1959년 트루먼은 민주당이 베풀어준 자신의 75세 생일파티에서도 이듬해 대선에 나설만한 마땅한 후보감이 없다며 "누구든 공화당을 꺾을 수 있는 사람이 후보가 됐으면 좋겠다. 그게 누구든 전력을 다해 지원하겠다."고 말했다. 1960년 민주당 전당대회에서는 존 F. 케네디가 후보로 지명됐다. 트루먼은 케네디를 좋아하지 않았다. 너무 젊어 큰 정치 경험이 없으며, 매카시가 적색 공포를 불러일으키며 민주당은 물론 미국을 극심한 혼란에 빠트렸을 때 상원의원 케네디가 책임 있는 정치인의 자세를 보이지 않았고, 아버지가 조지프 케네디였기 때문이었다. 조지프 케네디는 오래전부터 트루먼과 껄끄러운 관계였으며, 아들을 후보로 만들기 위해 돈으로 민주당 전당대회를 사려고 한다는 비판을 받고 있었다. 실제 조지프는 1960년 민주당 전당대회를 앞두고 무려 400만 달러를 뿌렸다. 트루먼은 케네디가 인디펜던스로 내려오는 등 직접 찾아와 지원을 간곡히 요청하자 마음을 돌려 선거전이 본격화되자 13개 주를 돌며 지원 유세를 펼쳤다. 공화당의 닉슨을 꺾고 당선된 케네디는 취임 직후 백악관으로 트루먼을 초청, 지원에 대해 감사를 표시했다.

트루먼의 경제사정은 몇 년 후 동생이 살고 있던 그랜드뷰의 농장이 당시 유행이던 쇼핑몰 건설 부지를 찾아나선 부동산 업자에게 팔리면서 비로소 해소됐다. 또 58년에 도입된 전직 대통령 연금도 생활에 큰 보탬이 되었다. 연금은 2만5천 달러였다. 회고록 집필로 받은 60만 달러는 전문 집필가 고용 비용과 세금으로 거의 다 지출했고 겨우 3만7천 달러만 트루먼의 손에 들어왔다. 이때 트루먼 회고록에 적용된 세율은 67%나 되었는데, 아이크가 49년에 출간한 제2차 세계대전 참전기록인 『유럽의 십자군(Crusade Europe)』에 적용된 세율 25%에 비하면 월등히 높았다. 원래는 아이크 회고록에도 고율의 세금이 부과될 예정이었으나 트루먼 당시 백악관의 개입으로 국세청이 세율을 낮춰주었다. 아이크의 '배신'에 감정이 상해있던 트루먼 지지자들은 백악관이 나섰더라면 세금이 그렇게 터무니없이 높게 나오진 않았을 것이라며 트루먼 이상으로 섭섭해 했다.

시간이 지날수록 트루먼을 달리 보는 사람들이 더욱 늘어났다. 인간적인 측면에서만 아니라 정치인 트루먼에 대해서도 재평가하려는 움직임이 두드러졌다. 트루먼의 정치적 이상이 담겨있던 '패어딜'의 정신은 60년대 존슨 정부가 이어받아 '위대한 사회(Great Society)' 정책으로 재탄생했다. 또 70년대 닉슨의 부도덕성과 거짓말에 넌더리를 냈던 미국인들은 트루먼의 정직과 도덕성을 다시 돌아보게 되었으며, 80년대에는 카터의 무능함이 트루먼의 단호한 결단과 투지를 돋보이게 했다. 90년대 초 소련 공산주의가 마침내 붕괴한 것도 트루먼이 일찍이 '트루먼 독트린'을 선언, 소련을 자본주의의 힘으로 봉쇄한 결과로 받아들여졌다. 공화당에서도 지지자가 생겨났다. 레이건의 뒤를 이어 대통령이 된 조지 부시(아버지 부시)는 트루먼을 좋아해 스스로를 '트루먼 공화당원(Truman Republican)'이라고 부를 정도였다.[97]

트루먼의 장례식

    트루먼은 대장염으로 22일간 입원해 투병하다 1972년 12월 26일 서거했다. 이미 여러 차례 낙상 사고와 노인성 질환으로 병원에 드나들었던 트루먼은 측근들이 '화려한' 장례식을 준비하는 것을 보고 "그 멋진 쇼를 나는 못 보겠네?"라고 말했다. 그가 남긴 마지막 유머 중 하나다. 트루먼은 지금 트루먼도서관 잔디밭에 묻혀있다. 그의 옆엔 10년 뒤에 숨진 아내 베스가 있다.

    "미국에는 나보다 훌륭한 대통령감이 백만 명은 더 있을 것이다. 그러나 지금 대통령은 나이기 때문에 최선을 다하지 않을 수 없다."고 말했던 트루먼은 오늘날에도 자신의 삶과 일에서 최선을 다한 대통령으로 평가받고 있다.

트루먼 어록

"권력과 돈 그리고 여자, 이 세 가지가 남자를 망칠 수 있다. 나는 한 번도 권력을 원하지 않았으며 돈도 가져본 적이 없다. 내 인생에서 유일한 여자는 지금 집에 있다."

"Three things can ruin a man: power, money, and women. I never wanted power, I never had any money, and the only woman in my life is up at the house right now."

"명성을 얻을 생각을 안 하면 성공은 쉽다! 놀라울 정도로 쉽다!"

"It is amazing what you can accomplish if you do not care who gets the credit."

"독서를 많이 하는 사람이 지도자가 되는 건 아니지만 지도자가 되려면 많이 읽어야 한다."

"Not all readers are leaders, but all leaders are readers."

"옆집 사람이 실직하면 리세션(일시적 불경기)이지만 당신이 실직하면 디프레션(장기적 경기침체)이다."

"It's a recession when your neighbor loses his job; it's a depression when you lose your own."

"명성은 수증기, 인기는 우연, 돈은 있다가도 없어지는 것. 오늘 행복해도 내일은 저주로 시작하는 삶. 그런 삶에서도 그 사람의 성격만은 변하지 않는다."

"Fame is a vapor, popularity is an accident, riches take wings, those who cheer today may curse tomorrow and only one thing endures – character."

"당신이 몰랐던 건 언제나 당신에게 새로운 것이다."(하늘 아래 새로운 건 없다.)

"The only thing new in the world is the history you do not know."

"내가 그 자들(공화당과 기득권층)을 지옥에 보내지 않았다. 나는 사실을 말했을 뿐인데 그 자들이 지옥에 왔다고 생각한 것이다."

"I never did give them hell. I just told the truth, and they thought it was hell."

"확신시킬 수 없으면 혼란시켜라."

"If you can't convince them, confuse them."

"경험은 고난의 보상이다."

"The reward of suffering is experience."

"우리가 사람은 모두 똑 같게 창조됐다고 믿는 것은 모든 사람이 신의 형상을 따라 창조됐기 때문이다."

"We believe that all men are created equal because they are created in the Image of God."

"믿음의 증거는 말이나 기도, 경건한 삶에 있지 않고 다른 사람에게 대하는 태도에 있다."

"We must remember that the test of our religious principles lies not just in what we say, not only in our prayers, not even in living blameless lives – but in what we do for others"

"이기주의와 탐욕이 모든 문제의 원인이다. 개인이건, 국가건."

"Selfishness and greed, individual or national, cause most of our troubles."

"더운 날엔 절대로 뜨거운 똥을 차지마라."

"Never kick a fresh turd on a hot day."

"공화당도 최저임금제를 좋아한다. 그들은 '최저(최저임금을 받는 사람)'가 더 많을수록 더 좋다고 생각하는 것이다."

"The Republicans believe in the minimum wage – he more the minimum, the better."

"어릴 때 정치인이 되거나 유흥가(사창가)에서 피아노를 치고 살거나 둘 중 하나를 선택할 수 있었는데, 지금 생각해보니 둘 사이에 별 차이가 없네!"

"My choice early in life was either to be a piano player in a whorehouse or a politician. And to tell the truth, there's hardly any difference."

"다른 사람의 반짝거리는 구두를 흔적을 남기지 않고 밟을 수 있는 사람이라면 재주가 빈틈없는 사람이다."

"Tact is the ability to step on a man's toes without messing up the shine on his shoes."

"결정을 했으면 뒷일을 걱정하지 말아야 한다."
"Once a decision was made, I didn't worry about it afterward..."

"워싱턴에 친구가 있으면 좋겠다고? 개나 한 마리 키우시지!"(정치인은 좋은 친구가 아니라는 뜻)
"You want a friend in this city? [Washington, D.C.] Get a dog!"

"앞에 닥친 기회를 어렵게 만드는 사람이 비관주의자, 닥친 어려움을 기회로 만드는 사람이 낙관주의자이다."
"A pessimist is one who makes difficulties of his opportunities and an optimist is one who makes opportunities of his difficulties."

"맥아더를 친 건 대통령의 권위를 존중하지 않았기 때문이지, 멍청한 S.O.B.라서 자른 게 아니다. 그렇다고 맥아더가 멍청한 S.O.B.가 아니라는 말은 아니다."
"I fired MacArthur because he wouldn't respect the authority of the president. I didn't fire him because he was a dumb son of a bitch, although he was."

"효율적인 정부라는 생각이 들면, 그 정부는 독재적인 정부이다."
"Whenever you have efficient government you have a dictatorship."

트루먼 어록

"스스로 초당파적이라고 하는 사람은 당신을 찍지 않을 사람이다."

"When a fellow tells me he's bipartisan, I know he's going to vote against me."

"정치인은 군인보다 더 소모품이다."

"I always considered statesmen to be more expendable than soldiers."

"자부심은 소인배들에게 하늘이 준 선물이다."

"Conceit is God's gift to little men."

"한 손만 있는 경제학자가 어디 없나! 이 사람들은 (언제나) '한편'이라고 말하고 있으니 말이야."(경제학자들이 경제를 예측하면서 '한편 - on the one hand - 으로는 이렇게도 예측이 됩니다.'고 말하는 것을 야유함.)

"Give me a one - handed economist! All my economists say, On the one hand on the other."

"하기 싫은 결정을 내렸더니 또 다른 하기 싫은 결정이 기다렸다."

"Whenever I make a bum decision, I go out and make another one."

"모세가 이집트에서 여론 조사를 했다면 유대인들을 가나안까지 데리고 갈수 있었을까?"

"How far would Moses have gone if he had taken a poll in Egypt?"

"너무 착하면 관심을 받기 어렵지."

"Being to good is apt to uninteresting."

"언론이 날 때리는 걸 중단할 때는 내가 뭔가 틀린 짓을 하고 있을 때다."
"Whenever the press quits abusing me, I know I'm in th wrong pew."

"대통령은 언제나 인기를 끌 수 없다."
"A president cannot always be popular."

"아이크는 이 의자(대통령 의자)에 앉아 이거 해라 저거 해라 하겠지? 하지만 아무것도 안 될 걸. 불쌍한 아이크!! 여기는 군대랑 다르지. 그걸 알면 주저앉을 걸."
"He'll sit right here and he'll say do this, do that! And nothing will happen. Poor Ike – it won't be a bit like the Army. He'll be find it very frustrating."

"이건 버번 냄새가 나는 물입니다."(술 먹는 걸 싫어하는 사람들 앞에서 버번을 한 잔 따르며)
"It's a little H₂O flavored with bourbon."

"지금 어딘가는 (버번을 마셔도 남이 탓하지 않는) 점심때일 거야."(아침에 버번을 마시면서)
"It must be noon, somewhere."

"포커는 종이로 하는 일 중 내가 제일 좋아하는 거지."('paper work'은 서류 작업, 서류를 들여다보는 일)
"Poker is my favorite form of paper work."

트루먼 연보

1884년	5월 8일 미주리 주 라마에서 출생하다.
1887년	라마 부근 그랜드뷰로 이사하다.
1890년	그랜드뷰에서 인디펜던스로 이사하다. 인디펜던스 장로교회 주일학교에서 베스를 처음 보다.
1901년	인디펜던스 고등학교를 졸업하다. 고교 졸업 후 철도공사장에서 노동자 근로시간 계측원, 은행원 등으로 일하다. 1906년 아버지의 부름으로 그랜드뷰로 내려와 전업 농부로 일하다.
1905년	미주리 주 주방위군에 입대, 포병으로 복무하다.
1917년	6월에 주방위군에 재입대, 중위로 선출되다. 8월 129야전포병연대 소속이 되다.
1918년	4월 프랑스에 도착, 5월에 대위로 진급하다. 7월에 129야전포병연대 D포병중대 중대장이 되다. 9월 6일 첫 전투에 참가하다.
1919년	5월에 전역한 후 6월에 베스와 결혼하다. 남성용품 상점을 열었으나 1922년에 문을 닫다.
1922년	잭슨 카운티 동부지역 판사로 선출되다.
1924년	외동딸 마가렛이 태어나다.
1926년	잭슨 카운티 수석판사로 선출되다.
1930년	잭슨 카운티 수석판사로 재선출되다.
1934년	연방 상원의원으로 선출되다.
1940년	상원의원 재선에 성공하다. 이듬해 트루먼 위원회를 발족시켜, 위원장을 맡으면서 혁혁한 성과를 거둬 전국적으로 지명도를 얻다.
1944년	7월에 민주당 부통령 후보로 지명됐으며, 11월에 부통령에 당선되다.
1945년	4월 루즈벨트의 급서로 미국 33대 대통령이 되다. 5월 독일 항복 후 7

월 포츠담 회담에 참석했으며 8월 일본에 원자폭탄 투하를 결정하다.

1948년   2월에 민권법 입법을 촉구하다. 소련의 서베를린 봉쇄에 맞서 베를린 공수작전을 지시하다. 11월 대통령 연임 선거에서 '간이역 유세'로 역전승을 거두다.

1949년   취임식에서 페어딜정책 추구를 천명하다. 나토를 발족시키고 아이젠하워를 사령관으로 임명하다.

1950년   수소폭탄 개발을 지시하다. 6월 한국전 참전을 결정하다

1951년   맥아더 유엔군 사령관을 해임하다.

1952년   11월 대선에서 민주당 후보 애들라이 스티븐슨이 아이젠하워에게 패배하다.

1953년   1월 대통령직에서 물러나 미주리 인디펜던스로 돌아가다.

1955년   회고록을 내다.

1956년   인디펜던스에 트루먼도서관이 문을 열다.

1972년   12월 26일 세상을 떠나다.

미주

1. 조갑제 닷컴 대표 조갑제 등이다. 트루먼에 대한 조갑제의 글은 조갑제 닷컴 참고.

2. 도서출판 선인에서 출판했다. 『트루먼』은 김정배 신라대 교수가 집필했다.

3. Ralph Keyes, *Wit & Wisdom of Harry Truman*, Amazon Kindle Edition 896 행.

4. 아시다시피 SOB는 Son Of Bitch의 머리글자 모음이다. 미국 사람들 욕이다. 우리나라에선 '쌍놈' 혹은 '개자식'이라고 번역하는 사람이 많다. 서민 출신으로 소탈한 성품이었던 트루먼은 자주 이 욕을 입에 올렸다. 남에게도 썼지만 여기서 보는 것처럼 자신에게도 자주 썼다. 앞으로도 이 책에서 이 욕을 써먹는 트루먼의 모습을 보게 될 것이다.

5. 이 책을 쓰는데 크게 의지한 데이비드 매컬로우(David McCullough)의 트루먼 전기(*Truman*, Simon & Schuster, New York 1992)와 로버트 퍼렐(Robet Ferrell)의 트루먼 전기(*Harry S. Truman: A Life (Give'em Harry)*, Amazon Kindle Edition)와 같은 저술이 트루먼 재평가 연구의 대표적 사례이다.

6. Joseph Nye, *Presidential Leadership and the American Era*, Princeton University Press, 2013(『미 대통령 리더십과 미국시대의 창조』, 박광철 구용회 옮김, 도서출판 인간사랑, 2015), pp 74~75.

7. 한 논문(http://home.comcast.net)에 따르면 조지 워싱턴부터 빌 클린턴까지 미국 대통령 42명 가운데 트루먼의 키는 앞에서 13번째였다. 이들의 평균 키는 5피트 11인치로 트루먼은 이보다 약간 작았다.

8. 매일경제 2007년 2월 28일자.

9. 백악관에서의 트루먼의 '인간애'는 D. McCullough, pp 385~387.

10. Keyes, 1260행.

11. 트루먼의 주방위군 입대 전후 과정은 D. M. Giangreco, *The Soldier from Independence: A Military Biography of Harry Truman*, Zenithboks, 2009. Minneapolis. 1장 참조.

12. D. McCullough, p. 103.

13. 트루먼은 같은 캠프의 다른 부대 PX에서는 구입할 수 없던 식료품과 필수품을 비치해 부대원들의 인기를 모았으며, 여기서 생긴 이익을 부대원들에게 돌려주었다. 함께 PX를 운영했던 에디 제이콥슨 상병은 나중에 트루먼의 동업자로 함께 사업을 벌였다.

14. 당시 미국의 무기 수준은 뒤떨어져 프랑스제 대포를 사용해야 했다. 이 프랑스제 대포는 성능이 매우 뛰어나 독일군들은 '악마의 무기'라고 불렀다. R. Ferrell, p. 60.

15. 200명 가까운 많은 사람 앞에 서본 것은 평생 처음이었던 트루먼이 사병들의 기세에 눌려 훈시를 제대로 하지 못했다는 설명도 있다. D. McCullough, p. 117.

16. D. M. Giangreco, p. 98.

17. 패튼은 양차 세계대전 모두 참전했던 미국 장군으로 탱크부대를 이끌면서 용맹함과 뛰어난 지략으로 두 전쟁에서 독일군을 패배시키는데 큰 공을 세웠다.

18. 이런 '조직' — 미국 사람들이 machine이라고 부르는 — 은 미주리 주뿐만 아니라 미국 전역에서 활발히 가동되고 있었다. 미국 동부의 도박도시 애틀랜틱시티의 흥망성쇠를 다룬 '보드워크 엠파이어(Boardwalk Empire)'에는 1920년대에 이런 조직의 전미 연합체 비슷한 조직이 결성됐으며, 여기에는 팬더개스트 조직도 가담한 것으로 보인다(『보드워크 엠파이어』, 넬슨 존스 지음, 이은경 옮김, 황소자리, 2014, 186쪽).

19. D. McCullough, pp. 158~160; R. Ferrell, p. 92.

20. M. Truman, *Bess Truman*, Amazon Kindlle Edition 1566행.

21. D. McCullough, p. 166.

22. D. McCullough, p. 167.

23. D. McCullough, p. 170.

24. R. Ferrell, p. 102.

25. Wikipidia, List of United States President by Net Worth.

26. 트루먼 회고록 상권 'The Year of Decision' 10장.

27. D. McCullough, p. 194.

28. R. Ferrell, p. 116.

29. 톰 팬더개스트가 트루먼이 언젠가는 거물이 되어 자신을 능가하는 인물이 될 것을 걱정했다는 증언도 있다. R. Ferrell, p. 127.

30. R. Ferrell, p. 131.

31. R. Ferrell, p. 124.

32. D. Mccullough, p. 214.

33. 트루먼 회고록 상권 11장.

34. R. Ferrell, p. 133.

35. 트루먼 회고록 상권 11장.

36. 트루먼 회고록 상권 11장.

37. M. Truman은 아버지가 약속대로 장서를 다 읽었다고 주장했으나 R. Ferrell 은 초등학생이었던 트루먼이 당시 공립도서관 장서 1,700권을 다 읽으려면 일 주일에 3~4권을 읽었어야 했다는 계산으로 마가렛의 주장을 반박하고 있다.

38. 트루먼 회고록 상권 11장.

39. D. McCullough, p. 77.

40. M. Truman, 13장.

41. D. McCullough, p. 230.

42. 회고록 상권 11장.

43. 회고록 상권 11장.

44. D. McCullough, p. 241.

45. D. McCullough, p. 245.

46. R. Ferrell, p. 156.

47. R. Ferrell, p. 153.

48. R. Ferrell, p. 157.

49. D. McCullough, pp. 259~261.

50. R. Ferrell, p. 135.

51. D. McCullough, p.289

52. D. McCullough, p. 288.

53. 미 상원 홈페이지 http://www.senate.gov.

54. 베스에게 보낸 트루먼의 편지 중 가장 인상적인 것은 결혼 38주년인 1957년 6월 28일 편지라고 생각한다. 트루먼은 이 편지에서 매년 결혼기념일 즈음에 일어났던 일 중 대표적인 것을 한 줄씩 적었는데, 기록할 것이 없는 해에는 '그냥 행복했던 때, 모든 것이 잘 되어가고 있었지'라고 썼다. "당신과 함께 있어서 행복하고 잘 되었다.'는 감사일 것이다.

55. 회고록 상권 9장.

56. C-span 1992년 7월 19일 인터뷰(Truman Library 홈페이지에서 재인용).

57. D. McCullough, p. 168.

58. Kati Marton, Hidden Power: *Presidential Marrige That Shaped Our Recent History*. 2001 Pantheon Bools, New York. 『숨은 권력자, 퍼스트레이디』, 이창식 옮김, 이마고, p. 154.

59. 신시나투스는 어느 날 밭을 갈다가 로마를 포위한 외적을 물리쳐달라는 원로원의 긴급 요청을 받고 로마로 올라가 최고위직인 집정관을 맡아 군대를 지휘, 적군을 패퇴시키는 큰 공을 세웠다. 원로원과 시민들은 로마에 머물면서 집정관을 계속 맡아달라고 간청했지만 신시나투스는 올라온 지 16일 만에 다시 시골로 내려가 전처럼 농부로 돌아갔다. 전쟁 때는 나라에 몸을 바치지만 평화가 돌아오면 권력을 내려놓고 평범한 사람으로 만족한 신시나투스는 로마적 덕성(Roman Virtue)의 전범으로 꼽힌다. 미국인들은 농부였다가 미국 독립군 총사령관을 맡았던 초대 대통령 조지 워싱턴을 '미국의 신시나투스'라고 불렀으며, 오하이오주의 신시내티(Cincinnati)는 신시나투스의 이름을 딴 도시다.

60. D. McCullough, p. 299.

61. Robert Dalleck, *Harry S. Truman, The American Presidents*, p. 243.

62. 회고록 상권 11장

63. 회고록 상권 11장

64. D. McCullough, p. 349.

65. R. Keyes 415행.

66. trumanlibrary.org Harry Truman Speaks.

67. McCulough는 파업,노동자들을 징집하겠다는 트루먼의 생각은 5월 22일 백악관 잔디밭에서 열렸던 제2차 세계대전 참전 상이용사 모임에서 비롯된 것이라는 관점을 보이고 있다. 이날 모임에서 트루먼은 나라를 위해 전쟁터에서 아무 대가 없이 자신들을 희생한 군인들의 모습에서 나라의 경제 위기는 전혀 고려하지 않고 자신들의 임금 인상에만 목소리를 높이는 노동자들의 이기적인 행태에 분노와 좌절을 느꼈다(D. McCullough, p. 497~498)

68. Paul Johnson, *Creators*, HarperCollins, 2006 (창조자들 황금가지 2009 이창신 번역 pp. 308~309)

69. 김정배, 『미국 대통령 시리즈 해리 트루먼』, p. 118에서 재인용.

70. 회고록 하권 '*The Years of Trial and Hope*' 13장.

71. M. Truman, *Harry Truman* 292행.

72. D. Halberstam, 『콜디스트 윈터』, 정윤미 · 이은진 옮김, 살림, 2009, p. 311.

73. M. Truman, *Harry Truman* 1장.

74. D. Halberstam, p. 310.

75. M. Truman, *Harry Truman* 1장.

76. 회고록 하권 '*The Years of Trial and Hope*' 13장.

77. D. Halberstam, p. 312~313.

78. J. Reston, *Deadline,* 1991, RandomHouse, p. 269.

79. M. Truman and Harry Truman, '*Where the buck stops*' 6장 'Freedom – or Abuse – of the Press?

80. K. Marton, p. 137.

81. K. Marton, p. 138.

82. D. McCullough, p. 575.

83. D. McCullough, pp. 576~578.

84. 트루먼의 2기 취임식 분위기는 D. McCullough, pp. 723~725.

85. 조선일보 2015년 1월 24일자.

86. R. Dalleck, *Harry S. Truman*, 7장.

87. D. Halberstam, p. 924~925.

88. D. Halberstam, p. 925.

89. Halberstam, p. 931.

90. D. Ferrell, p. 350.

91. 한국전쟁과 트루먼, 맥아더의 관계는 D. Halberstam의 『콜디스트 윈터』와 남시욱의 『한국전쟁과 미국: 트루먼 애치슨 맥아더의 역할』(서울:청미디어, 2015)에 상술되어있다.

92. 트루먼에 대한 베스의 정치적 역할은 『숨은 권력자, 퍼스트 레이디』 중 '베스 & 해리 트루먼' 편 참조.

93. D. McCullough, p. 928.

94. R. Dallek, *Harry S. Truman*, Amazon Kindle Edition 2379행.

95. 마가렛은 '베스는 자신이 트루먼의 정치에 관여했음을 숨기기 위해' 편지를 태웠다고 말한다. M. Truman, *Bess Truman* 28장.

96. R. Ferrell, p. 493.

97. Ralph Keyes, *The Wit & Wisdom of Harry Truman*, Amazon Kindle Edition 896행.

트루먼, 진실한 대통령 진정한 리더십

발행일 1쇄 2015년 10월 30일
지은이 정승호
펴낸이 여국동

펴낸곳 도서출판 인간사랑
출판등록 1983. 1. 26. 제일-3호
주소 경기도 고양시 일산동구 백석로 108번길 60-5 2층
물류센타 경기도 고양시 일산동구 문원길 13-34(문봉동)
전화 031)901-8144(대표) | 031)907-2003(영업부)
팩스 031)905-5815
전자우편 igsr@naver.com
페이스북 http://www.facebook.com/igsrpub
블로그 http://blog.naver.com/igsr
인쇄 인성인쇄 **출력** 현대미디어 **종이** 세원지업사

ISBN 978-89-7418-338-7 03340

이 도서의 국립중앙도서관 출판예정도서목록(CIP)은 서지정보유통지원시스템 홈페이지(http://seoji.nl.go.kr)와 국가자료공동목록시스템(http://www.nl.go.kr/kolisnet)에서 이용하실 수 있습니다.(CIP제어번호: CIP2015028298)